◎山东省社科理论重点研究基地齐文化研究基地重大项目

淄博古代文献丛刊

王志民　主编

王教集　袁藩集

（明）王教　撰　（清）袁藩　撰

陆岩军　整理

山东大学出版社
SHANDONG UNIVERSITY PRESS
·济南·

图书在版编目（CIP）数据

王教集 /（明）王教撰；陆岩军整理．袁藩集 /
（清）袁藩撰；陆岩军整理．-- 济南：山东大学出版社，
2024.1
（淄博古代文献丛刊 / 王志民主编）
ISBN 978-7-5607-7978-2

Ⅰ．①王… ②袁… Ⅱ．①王… ②袁… ③陆… Ⅲ．
①王教－文集②袁藩－文集 Ⅳ．① Z429.48 ② Z429.49

中国国家版本馆 CIP 数据核字 (2023) 第 203184 号

责任编辑　朱若翌
封面设计　张　荔

王教集　袁藩集
WANGJIAO JI YUANFAN JI

出版发行　山东大学出版社
社　　址　山东省济南市山大南路 20 号
邮政编码　250100
发行热线　（0531）88363008
经　　销　新华书店
印　　刷　山东蓝海文化科技有限公司
规　　格　710 毫米 ×1000 毫米　1/16
　　　　　22 印张　419 千字
版　　次　2024 年 1 月第 1 版
印　　次　2024 年 1 月第 1 次印刷
定　　价　86.00 元

王教纪念馆

（位于淄博市周村区苏李村）

王教塑像

（现存于王教纪念馆）

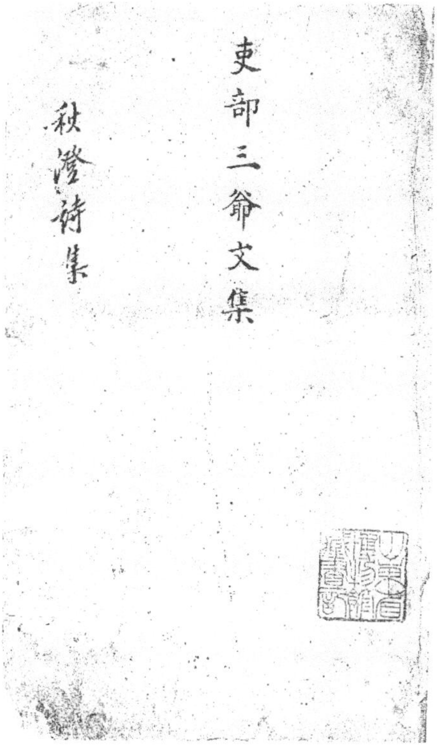

《秋澄诗集》一卷书影
（明抄本，山东省博物馆藏）

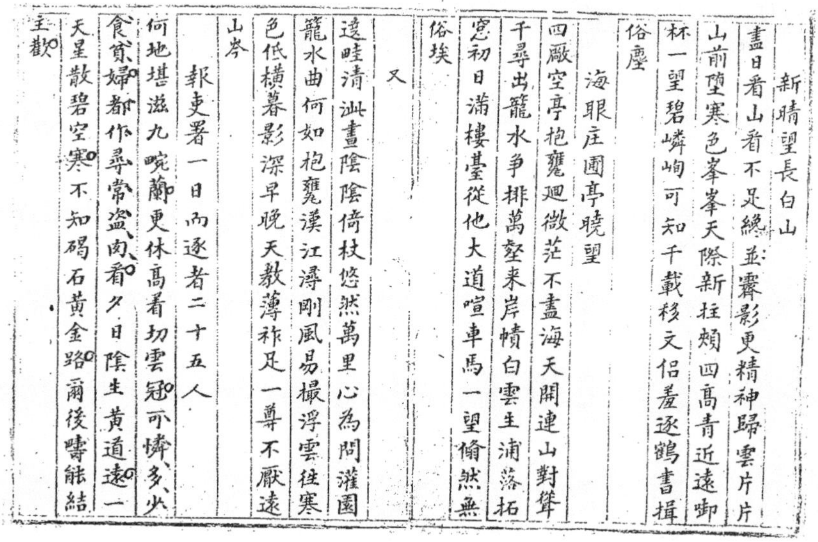

新晴望長白山
盡日看山看不足纔並霽影更精神歸雲片片
山前墮寒色峯峯天際新拄頰四高青近遠啣
杯一望碧嶙峋可知千載移文侶羞逐鶴書揖
俗塵
海眼庄園亭曉望
四敞空亭抱甕廻微茫不盡海天開連山對聳
千尋出籠水争排萬壑来岸幘白雲生浦落拓
窓初日滿樓臺從他大道喧車馬一望翛然無
俗埃
又
遠畦清洲畫陰陰倚杖悠然萬里心為問灌園
籠水曲何如抱甕漢江潯剛風易攝浮雲往寒
色低横暮影深早晚天教薄祚足一尊不厭遠
山岑
報吏署一日而遂者二十五人
何地堪滋九畹蘭更休高着切雲冠可憐多少
食貧婦都作尋常盜肉看夕日陰生黄道遠一
天星散碧空寒不知碣石黄金路爾後誰能結
主歡

《秋澄诗集》一卷书影
（明抄本，山东省博物馆藏）

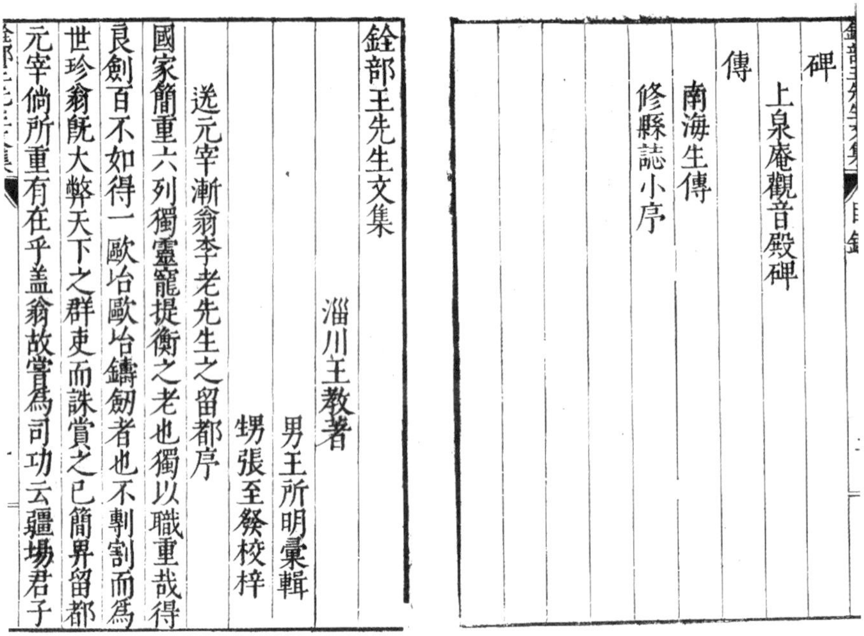
銓部王先生文集　目錄

碑

上泉庵觀音殿碑

傳

南海生傳

修縣誌小序

銓部王先生文集

淄川王教著

男王所明彙輯

甥張至發校梓

送元宰漸翁李老先生之留都序

國家簡重六列獨靈寵提衡之老也獨以職重哉得良劍百不如得一歐冶歐冶鑄劒者也不剸割而爲世珍翁旣大弊天下之群吏而誅賞之已簡畀留都元宰倘所重有在乎盖翁故嘗爲司功云疆埸君子

《铨部王先生文集》二卷《诗集》一卷《修县志小序》一卷书影

（明万历刻本，中国国家数字图书馆藏）

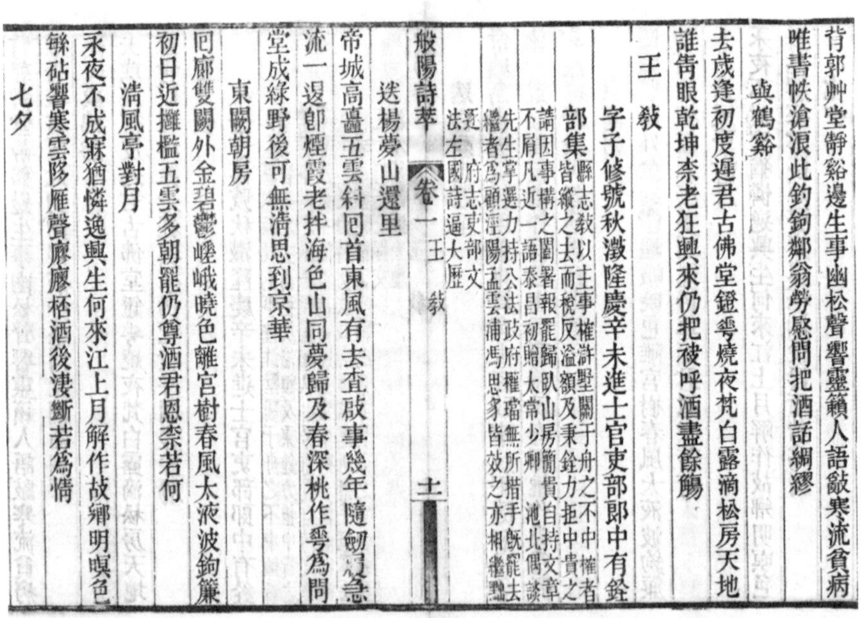
背郭艸堂靜谿邊生事幽松聲響靈籟人語皺寒流貧病唯書帙滄淚此釣鉤鄰翁勞慰問把酒話綢繆

與鶴谿

去歲逢初度遲君古佛堂鐙雩燒夜梵白露滴松房天地誰眚眼乾坤忝老狂興來仍把袂呼酒盡餘觴

王教

字子修號秋澱隆慶辛未進士官吏部郎中有銓部集　縣志教以主事權滸墅關于舟之不中權者皆徵之去而稅反溢額及秉銓力拒中貴之請因事構之罷署報罷歸臥山房簡貴自持文章不屑凡近一語泰昌初贈太常少卿　池北偶談先生掌選力持公法政府權璫無所措手既罷去權者爲頤涇陽孟雲浦馮思象皆效之亦相繼黜　覓府志吏部文法左國詩逼大歷

般陽詩萃　卷一　王教　十一

送楊夢山還里

帝城高矗五雲斜回首東風有去查蔵事幾年隨劒履急流一退即煙霞老拌海色山同夢歸及春深桃作雩爲問堂成綠野後可無淸思到京華

東闕朝房

回廊雙闕外金碧鬱嵯峨曉色離宮樹春風太液波鉤簾初日近攤檻五雲多朝罷仍尊酒君恩奈若何

清風亭對月

永夜不成寐猶憐逸興生何來江上月解作故鄉明暝色緜砧響寒雲陊雁聲廖廖梧酒後凄斷若爲情

七夕

冯继照辑《般阳诗萃》书影

（卷一录王教诗二十首，清道光二十七年柳波馆刻本）

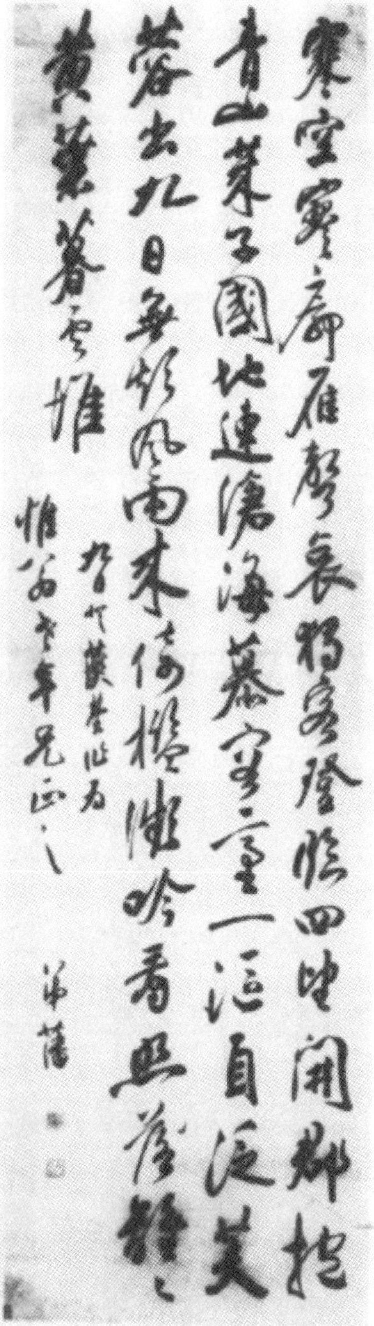

袁藩《登燕台诗》

（山东省博物馆藏）

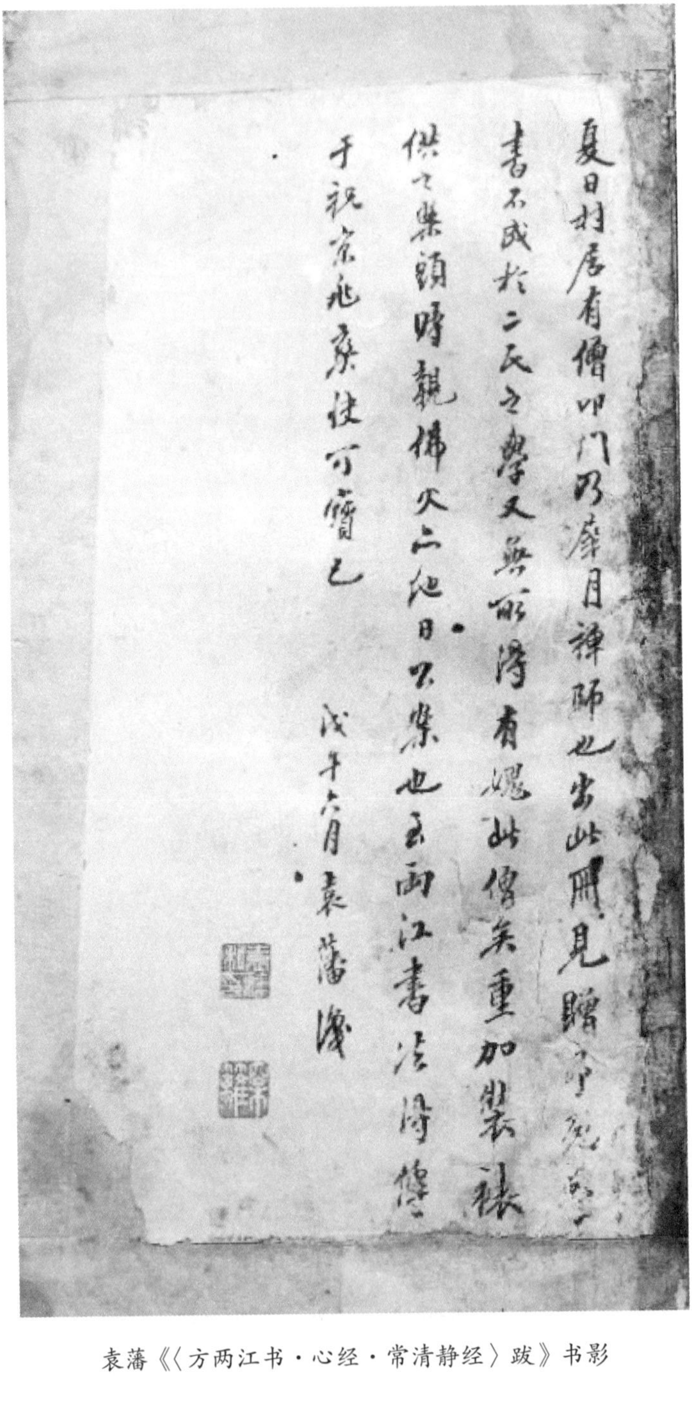

袁藩《〈方两江书·心经·常清静经〉跋》书影

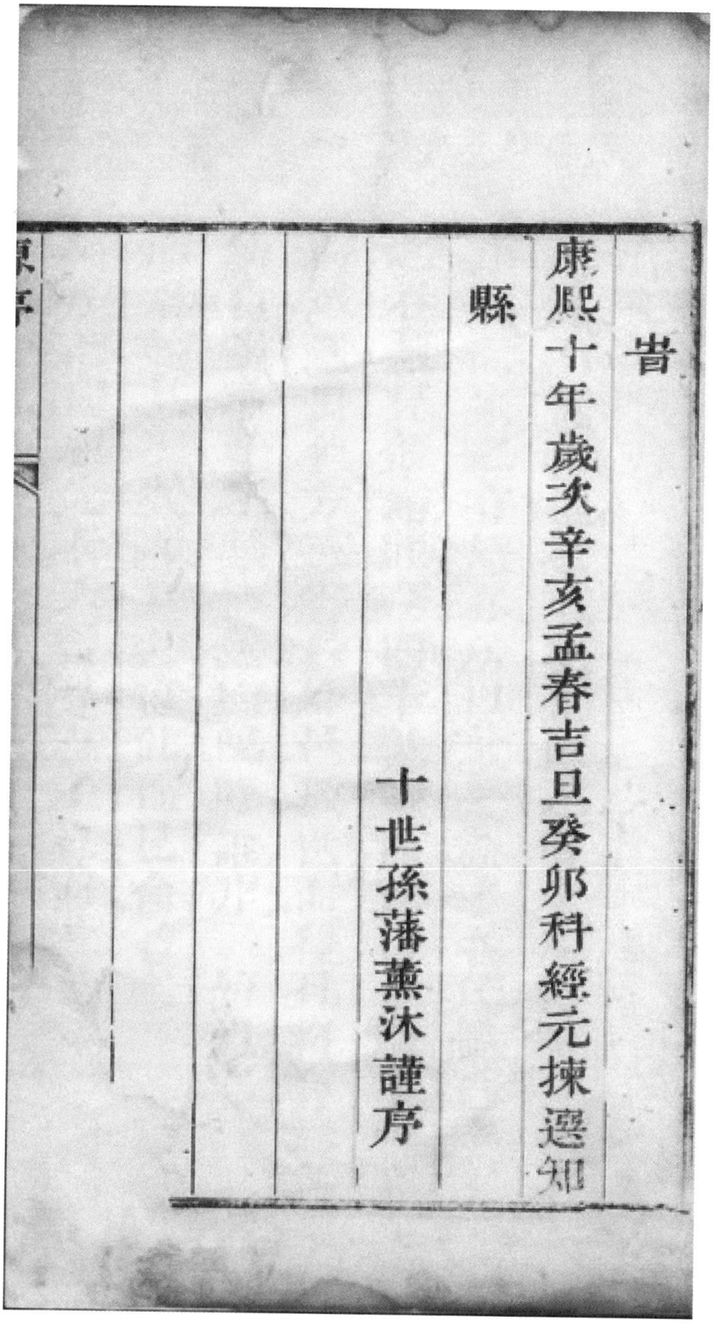
旹

康熙十年歲次辛亥孟春吉旦癸卯科經元揀選知

縣

十世孫藩薰沐謹序

原序

袁藩《袁氏家谱原序》

（《淄川袁氏家谱》，清道光三年崇德堂刻本）

投杵誰家理舊衣銀河坐斷雙星渡恨不棄雲躡月到十
洲縹緲天風汗漫游稽首帝旁除我煩惡何羨乎乘鸞之
爲春兮何悲乎葉落之爲秋左手攜赤松右手握丹邱瑤
琴綠醑佩清謳不起茫茫萬古愁

秋夢夢詩張錫公命體

秋夢夢輕舟煙波倚釣鉤江天分竹樹水岸涌珠樓作意
懶旛鼓無心泛鷺鷗相逢桃葉渡畫舫轉雙眸
秋夢夢棄雲飄風曳練裙朝參廣成子莫謁武夷君天樂
翻空細銀河蹬路分下看塵世渺飛霧自氤氳

茉莉

名蕊來西域穠芬到北窗絲雩悔有豔靜對覺無雙入鬢

般陽詩萃　卷七袁藩　二

晨光薄因風夜氣降神清人不寐夢卽到珠江

和王阮亭秋柳詩用徐東癡韻

蕭條秋意壓林端千縷扶疏委畫闌玉塞無情聞舊笛金
城有淚滴征鞍絲絲垂綠香魂斷葉葉飛黃舞袖殘莫上
長隄更極目晚來風起楚江寒
靈和爭羨得如伊顦顇風流入畫師莫雨不堪消翠黛曉
霜無那困柔肢赤闌橋上別時夢黃鳥聲中去日思惆悵
曲江宮殿裏寒雅點點集空枝
徙倚西風意悄然搖空寒影盪愁天白門蟬咽鞏朝露青
鎖人歸起莫煙莫向小蠻歌盡日秖教張緒憶當年誰憐
月夜平橋柳猶似纖腰舞鏡前

冯继照辑《般阳诗萃》书影

（卷七录袁藩诗一百首，清道光二十七年柳波馆刻本）

般陽二十四景圖

張紱似聖書

淄川縣志　卷一　圖　六

乾隆《淄川县志·圣庙古桧图》

《淄博古代文献丛刊》编委会

总　序

淄博是齐文化的发祥地，有着源远流长的著述传统。先秦时期，齐地沃土孕育了诸多文化经典，包括我国第一部手工业技术专著《考工记》、齐文化的百科全书《管子》、“无传记之名，实传记之祖”的《晏子春秋》、兵学圣典《孙子兵法》以及《孙膑兵法》《司马法》《六韬》等兵学著作，还有《慎子》《尹文子》《鲁仲连子》等稷下诸子文献。战国秦汉间，齐人在经学方面成就突出，《易》《书》《诗》《春秋》今文经学的传承，均与齐人有密切关系。魏晋以后，淄博文献众多，有史书方志、科技著作、笔记杂著、戏曲小说、诗集文集等，各呈风采。西晋左思《三都赋》曾令洛阳纸贵，北魏崔鸿《十六国春秋》是研究魏晋南北朝历史的重要著作，贾思勰《齐民要术》标志着古代农书的成熟，唐代段成式《酉阳杂俎》和宋代王辟之《渑水燕谈录》是唐宋史料笔记中的代表性作品，元末明初贾仲明的杂剧“骈俪工巧，有非他人之所能及者”①。特别需要注意的是，明清时期，淄博文风兴盛，涌现出了众多文化名人，留下了大量的文献著述，其中很多被收入《四库全书》，如毕自严《石隐园藏稿》、薛凤祚《两河清汇》、孙廷铨《颜山杂记》、王士禛《居易录》《池北偶谈》《香祖笔记》《古夫于亭杂录》《分甘余话》《精华录》《渔洋诗话》《衍波词》等，而蒲松龄《聊斋志异》被誉为“短篇小说之王”，成为淄博文化发展史上耀眼的风景。

古籍文献是中华优秀传统文化的重要载体。淄博古代文献不仅是研究淄博地区历史文化的珍贵史料，也是中华优秀传统文化的宝贵遗产。党的十八大以来，传承、弘扬中华优秀传统文化成为国家重大文化战略。2017年1月，中共中央办公厅、国务院办公厅印发《关于实施中华优秀传统文化传承发展工程的意见》，要求“加强中华文化典籍整理编纂出版工作”。2022年4月，中共中央办公厅、国务院办公厅印发了《关于推进新时代古籍工作的意见》，指出：“做好古籍工作，把祖国宝贵的文化遗产保护好、传承好、发展好，对赓续中华文脉、弘扬民族精神、增强国家文化软实力、建设社会主义文化强国具有重要意义。”为发掘保护淄博文献资源，传承弘

① 无名氏:《录鬼簿续编》,《中国古典戏曲论著集成》(二),中国戏剧出版社1959年版,第292页。

扬优秀传统文化，推动中华优秀传统文化创造性转化、创新性发展，助力淄博文化强市建设，山东理工大学和淄博市政协决定联合编辑出版《淄博古代文献丛刊》(以下简称《丛刊》)。山东理工大学党委和行政领导高度重视，给予了多方面的关照与支持。淄博市政协专门召开党组会研究，将《丛刊》列为市政协文史工作重点项目；张延廷主席、朱正林副主席非常关心该项目的实施和进展，提出了许多推动措施和指导意见。山东理工大学齐文化研究院和淄博市政协文化文史和学习委员会具体负责项目实施。

淄博历代文献数量宏富，根据《中国古籍总目》《山东文献书目》《山东文献书目续编》等书目及各类方志资料，今天保存下来的淄博古代文献就有近1000种。《丛刊》的收录原则，一是水平高，具有重要文化、学术价值；二是未经过点校整理，或虽有整理但不够规范系统。根据这两项原则,在充分调查的基础上,《丛刊》选取了淄博古代23位文人著述进行整理，共16册(部分文人著述篇幅较小，进行了合并)，总计700余万字。

《丛刊》项目酝酿于数年前。张宇声教授提出编纂整理《明清淄博文人别集丛刊》的建议被采纳，经过专家研讨，根据实际选目，后改为《淄博古代文献丛刊》。为做好整理工作，我们组建了四个编纂小组，分别由山东理工大学张宇声教授、巩曰国教授、上海交通大学朱丽霞教授、山东师范大学王培峰副教授担任组长，张宇声负责《孙廷铨集》《赵进美集》《张笃庆集》《高珩集》《王培荀集》，巩曰国负责《王象晋集》《王象艮集　王象明集　王与玟集》《王象春集》，朱丽霞负责《王教集　袁藩集》《刘一相集》《刘鸿训集》《毕自严集》，王培峰负责《段氏三代诗文汇编》《杨梦衮集》《何世瑾集　王祖昌集》《张象津集》，延请上海交通大学、中国海洋大学、山东师范大学、重庆师范大学、山东理工大学、西安航空学院、商洛学院等高校相关学者组成了一支水平较高的整理队伍。《丛刊》编纂日常工作由山东理工大学齐文化研究院执行院长巩曰国教授负责。

整理过程中,我们统筹组织,多次召开会议,制定具体措施,严把质量关。各集整理者广泛搜集各种版本，科学选定底本与校本，严格执行整理体例和古籍整理规范。初稿完成后，各组成员之间对书稿进行了互审，各组组长对所负责的书稿进行了通审并提出修改意见，书稿汇总后，王志民、巩曰国、耿振东等又组成终审小组，分别审阅了书稿并对各集的前言进行了统一审稿，逐一提出修改意见。各集整理者根据修改意见对书稿进行了修改完善。2022年8月，《丛刊》书稿交付山东大学出版社。山东大学出版社对《丛刊》的出版非常重视，王贻社总编、刘旭东副社长、刘森文主任统筹协调，精心组织编校，保证了《丛刊》的出版质量。

《丛刊》学术价值主要有以下几个方面：

其一，首次对淄博古代文献特别是明清时期淄博文人著述进行了较大规模的整理，填补了学术空白。文献整理是文化建设的基础工作，历来为人所重视。省一级的文献整理，前有《畿辅丛书》《云南丛书》，今有《齐鲁文库》《荆楚全书》《湖湘文库》《江苏文库》等。近些年来，地市一级的文献整理也不断推出，如《金陵全书》《苏州文献丛书》《金华丛书》等。淄博文化底蕴深厚，文献资源丰富，古代文献虽有整理，如《管子》《晏子春秋》《考工记》等先秦齐文化典籍，左思、王士禛、蒲松龄、赵执信、徐夜等文人的著述以及部分方志，但零散不成系统。《丛刊》作为第一种淄博古代文献整理丛书，弥补了淄博文化建设的这一缺憾。《丛刊》16册中，有11册的全部内容均为尘封数百年后首次整理面世。

其二，注重规范、全面挖掘整理，为淄博地方历史文化研究提供了详实资料。《丛刊》各集，对原著者的各类著述尽可能全面收录，如《张笃庆集》，不仅收录其诗集《昆仑山房郢中集》《昆仑山房诗集》，还收录传记类著作《先相国少保公年谱》《两汉高士赞》以及史评类著作《班范肪截》《五代史肪截》。每一种集子，书前都有前言，介绍作者的生平、著述及贡献，书后附录详列相关传记材料、诗文唱和、诸家评论、著录题跋、诗文辑佚以及作者年谱（年表）。这样一册在手，即可全面了解其生平、著述及各方面贡献。文献作者均为淄博人，他们有关当时历史地理、风土民情、名人掌故、名胜古迹的记述，是研究淄博历史文化的宝贵资料。如《张象津集》中《新城水利四议》包含了小清河、孝妇河、郑潢沟、乌河等河流的诸多信息，是研究淄博历史地理的重要文献。《孙廷铨集》中的《颜山杂记·琉璃志》全面、系统地记述了当时中国北方美术琉璃生产中心颜神镇（今博山）的琉璃生产工艺，包括烧造琉璃的原料、呈色、火候、配色、产品、做工、工具、吹制等，对研究名闻中外的“淄博陶琉”具有重要史料价值。

其三，整理发掘诗文、戏曲创作资料，有补于中国古代文学研究。《丛刊》的文献作者均为富有才情的文人，有很多在诗文、戏曲创作方面卓有建树。如王象春是公认的晚明山左诗坛巨擘，主张“重开诗世界，一洗俗肝肠”，推动了山左诗风的转变以及“济南诗派”在清代的繁荣；张笃庆诗歌创作不拘一格，各体兼擅，《四库全书总目》称其“才藻富有，洋洋洒洒，动辄千言，风发泉涌”；毕自严博通经史，雅好文学，高珩誉其文章可比韩愈和苏轼，《四库全书总目》认为“虽乡曲之言，未免稍滥，而以经济兼文章，则自严要不愧也”；赵进美是明末清初诗坛上由“前后七子”的格调说至王渔洋神韵说之间的一位重要诗人，同时也有《瑶台梦》《立地成佛》等戏曲作品；高珩诗文丰富，其诗“近元、白《长庆集》体”，又有通俗弹词《醒梦戏曲》。《丛刊》各集，全面呈现相关作家的诗文、戏曲创作成果，其中包含了一些稀见的稿本、抄本，为丰富拓展古代文学特别是明清时期山左文坛的研究，提供了重要的文献依据。

需要指出的是，《丛刊》文献的作者多出自文化世家，与国内著名文学家、政治家广泛交游，其活动与当时全国的政治局势、文化创造颇有关联，其意义不局限于淄博一地。像毕自严是关涉明末政局的人物，王象春、高珩、赵进美的文学活动都与明末清初文坛发展有很大关系，段成式家族在唐代全国的地位更具代表性。因此，《丛刊》的出版不仅有益于淄博地方文化建设，对于推动山东乃至全国的文史研究和文化建设，也有积极的学术意义。

整理古代文献，弘扬中华优秀传统文化，是我们的历史使命。《丛刊》首次对淄博古代文献进行较大规模的整理，我们深知责任重大。整理中，我们尽管力求严格学术规范，严把学术质量，但校书如扫落叶，疏误在所难免，且《丛刊》是集体项目，出自众人之手，各卷质量不尽相同，恭请专家读者批评指正。

王志民

2023 年 10 月 16 日

定稿于山东理工大学齐文化研究院

王教集

前 言

一、生平

王教（1540—1604），字子修，别号秋澄，山东淄川苏里庄（今淄博市周村区苏李村）人。取号“秋澄”,寄寓自期之意,所谓“雅志凌空一世,不染纤尘”（毕自严《奉政大夫吏部文选司郎中秋澄王公行状》）、“冰糵无染”（毕自严《铨部王先生集序》）。王教为明代淄川名人，颇有影响。毕际有《县志旧序》指出：“先生负一时重名，邑人所仰为泰山乔岳者。”

王教祖籍枣强，后来迁徙至淄川忠信里。王教生平大致可分为读书求学、中式出仕、罢官归居、修纂县志四个阶段。

（一）读书求学

王教少时颖敏绝伦，十四岁，与毕木跟随大儒张敬学习，深得张敬器重，被称许为“二俊”[①]。张敬，字尔和，号松石，天性淡泊，稽古嗜学，尤精于《左传》《周礼》。嘉靖三十七年（1558）举人，万历五年（1577）进士，授礼部主事，为官清廉严谨。著有《张仪部集》（乾隆《淄川县志》卷六《文学·张敬传》）。王教后娶许宜人，为张敬夫人之妹。故王教与张敬为师生兼连襟（毕自严《奉政大夫吏部文选司郎中秋澄王公行状》），关系非同一般。二人志趣相投，秉性相近。张敬对王教颇为期许，预言王教“异日必以文章功业著名当代”（毕自严《铨部王先生集序》）。后来，王教竟比其师张敬早六年考中进士。

在读书求学之余，王教又与王宣化、孟对轩、张介石共结文社。王宣化，字云石。乾隆《淄川县志》卷五《选举志·进士》云：“王宣化，隆庆戊辰罗万化榜，授阜平知县，调遵化知县，擢南京浙江道御史。转汉阳府知府，府当孔道，以失欢江陵公子故谪判深州。历推官刑部主事员外、陕西佥事。性温厚醇笃，节俭君子也。王考功传中有‘吾乡名侍御数人，至今称清白吏子孙者，必以王家为冠’云。”

---

① 乾隆《淄川县志》卷六《人物志·义厚传》：“毕木，字子近，号舜石。读书多妙解，髫时偕王铨部秋澄从张仪部松石先生游。先生海内大儒，慎许可，亟称‘二俊’，无所轩轾。”

十九岁时，王教丧父，悲恸哀毁，见者无不动容。自此家境益为窘迫，于是节衣缩食，刻苦攻读，每试常居前茅，声名鹊起。嘉靖四十三年（1564），二十五岁的王教考中举人，列第十七名。次年（1565），王教赴京参加会试，不幸落第。于是将家政委托于大兄王政、二兄王敬，闭门发愤苦读，致力于古文辞。读书之余，教导诸侄，不啻严师。

（二）中式出仕

隆庆二年（1568），王教再次参加会试，又落第。隆庆五年（1571），王教第三次赴京会试，终于得第，与后来官至兵部尚书兼吏部尚书的王象乾、官至大理寺左丞的王晓同年考中进士，时称“三王”。王教列会试第一百三十九名、殿试二甲七十名（《隆庆五年辛未科进士履历便览》），赐进士出身，授户部主事。

万历元年（1573），王教出任民部主事，负责京城崇文门税收。税收本为利薮所在，权贵常上下其手，奸商亦因缘得利。王教上任伊始，即严加管理，秉公执法，杜绝请托，打击奸商。后又督理明智厂，出任太仓，皆能剔弊剪蠹，政声颇著，以三载考绩得赠封父母。

万历三年（1575）冬，王教奉命前去浒墅关负责税收。浒墅，在今江苏省苏州市吴江区。正德《姑苏志》卷三十四《古迹》云：“浒墅，在郡西二十五里。《图经》云：秦始皇求吴王剑，白虎蹲于丘上，遂西走二十五里，而失剑不能得，地裂为池，因名其地曰虎疁。至吴越时讳镠，因改云浒墅。”收税浒墅关是美差。《清朝野史大观》云：“苏州浒墅关，纯庙呼为许墅关，至今遂沿其误，盖纯庙短于视，未及见水字旁也。乾道时，推为美差，有‘日进斗金’之谣。”浒墅关位当三吴要冲，船舶云集，商旅熙攘。主管官员只要稍纵贪欲，即可立致富裕。王教赴任之初，首先革除旧弊，严惩贪贿，然后又在浒墅关外设置便民桥，桥下设立小关，小船可以免费通过，极大地方便了小贩和平民。浒墅关一时商旅如云，船舶来往不断。王教又适度降低税额，仅用十个月即超额完成全年税收。浒墅人纷纷感激王教，“若畏垒之于庚桑焉”（毕自严《奉政大夫吏部文选司郎中秋澄王公行状》）。此期，王教因妻许氏病逝，遂告归。

万历七年（1579），王教补任计曹。万历八年（1580），王教至江西监督漕粮兑收。次年，因母太夫人尹氏去世，王教回乡守制。连襟张敬作《祭王太恭人刘母文》。万历十二年（1584），服阕，王教不愿再出仕，在两兄力劝下，方才姗姗起行。到京后，补考功主事。不久，又转任文选司郎中。

王教慨然明志，自我警醒："夫官不负人也，而人可负官哉！"

万历十三年（1585），王教以考功副郎主持山西乡试，选拔王浚初等六十五人。王浚初为内阁大臣王家屏的公子，拆卷后，众阅卷官为避嫌疑，请将解元王浚初置第二。王教力排众议，认为"夫知为相公子而录之，与知为相公子而抑之，等私耳"，果断将王浚初选拔为解元，时人皆服其决断。

万历十四年（1586），适逢外官考核。王教参与考核，激浊扬清，多所襄助。二月，擢任考功正郎，得告返里。因其配李宜人病逝，不愿出仕。

万历十八年（1590）夏，王教起补考功郎，处理奏疏二百余封，公正严明，处置得当。当时有一都掾将银水注于后署秘处，欲以贿赂王教。王教闻之，勃然大怒，予以责罚，一时奸胥悚然，多有收敛。不久，王教转任文选郎，与吏部尚书陆光祖"相倚为左右手"（毕自严《奉政大夫吏部文选司郎中秋澄王公行状》），"澄清吏治"（《明史·王教传》）。王教益加秉公持正，登进真才，杜绝请托，抑制奔竞，不惮强御。当时有官员委托大宦官为之说情，王教正色相告："大丈夫不努力为官，竟然谄事宦官，此人之不肖可知也。我绝不能使士风扫地。非但不能听从说情，而且要任以劣职，以示惩罚！"大宦官闻此，切齿衔恨。自本年六月至年底，共选拔四次，王教均能坚守原则，顶住压力，提拔内外大臣李对泉等若干人，选取科道韩淳寰等若干人，天下翕然以为得人。

（三）罢官归居

万历二十年（1592）春，考核外官。吏部尚书陆光祖不徇私情，奖惩并举，罢黜给事中李春开、王遵训、何伟、丁应泰及御史刘汝康，举荐许孚远、顾宪成等二十二人。不久，发生给事中胡汝宁诬告事件。胡汝宁居言路，有进谏之责，但所进谏议无关大事，多以琐碎之事敷衍塞责，人送绰号"蛤蟆"。王教拟处置胡，有人漏言于胡。胡遂愤愤不平，转而上疏诬讦王教。官员纷纷为王教打抱不平，尚书省官员遂交章劾胡，谓文选二百年无如王教清正者，不宜被此蜚语。数日后，饶伸、万国钦因直言进谏被罢去。大宦官乘万历皇帝生气时，递上王教推荐重用饶伸、万国钦的奏疏，故意触发上怒，王教"竟坐推国钦、伸，斥为民"（《明史·王教传》），吏部文选司官员亦被全体罢免。事已至此，王教坦然离京，作《辞朝》诗云："丈夫去就寻常事，小帽青衫亦主恩。"吏部尚书陆光祖认为事由己起，引罪乞休。不许。陆光祖仍执意求去，亦离官归乡。（夏燮《明通鉴》卷六十九）

王教还里后，清澹自守，谢绝公府，唯独与故旧多有交游，相交甚欢。

乡居之余，在族内义塾任教多年，课子教孙。四方学子多来求学。

万历二十五年（1597），宫中三殿火灾。皇帝下诏重新起用已被贬黜的官吏，于是吏部尚书推荐三等以备选用，其中文选郎王教等二十四人“人品正大、心术光明”（夏燮《明通鉴》卷七十一）。最后却不了了之。王教对此淡然处之。

万历二十八年（1600）春，鲁中发生饥荒，饿殍满途。王教捐粟作糜，赈救灾民，因救济得法，饥民不愿接受郡邑赈济而争相接受王教赈济，得以存活者近万人（毕自严《奉政大夫吏部文选司郎中秋澄王公行状》）。有司欲以其事上报，王教淡然辞绝。

（四）修纂县志

万历二十九年（1601），因县志久废不修，距前次嘉靖二十九年（1550）县令孙孝重修县志已逾五十年，时任县令朱万春上任伊始，即礼请王教主持修纂县志。王教遂与两秀才朱生、王生共同删葺新故，历时数月，编成《淄川县志》。《铨部王先生集》中之《县志序》一卷即其为《淄川县志》所作小序。臧岳《续修淄川县志序》（乾隆《淄川县志》卷七）云：“王秋澄先生起而纂定之，芟刈草昧，启我文明，则龙门砥柱之奇露矣。”

万历三十一年（1603），《淄川县志》刊刻。冬，因编修县志积劳成疾，王教患病，卧床不起。次年（1604）仲春，侄子王所须自京会试归，叔侄相向饮泣，病情加重。三日后，王教逝世，享年六十五岁。有一子，即王所明，邑廪生。嗣孙二，即袭吉、鼎吉。

王教逝后，毕自严为其作行状，详记生平。逝后十七年，天启元年（1621），明光宗即位，下诏录恤抗言降斥诸臣，复原职，特赠太常寺少卿，赐谕藏。山东巡抚令淄川县学官祭祀王教，并在县城通衢建专祠，以表彰忠直。天启二年（1622），邹平人都察院右都御史张延登作《赠太常寺少卿秋澄王公祠记》、邑人兵部尚书孙之獬作《赠太常寺少卿秋澄王公庙碑》，为王教祠撰写碑记。张敬之子、张至发之兄张中发则为王教祠堂大门撰写对联：“清风垂百世，正气著千秋。”此十字可谓盖棺论定，诚为王教一生精神写照。斯人已逝，其风长存！

二、著述

万历四十四年（1616），其诗文集由其子王所明编辑，友人毕木之子毕自严、张至发属下文翔凤作序，连襟张敬之子张至发时任河南巡抚作序并刻印，题曰《铨部王先生集》三卷，首文一卷，凡二十四篇，含序七篇、记三篇、祭文八篇、墓志铭四篇、碑文一篇、传一篇；次修县志小序一卷，凡三十三篇，分别为《沿革》《星野》《疆界》《山川》《城池》《县署》《学校》《村落》《祠祀》《土田》《物产》《户口》《里甲》《贡课》《税粮》《徭役》《新法》《兵防》《马政》《盐法》《仓庾》《俗尚》《古迹》《灾祥》《坊表》《津梁》《秩官》《名宦列传》《选举》《乡贤列传》《寺观》《杂识》所写小序；次诗一卷，凡二百五十二首，含四言古风二首，五言古风七首、七言古风二十二首、五言律四十一首、七言律八十六首、五言排律六首、五言绝句二首、七言绝句八十六首。

王教可谓兼有功业、文章者，“公之才见之功业者二三，见之文章者六七”（毕自严《铨部王先生集序》）。其遗文二卷，多为贺序、寿序、祭文、墓志铭、县志小序等应酬类文字，然亦有几篇可见其性情及写作旨趣。如《隘室记》借所居隘室而自述其志，颇受陶渊明《五柳先生传》及《归去来兮辞》的影响，又与刘禹锡《陋室铭》相映成趣。《顺德亭记》则依稀可见欧阳修《醉翁亭记》的痕迹。

王教遗诗一卷，其中多有佳作。其五古清通淡泊，如《晚坐》：“匡床紫萼映，翛然逸兴发。西风逗片云，遥空澹不灭。仰视高天碧，尽此竟何物。虚檐翳绿树，落日景色活。吾闻古至人，不濡亦不爇。”又如《山溪》：“濯足临溪水，溪水清且浅。波漾蒲稗动，湍落白石转。久坐幽意惬，适来尘虑浣。溪流日以远，我发日以短。生世寡所谐，老至吾当卷。无为歌紫芝，泉石吾所善。”读来令人尘虑顿消，心生清净。其七古驾驭自如而气韵不凡，如《和徐生石棋局韵》：“悔逐阿童误负樵，几年白眼对晴霄。起视斧柯尚未烂，释担四望青山高。归来遍踏山下路，柳色千村寒食度。烂漫东风岁月迁，衰毛飘堕薇蕨盘。一见知君廊庙具，解道人生同寄寓。挥杯一笑杏花寒，回首浮云春处处。”又如《观韩克从射》写得虎虎生风，极摹韩生射箭之风采：“韩生酒酣气益振，自言挽强有六钧。树的西风平芜阔，左关右发如有神。牵来胡马苍龙鳞，跳身直上坐锦茵。拓弓飞鞚不动尘，且驰且射真绝伦。顾谓王生尔勿嗔，此生侠气那能驯！”再如《醉题江驿屏风画豸》，寥寥几笔，即毕现画中豸之神韵：“颠崖踞坐吻划血，数须横磔劲如铁。鳞甲动摇江上风，精光缭绕天边月。”《赵侪鹤考功壬辰京察名甚著执政寻端嗾言者攻之竟斥偶检史至王嫱》亦是一篇佳作，借毛延寿画王昭君史事，揭示官场之妒贤嫉能，为赵侪鹤被罢斥而鸣不平：“常骂毛延寿，千金无好丑。有如昭君姿，而令沙漠走。也是汉宫多妒口，难调最是丹青手。假令一一写其真，不知延寿能免否？”于昭君、毛延寿之遭遇又翻出一层。此外，《麦秋兼祈》描写农家打麦场景，真切如画：“山家牟麦各登场，堆覆黄云白日光。轴轳宛转声琅琅，千伙万伙脱白芒。场师摇臂箕舌张，天风雨粟尘飞扬。”五言律《元夕对客》则颇有唐人风格：“年华无不复，奈此鬓毛残。夜色春阑入，城阴月向团。金茎云外出，火树醉中看。明日长安道，天风振羽翰。”而《清风亭对月》《九日吴中》更有杜诗的风格，《清风亭对月》：“永夜不成寐，尚怜逸兴生。何来江上月，解作故乡明。暝色繁砧响，寒云堕雁声。寂寥杯酒后，凄断若为情。”七言律《九日吴中》：“绛纱初就紫萸囊，九日陶家菊自芳。须借寒花谋一醉，忍将白发对重阳。天开万里浮云动，秋逼千山古木苍。不见姑苏江上月，几家王谢旧时堂。”毕自严《铨部王先生集序》云王教“诗歌出少陵、昌黎间”，盖亦指此类诗歌而言。

三、整理说明

本次整理以明王教撰，王所明编，万历四十四年张至发刻《铨部王先生文集》一卷《诗集》一卷《修县志小序》一卷为底本。以明朱万春、王教纂修万历刻本《淄川县志》、明钞本《秋澄诗集》（山东省博物馆藏，《山东文献集成》第三辑第 24 册影印）为校本。同时，参校以如下总集、地方志所收录袁藩零星诗文：

1. 清冯继照辑《般阳诗萃》（清道光二十七年柳波馆刻本）卷一收录王教诗二十首。

2. 清宋弼《山左明诗钞》（清乾隆三十六年李文藻刻本）卷二十一收录王教诗十七首。

3. 陈田《明诗纪事·庚签》卷十收录王教诗一首。

4. 乾隆《淄川县志》卷七收录王教文一篇。

本次整理为存原貌，整理者尽量一依其旧。对目录与正文题目不对应者，则酌情稍作调整，以俾一致。

底本上可确定之讹、脱、衍、倒径改，并出校记说明。校记详列异文，以反映各本面貌，并略定是非。为便于阅读，异体字及“己、已、巳”“戍、戌”“毋、毋”“大、太”“淅、浙”等混用者径改，不出校记。凡因字迹模糊或残缺而无法辨识之字均用□替代。

本次标点采用新式符号，引文先用双引号，后用单引号，此外用逗号、句号、分号、书名号、感叹号、问号等。

《附录》补遗王教诗歌三十首，搜录史传行状十一篇、交游题赠六篇、著录提要七则，借以知人论世。

本次《王教集》整理前后历时三年，得益于上海交通大学人文学院古代文学学科带头人朱丽霞教授的引荐与教正，又幸得重庆师范大学文学院阮爱东教授、山东理工大学齐文化研究院王志民院长细心审阅书稿及“前言”，在此一并致谢。颜之推《颜氏家训·勉学》云：“校定书籍，亦何容易！”限于学识，错谬难免，幸祈方家教正。

陆岩军

2023 年 3 月

王教集目录

铨部王先生文集

铨部王先生诗集

附 录

铨部王先生文集

铨部王先生集序

世有功业之士，薄文章为无当；而以文章自命者，又傲睨功业而不屑。此俱藏拙之言，不足信也。夫言之文者何尝不适于用，而经天纬地自焕乎其文，伊、周而下，能兼之者诚难多屈指哉！余观先进秋澄王公，则其人矣。

公少与先大人同出仪部张松石先生门。先生尝目公曰："异日必以文章功业著名当代。"已，果登上第，佐计曹，榷崇文、浒墅税，冰檗无染，酌泉逾清。未几，转铨衡，正直端亮，署中吏胥不寒而栗。于世味甚澹，在官在告者半。最后补考功，历选郎，剔蠹程，能稽实杜请，激扬清浊，若九鼎烛而六规断也。

故事，选部值选期，中贵人多缓颊，必择美缺，鬻之以为常。公独力为谢绝，中贵人无不谣诼目摄公。会公疏起，废谏官二。中贵人伺上震怒，检进御览，致阖司削籍，而公竟挂冠矣。

公归，而继公为郎者皆以公规为随，即相继报罢不悔者，公风之也。藉令公当是时稍一上下其手以示意，九列可立跻。纵九列，所得孰多？公虽为瘈犬啮而严气正性，阴令惧惮，继事者得祖前规以蒇成事，关系不鲜矣。公居田间，嚣然不谈世务，两台使至，无不交章论荐公者。朝议屡起，公卒不起。公无訾焉。

公少有雕龙绣虎才，于书无所不读，解剥经传，妙得玄旨，纵横千古，骏发奇思。文词非先秦两汉语不道，而诗歌出少陵、昌黎间。刻致独标，不袭唾馥，高者凌太虚，秀者夺万色。晚修邑志，诸所慷慨论列，尤多直笔，居然一代史才。先是吾乡于鳞先生为海内宗匠，公每服膺之。今观公文词固在雁行伯仲间，非若他人邯郸武也。

公没，而冢嗣文学君暨小阮孝廉君缉公遗编梓之，以序属余。夫余不佞何能为役，惟是余发未燥即从先大人侍公讲业。通籍后，每归省，辄辱公提诲。登床小友，实感之而实愧之矣。嗟乎！以公之才弗尼于位而能究公之用，酌元气，登泰阶，功业不在伊、周下矣。乃长才短驭，途半而归，遂使公三十年弹天地、压山川之手，仅时溢于芒毫片楮间。盖名山大川纵不得兴云致雨，润泽寰区，犹能蒸霞绚彩，照耀泉石。宜海内读公之文若清镛大镦，日夜望其在皋门圜祀内也。惜公之才见之功业者二三，见之文章者六七。然而推公集中语，上典诰而下史传，即以经纬天地可也，功业、文章不两著哉！魏文有云："年寿有时而尽，荣禄止乎其身，未若文章垂之于无穷。"余于公集益信矣。

时万历四十年壬子春王正月上元之吉，赐进士同出身朝列大夫、奉敕协理粮储分守冀宁道山西承宣布政使司右参议、年家门下眷晚生毕自严顿首书。

序[1]

天官氏王秋澄先生引绳而拒谒，弗中贵人通。中贵人衔之，侦上有他震怒，以其谏官起废之函进，遂以见放去。盖东序失河图而名山有副墨矣。羽蜕殆二十祀，而愚始以按两河，侍御张公命次第其咏歌、史乘之在箧者。窃叹先生之力为独竞也。夫画之力，八百年而殚；字之力，千二百年而殚；惟文章称春秋之大者，直始终元气之母。而文章之力，亦各自有久近。如射者之佽拾，而挟镞有至弗至焉者。苟力之弗竞，则为秦武王之绝脰于歆云之鼎，而力又弗止，以丹浓青缛载之，而发以真气，为大丙之御，如鸟语水流之自就音节也。其吐之情而中肆闻之蔼以入，是以特久而味者，借妍于繁庑之词，假态于排比之字，颦笑弗宜，呻吟无病，如安乐公之闭眸而泪弗注，是强悲也；如副急泪之洒于帝妃而情在家姬，虽悲弗涉也[2]。乱楮之玉，三年讵得成林；乘风之鸢，十日不免堕地。欲远施而久著乎，夸父之力终暵矣。

试发先生之策，帚除季叶沿习之陋，而洗发心灵，音[3]节自叶于古法，其辞或之左之迁，刘向、荀悦割席比几。韵文则代骨于靖节，借照于苏州。摩诘之精映双骞，嘉州之苍华并蹈[4]，而质固自秋澄。其亮节直襟，琅然表鹓鹭之署，进秉国成，退关天步。松风不和[5]莎羽之鸣，涧泉讵写繁弦之响，真气所射，宜石饮而札穿矣。哲匠信范古而命锢，未始不援衷矢口也；通人信博稽而圜瞩，未始不透悟拈宗也。杜陵之爱君而至杜鹃、朱樱，咸含情弗置者，故杜陵氏质也；青莲之侠而仙者，故青莲氏质也。而学者往往取乐府、《十九首》，各模一阙，胸臆之云何，骚苟可宋《歌》何必九，赋苟可枚《发》亦何必七矣。

向使秋澄人逊于往者，即终日七襄而报章讵成，穷年五组而制锦徒学。将一夫之宋冠而鲁服，自姓孔而字仲尼者，果为不及禹三寸之腰与？即我侪人[6]弗秋澄师也，而徒章拟句，肖其文章，亦奚异买丝绣平原，而望其收却秦存赵之功耶？文仲子之铨序六代，诗如矫掌，而独以陈思为君子，非谓其深以典与？

---

① 此文又见文翔凤《皇极篇》卷二十、黄宗羲《明文海》卷二百五十，俱题作“王秋澄先生文集序”。

② “如安乐公之闭眸而泪弗注，是强悲也；如副急泪之洒于帝妃而情在家姬，虽悲弗涉也”，黄宗羲《明文海》本无此三十四字。

③ “音”，黄宗羲《明文海》本作“奇”。

④ “蹈”，黄宗羲《明文海》本作“道”。

⑤ “和”，黄宗羲《明文海》本作“知”。

⑥ “人”，黄宗羲《明文海》本无。

朱文公独以王梅溪配诸葛、老杜、昌黎之笔而信其为君子，松尌而壁崭，不为纤曲语也。文章固有真侍御公命令斯文而极表其师学，行之豫方，献邹鲁之珍以暴诸同调。愚获于校雠之役，有受持之，而弗思服其人不同时是憾者。愚其甘口过，抑亦待八百年、千二百年而闻者之尚蔼以入也，厥乃占力之独竞与？

丙辰三月，西极后学文翔凤谨撰[①]。

① “丙辰三月西极后学文翔凤谨撰”，文翔凤《皇极篇》本、黄宗羲《明文海》本无此十三字。

序[①]

余师慕[②]秋澄先生王氏，其人讵非所谓“千载有余情”者哉！而风概在建邦之署，韵泽在敬梓之乡。高山景行于胥嘉尚，镂金镌石于胥诵法。天下之知弗知咸惜有未究之蕴。傥若昐大皇之野，眷雝喈之音，而至使轶文之弗章，天收而地藏乎？则我及门之罪，于何辞耶？尔[③]其从我大人游，良不啻扶风三千之帐，以东楼算事之一，康成冠之，其偕鸣珂于帝里，盖欲表衣钵而竹帛，貌麟阁于鳣堂。而余童然其罔廓，则先生又孔铸我矣。倘所谓伐柯者，则不远乎？为箕幸续良弓，度针获看绣谱肆。余奉其孤标，若将叩羲皇之座；珍此古道，不禁疑落月之梁。而手不朽之言，暴独知之契。讵因箕尾之骑归天上，遂使风雷之掣失人间耶？

先生之叶，轻于去国，盖天下事有阴持柄而误之者。天官之署，非权珰肉食之藉、请谒之庭与？而先生长天官氏署，则力谢绝其问遗，涎垂者格弗行，其报复直局须耳。吁嗟！范文正之进《百官图》时，其一笔勾，又岂以一路号代一家乎？而曩之以言罢者淹弗起，亦以畏忌，故先生讵忍以畏忌失天官氏职耶？亟以赐环请，良不以我易诸贤，倘古所谓折齿补牍者哉！会上有所诃怒，中者得间[④]，奉疏前则阖署咸罢去，公其倡之者。是公又成阖署之罢者名，殆锡类于诸君子哉。其嘉遁数十年，不拈片刺付长安人。高轩辎軿之客，莫之能器，台笠蹝躧，偃走十亩之间，周公不尝欲明农于野与？而先生直以击壤荷锸代冠冕之桎梏，斯其人得不求之三代，上避大贤之席而荐之，而式庐之请，或造膝[⑤]而叩石画，则一语徐出，臣山言至井井斤斤如也。其布笔阵而揚摧，则左马之风格，室车而涂辙者，韵文俪句，如虚壑之啸长风，疏林之涵皎月，水奏山空，云流壁断。选魏律唐，轶边而驾李矣。垂彤管而勒邑乘，遂为一国良史。磔永鼠而剔害，贡丽金而筹良，施诸四海而准，窥全豹于管斑耳。盖望其峥嵘，则削三峰而玉卓，瞻礼恐不前；即其盎睟，则挹五章而鸾峙，低回弗能去。是以六经在函，问字之屦叠臻；两楹既梦，采风之使咨度。既崇乡祭之仪，又列易名之请。望山河之壮，则其刚大之气，亦俨可揖矣。

---

① 此序原置于卷末，现调整于此。此文又见文翔凤《皇极篇》卷二十，题作“王秋澄先生文集序二代作”。故可知此为文翔凤代作。

② “慕”，文翔凤《皇极篇》本无。

③ “尔”，文翔凤《皇极篇》本无。

④ “得间”，文翔凤《皇极篇》本作“遂得间矣”。

⑤ “膝”，原作“漆”，据文翔凤《皇极篇》本改。

夫文章，杜陵氏称小技，于道未尊；词赋，子云氏称雕虫，俄壮不为。秋澄之真骨相既偕其蜕去，而余为公其□代者以贻同志①。昔②陆宣公既解吏部，避谤不著书，仅集古今验方五十篇示乡人，至今憾微言之弗著。而秋澄之响获整留于子墨，讵非来兹之幸③，聊为胫走于八垂，系岂一人之私好乎④？

时万历丙辰仲春之吉，赐进士第文林郎、巡按河南监察御史张至发顿首书于天中之思补堂⑤。

① “志”，文翔凤《皇极篇》本作“好，后之师秋澄者且以余为登岸之筏与”。

② “昔”，文翔凤《皇极篇》本无。

③ “幸”下，文翔凤《皇极篇》本有“曩余有集蓼之艰，罔解颐之慧，风烈雨骤，居然夏屋帡幪，剑脱冠藏，宜向遗珠宝贵”。

④ “系岂一人之私好乎”，文翔凤《皇极篇》本作“窃比春秋之素臣乎”。

⑤ “时万历丙辰仲春之吉，赐进士第文林郎、巡按河南监察御史张至发顿首书于天中之思补堂”，文翔凤《皇极篇》本无此三十七字。

秋澄王公传

公讳教，字子修，别号秋澄。先自枣强徙淄忠信里。淳德长世，曾大父纲生文，文生赠考功郎珏，笃仁好施，常殚装食隐民，誉式闾里。有三子，长孝子政，仲太医院吏目敬，公其季也，最晚举，聪颖惊人，夙尚遐异，意不可一世。十四学于张仪部，公亟为避席。十九，丧赠公，哀毁逾制，家故以践更中落，至是窭甚。攻苦积学，试辄弁邑人士。甲子举于乡，明年不第春官。发愤筑室，集群从子而师资之，益肆力于文章。成辛未进士，授户部主事，监崇文门税。税故为驵贾豪贵人所窟穴，公悉裁以法，靡敢复相奸利。寻督明智厂，再署太仓，振饬著廉干声。满考，晋秩，得赠封父母。冬，榷浒墅关，扼三吴吭，商舶尾属，公以商国势难两便，惟是以宽予商，商自不靳，数数往来，积众轻以成一多，庶易举在商而额卒亦不失，最便术也。并创桥关之外，下计尺寸为小关，舟不盈尺寸者得自渡不问，商舶不致阑出。赋额岁三万，公十月而赋四万有奇，商不称厉。顷予告归。

庚辰，仍补户部，监兑江右。凡部使者于州郡吏有体而无权，故州郡吏第貌为庄而中易之。公先自治而重摄州郡吏，以凛不可犯意，令有以私锾尝公者曾四知之，不问而心口却之，按如律令，大惧服。无何，以太宜人忧归，哀毁如丧赠公。服阕，不欲赴，两兄趣之，强起。未至，改考功主事，调文选。丁酉，副考功，录士晋中。时方复京朝官主郡国试，典仪废阙，公以意裁创，一一得体，著为式。得知名士六十五人，而山阴王君濬初为首举，王执政子，嫌者特下之第二。公谓司校曰："诸君毋重爱吾鼎而亟失士，余惟不知有执政子，今日之事文为衡。"竟首举如故。噫！执政子原自象贤，毋宁尺幅具在。识者赏之，而公之自信遂以信人。谁云参乎，而令母投杼也。初，公之入晋也，所司故不薄，宾兴，乃更以铨，故加腆。公令一切以简从事。所司庋伺公试事竣，馈羡境上。公麾之去，曰："若然，是以向者之简自为利也。"是岁，佐弊郡吏藉有成事，旋谢病归。

庚寅，复起考功郎。手覆劾疏二百，势不能不以原疏为黑白，而时或有阿即墨之以巧拙取者，特反其成例焉。陂掾持银注请间，立笞革之。历文选郎。郎视昔加难，凡易设疑而众见沮，薄市德而厚府怨。居此地，傥毋自多事，执簿问例，一旦逊满，即无官不可坐致，而何用好与人违？公以吏治庞杂，有慨于中久矣。岂其当吾世而令若兹？矢公矢慎，铨政谡如。故事，除吏，巨珰必关通一二选人，得请乃已。不则，中以奇祸。公以士因景监进，其人可知，奈何吾亦以景监庸罪浮士，故处以远恶地示创，珰大衔之。有胡谏议者，雅不欲厌望，建白猥及市蛙，公拟以年出之外。事微泄，胡大恧惧，先诬劾公，冀以嫌得免。台省哗然，谓文选如公清正，有国无两而横被蜚语，为连章劾。胡谢公，公亦以此杜门。先是有牍起饶公伸、万公国钦，两公皆奉旨谪者。巨铛既宿憾公，且为胡逞志，得当激上怒，夺一司官。惜公去者谓公属在杜门，可以未署名得自解免。公引皇甫度辽事对之，且云："与其不与，莫若勿推。业知有此，顾如两公者可使一日不在朝廷耶？吾得去所矣。"

里居，结茆为山房，闲闲适适，屏迹公府。浚野干旄，相望于道，独以不得一见颜色为恨。惟与微时所善故老相晨夕，退则扃户，手一编，于书鲜所不窥。其为诗歌古文辞，不以声句刻画他人口吻，而肖心以出，从瘦从澹，读之者如在羲皇世与混沌人语。敦葺邑乘，可可否否，非人意表所及，精严足并良史。遇乡里子弟，必先为称说盛德事，而徐及制举业。乡里以此多成人。室庐取蔽风雨，饭惟脱粟，衣浣濯，萧然儒素。积俸营祠庙，壮丽倍所居，朔望率子弟谒如礼。父事两兄，仲遗孤所须，爱之不啻十起，教成孝廉。乡举宴觞，急赙贫无以葬者。庚子大侵，出粟作糜，规活饿人万计。有司请旌，公谢曰："吾意承考也，庸近名为？"癸卯冬病，三阅月不瘳。孝廉所须归自南宫，相向饮泣，遂剧，更三日卒。

公年六十有五，元配许宜人，继配李宜人，俱有贤行。子一，所明。嗣孙二，袭吉、鼎吉。它详墓石中，不具载。余惟士大夫担当天下事，始未尝不攘臂争之。不胜，于是调停之说起而老成之名立。夫所贵于调停者，以其终能收之也。然终之收多不可料，而始之就已未免折而入于其中。故士大夫丁[①]事端初起，适关吾职，当始终持以为不可；否则，奉身以退，毋逆委，其必不得而姑听之。余谛观公之为人，方如矩，直如弦，介如石，轻去其官而重好其节。一日所到，引为己责，直视天下一切事而绝不以调停为秘术。其监税也，不与驵贾豪贵人调停而税治；其监兑也，不与暮夜令调停而暮夜令屈；其秉铨也，不与中贵人调停而中贵人恚，不调停等耳。然在计则行，在铨则不行。是知所据之地愈要，则所与争之人愈重，而调停愈不可少。选人之创，胡谏议之出，饶、万二公之起，谁其迫之？当是可已自多事而还以败吾事，公果不嗜调停哉！丁酉有诏，录庚辰以后得罪诸直臣。公与南皋邹公为称首，士论殊谓相当。今兹已矣。设当时有以铨柄还公者，公其改而调停不？余固知公之不尔也。

赐进士第奉政大夫、大理寺右寺丞、前奉命阅视真定关营三按畿辅、巡视京营提督直隶学校、河南道监察御史眷晚生高举撰。

---

① "丁"，疑作"于"。

序

送元宰渐翁李老先生之留都序

国家简重，六列独灵，宠提衡之老也，独以职重哉！得良剑百，不如得一欧冶。欧冶，铸剑者也，不剸割而为世珍。翁既大弊天下之群吏而诛赏之，已简畀留都，元宰倘所重有在乎？盖翁尝为司功云：“疆埸君子治一吏，上观下获，不忍相暴章，司功治牒廉其所以。然人怀牒四出，附耳一语，无几滥耳，尽附耳语也。其贪猾情得应牒，因长者为关说，语皆有端，其以我为固然而安之无几矣。人之竞爽，谁不如我。慨不快意，征色发声。苟欲尊其所闻以无负箧中之藏，无论薰莸一置之，非圣天子位事之意，正贤不肖各得齿牙交捽，其与能几何？”是役也，翁引掌故训诸司，以行所当，已为别妍媸。及一二投曲阿邑取容，以博名高者，尽汰之，无不人人当上意也。南服莽苍万里，寄睹听留都。留都之展错群寮，所统揖而则效者，一天卿也。天子日辨官嘉，与贤士大夫共理。一二元老提衡南北，将使越在疏逖，斤斤守尺度，不少弛，不已重乎善乎？翁之言曰：“士修己以安人也。夫不顾其安，饰小道以摩切大人，食乎浊而游乎清，旅进旅退，此荞言之大者。”予既已知之矣，其动如水，其静如鉴，与物无居，贤不肖自著，则翁之式是南邦，为世重也。

今圣明登闳，三五表正，建极三旄，大吏揖夔龙而埒周、召者，肩比踵属矣。岂乏一特简重南都耶？是命也，于翁固渥异哉。夫臣月象，月茹日光，远而愈瞩。翁固保其耀而垂绅正笏，以弘圣天子无为之化者，即末光日近不数已。山甫永怀，蒸民为颂，所其称保王躬、典政本者，固举德之元辅也。然则翁功在帝室，不具论矣。

送邑侯韫所沈父母入觐序

盖子舆氏云：有大人者，三两之合，不厚不载，衎衎之盛，讵之称尽物，如以径寸色泽陶之二璧，无为贵贾矣。腊会稽鱼者，其味必腴。故曰：小智间间，大智闲闲。隐凡四境之内，即菹泽之穷，即梏拳待对之饿，即一日虑琐碎，尽米盐，端委而听，若子若弃若讴，不胜如癸美。其密察以为枢，其发强以时，其外惧，若是者，民必保之。其不然，则山竖子之哺鸡耳。驱之骇之，寻向景强名之，于彼于此，曾不得戢翼而饫啄焉。彼其视四海之大，民物之伙，迮而无以受之。内求而不得，则惝然念外。人之有非，舍彼四通，出于弇中，因苛于隘，智殚而穷，无事取一切饰纯缘，裁民瘼，小若毛发，不任为氓。受恶则举境内一委之，终不问民菀枯矣。又其细也，纡余为安，冠距为雄，请带请冠，民安适而可乎？吾为不高，孰敢不局？吾为不厚，孰敢不蹐？推此以观，倘公所称大人者耶？

公之未至也，有为僭于公者曰："淄水所多，固与辟人。帝盖欲涸之，必无深涉。"公曰："唯唯。"明日复见曰："般之上，荟尉万仞，覆车之余，道茀不可行也，不薙将甚。"公曰："唯唯。"曰："扢秃之余，血殷于耳，盍亦鉴于火，无鉴于水。"公弗应，客出，曰："幸矣，客之不以姑息也。令所为往捕亡乎，一与一儿斗乎？"则之部大夫士劳于郊，父老逆于野，始而洒然，既而夷然。牒上察令之不便于民者数事，一夕尽蠲之。已，呼田者而进之曰："若食几何人矣。镰缠得入者几而当一，吾且使子之野尽为泠风，往第审树以其尽其深殖之度，无敢奸我。微是者，约无与子事已。"群乡之子弟而率之曰："若冠圆履句，亦有厌心。伊吾杨马之枝，千转万变而不穷者乎？是吾徒也。吾与子游，试月再，不堁于尘，不窕于隐者，为上类者非士也。"于是民大和。

无何，有诉于庭者，即诉者为逮，株及者削之，拏甘心藉者去之，曰："无落民事。"稍稍为权其所以然，小者从居间自为解，大者取契，举众揭之曰："若应某论矣。"不为匿端，而向所乡曲之猾，一夫交捽，因以剌事，中外蚍龁之。及一二曹史刻木画地，凿坯于令之所隐，骡书牍背粥重，比事白，中人之镪立尽。及是公徒以庄莅之，非有关市其中，而积岁之蠹一夕迹绝。夫民即无良多，而为搏黍儿子争耳。大人者其视天下无一厌吾意者、无一不厌吾意者，时其五齐而轻重之。若为攫深，若为醳愉。吾不与为事，民安取事？食土之毛，谁非赤子？吾枢其环中，以应无穷，而使斯民获走圹之安。化国之日，何其适与？当是时无凄风苦雨于上，无厉疾夭瘥于下。父安其子，兄宜其弟，曰："孰是父母贤而贰之乎？"盖几百場治乐利无是矣。其又不吊而为有四方之虞以为公忧。算军兴使者一日檄押至，计不得旋踵。暨言名山之藏皆宜属少府，群不逞无市籍商贩作务，日夜徼疆埸，有事已骛其中，讼言补天凿空，一之烦费，十之邑将。小有言，辄以王命控其颐，俾不得楮梧。于时外疲于征缮，内尽于绎骚。每檄下，膝婴赤股掌，挥涕而前，一与一否，左俯而右定之。民无知者尝有所不受。中人所曰："是未可与庄语。"属尉好逆之曰："若所不剌剟吾土者不腆下士之嬴，请以寿贵人。不可，而公且以去就注吁天万言，是且无若我何。"中人雅闻公大人，谢不往，而一二孑遗仓皇闻计届期曰："庶其留鸠我者乎？"于是淄保公即百雉之垣，无若格功令行矣。郡国御史台上计百城庶正，有如我公博载否？有不惮以其身距户无艺如我公否？峭堑之异，牂羊在山，必温而能理，不怒之威，其运乃神，百城如有公者否？有之，事不落莫否？

盖公世家拓基大，千里之士接迹至，非常所见，每骀过愚谷，慷慨天下事，往往出寥郭外曰："吏何常之有若，若者不揣其本，苟欲传曲木尺寸日景，不畏道腸，何不祥人也。不佞母且老，患会五山不得暂峙见谓：不让夷耳，旦暮仍请，如六七十者，取可朝夕，即碌碌鸣鼓，诸生所得扼臂多矣。货腻也。近则污人不羞，浅方辱处，欲一人之身洒削胃脯具，欲以遗所不知何许人。此以观公之大矣。汉史传循吏载黄次公为相，颇不仇，及观其窃窃寻绎，阴伏及称问上计丞以兴化条皇天报下神雀，其细已甚，安得公大者？苟非其人，内缄于厌洫，识毫于及远，卑之不获，能无损乎？有如公当轴处中，异日者，功名之著，非众所知，必以德全器具，则次公之为数，其浅深适，至是而止。公之大庇九有，且有所用，其未足也。不惟淄，公觐且行，邑人士会祖于淄上，有歌而过者曰："千山影乱海扬波，金银气少豺狼多。岁欲苦兮将奈何？夕云漠漠，淄流清浅。公之往矣，将无归晚。"

贺邑侯王父母御史台嘉奖序

侯以进士高第令淄之数月，而御史台条上吏治得失状，察侯有治理之效，为书劳之，民走相贺也。先时，豪恶吏诇民间小有言，阴以令市无巨细，饴篹中金立解，日耽耽龁人案牍间矣。而里中大猾持邑短长，觊非其分，往往登堂皇大言请之，视长民者无如也，则橐所称良者，众为政耳。

侯至，为条教，布诸中外，曰："师帅之谓何？而纵之也。"会当令而枕藉，而相从地下耳。已扶人才十数，然一目摄之，咸惴惴屏退。诸曹当白事，摘牍尾，雁行以进，无敢以咡嚅。尝者属邑多鼠窃，侯益修诸长吏所置伯落长法，及里中轻薄恶少，无市藉商贩作务，而鲜衣怒目、酗酒骂坐者有禁，而时薙其扞禁者，久之达旦，柝声闻四境，而民无绎骚之苦，盗比比亡去。邑赋主守者因缘为奸，租入多不中程。长民者晨起按逋名，鞭扑之声殷地，顾益多负。侯故缓其要期为椟，令各以其赋多寡，人自为输禁，无关主计者。民某氏子伺夜胠椟中金，觉捕治具服，署中廪廪矣。于是民大欢，输者填委，竟入头会之民，无离上抵负名，而更乐侯之宽。侯之言曰："小大之务，弗能悉也，必以身亲之。"或篝火抵漏数十下，尽一日所施行无憾，而后即安。而又时时布耳目中外，侦以某事得失，还辄辟咡劳之曰："籍籍者其谓我何？无以甘言啖而公聋聩我也。"其深沉足智，作事类如此。

国家开暇，用言官议，朝取一令纷更之，顾而命曰左，已而指曰右。吏奉法而治，手足皲裂，举事一不当，三尺从之。用是上下相逊以文法，偷得避嫌之便，而亡后咎余责。左取而右授之，递若转丸，至令下阪极矣，将安归乎？令提一二编氓，还转于股掌之上，而日噢咻之，犹惧其贰。欢者、啼者、肤受诉者，米盐烦碎，剧于百货之肆，一不中，则哗然而骇矣。而诸长吏重以考功法临之，跬步深浅，动牵缧徽，固人人暴公子也。非公深达治体者，恶能胜其任而愉快乎？以予闻父老言，邑令惟关西杨公、张公得民和，将百世尸祝之，则令之难也。乃今睹君侯焉。善乎！

侯之策吾淄者，有曰：先王制地，籍田以壤，而则其肥瘠；任力以夫，而议其老幼；赋役以力，而时其有无，不是过也。举一岁之征，而悉归之于田，既苟而赋矣，而长民者矜核余田，名无肥硗，一税之，若之何其不胥瓯窭污邪而芜之也？于是民竞以度田趣君侯。侯曰："此百世功也。吾之从政新，若姑待我，我不忘矣。"务以下民己愈亲，务以难民己愈理。此羸者淄也，其与能几何？业已人归之志而昵就焉。因以剂量其有，察民所疾苦而轻重布之，以无忘天子拊循元元之意。

侯将有大造于淄也，而御史台见，以为始事不及报政，亟赏之，犹为浅之乎？知侯者乎？于是邦大夫輾然而喜曰："无宁兹将以治行第一征劳之云乎？"更为觞寿君侯，而为次其言如此。

贺王太老年伯母夫人八十寿序

不佞居而屈指天下士能以其身显者，或不能于其子姓；得之子姓矣，或不一二数。盱衡锁闱，比海内之士提衡而立，拙而合之，工而离之，操行君子固无如时何。吾而所施没矣，为可继也。得一当有司，则苛而可，安得人人高第如一型出也？既已后先躐跻要津，布满中外，绶若若矣。不德而侈，将举趾高，以为物莫我若也，而乘人以逞，孰与近之？能使子姓兄弟联翩而上，后先如出一轨，而德足受之，无少跖盭。此其间气所流，必有所独至。钟而为贤淑，使其子若孙聚庐而托焉，以无隤其家声。既保世以滋大，而身食其报，乃和之至也。

不佞自垂髫即闻父老时时言新城王氏。长而游王氏兄弟，益习其世。自大司徒公以名位著名先进，褒然太仆公之后，子姓兄弟无虑接武数十人，撷骚雅，薄秦汉。而上制科，每三岁比，士之举者，人辄指目之，必王氏子实首是已。侦之其室，无不人人高第也。而王氏子顾心独喜自负，视隽多士以为常，贤科第一人忽自有之矣。然十九髫年得之，属与举者齿壮者强者，而王氏子以丱角居然其上，人皆屏息退舍而不敢望。至与语，则又人人逡逡笃行君子也，于家世薄海无二矣。楩杞之上，铳干霄垂荫百亩，江河巨浸，决洪流而下之穷日夜，人不于其末流而谓其本源盛也，是知太夫人德至深矣。

阳曲之役，不佞比壤选部君，为言太夫人贤。先太父时，属有使事，人迂足避弗肯就，太母从臾力赞之，慷慨万里矣。尝谓子妇无苦操作，阿母不惜拮据，为若先岁时制白答布，人长短赋之，禁无敢私炊。子妇小有言，辄诮诃之曰：“孰与以妇道角也？”谓子若孙：“尔曹不务修太仆君余业，业以儒为名高也者，而疏房床第，是安卒于无所之？安事诗书，何以称为王氏子也？”既已据高第，则又时时举太仆君功最示之，人各如其所往，雅有指归，斯古所称贤淑者哉！

今已寿八帙，顾益良食。大司徒以元老属选部君取道归，觞太夫人，子若孙膴仕，若而人走使千里，具甘毳，为寿阿母者相属。乡人士侈其事而荣之，语相诧也。不佞窃惟世所称寿者多，而偷名耆耋，幸少须臾以要其所未竟，食饮为剧耳。终其身，役役于裘褐，而无以华其家，何没没也？太夫人以显德跻上寿，赫膺宠命，孙子济济，人貌荣名，海内贤士大夫无敢与雁行者，斯亦奇矣。无宁兹大司徒，故以司谏日夜求民瘼，为天子借箸前画其所以然。今称论道之臣，所以计安社稷、庇民生甚厚，而诸从昆季中外相应，以务实之行，羞以纤趋附功令，竞为一切波流之渐。推本所自，千万人之祝也，独以年寿哉！不佞辱肺腑，于其诞也，用介选部君奉卮酒前寿，而因以其所为寿者为太夫人祝。

寿四山王太母夫人八十序

四山君既有命按察浙江，过觐太夫人，则太夫人八十寿也。君在比部二年，数为予言母老而扼腕于千里之游也，往往得不佞心。盖曰：“亲老不能养，晨昏之谓何？奈何重一艺，得当有司，姑嘬不已，不能退，不能遂，以为亲忧也？”则不佞盖往往止之。

先是，君自中州召还，士大夫知君者益多君之为人。是行也，大司寇实推毂君。一日过冢宰，夕焉则把君袂刺刺诵义不休，曰：“君刺举三河及陕以西，使予至今病悸，幸不遂絓于谗，犹持辘轳床，从民贳马逐逐诸曹之后耶？是吾罪也。”未几而浙中之命下。余惟义不负所学，而可以寿吾亲者，君子欲之。既已屈首受书，捧檄而游，而卒于无所至，则亲奚赖焉？往君为侍御，持斧出按诸郡，里闬归荣焉。循资而上，计取尊官厚禄，以为宗族交游光宠，即卿相可坐致，中道而左迁，非太夫人意也。假令四山君居侍御时，即持容容之计，揣摩当事者意，欲上观下获，依阿取合，不肯出一言为国家画便宜，须岁满迁去，外不失引大体名，而内无虞于多口，亦岂太夫人意哉？既已小挫，令义不足以复中州之踦，穷其身于落落无闻也，犹之为苟去耳。即旦夕得甘臑，可以事亲，亲供养备顾安之，安得以直道为解，而曰非吾所为，而遂一蹶已耶？以此知四山君有以为亲寿矣。始抗疏而谈时事，贻亲令名；卒之取信当时，使当事者倾身荐宠之。以此为太夫人寿，孰与以比部养？猥云亲老，而令不知我者以为计画无复之，不得已而去耳，何以间执谗慝之口也？

今且取道归省称觞太夫人。不佞辱葭莩，习知大夫人所为望君者甚备。今称耋矣，含饴弄孙，黄发儿齿，所为千里倚闾之望，何得君复称绣衣使者归也？往君数为余言家政，至母老不能养，不佞盖尝拊掌自叹："何言我心切也！顾君母老，吾母亦老。君既已取金紫寿堂下，不佞食司农二岁，亦欲他日得第中考，私一命为老母荣，竟能之耶？"益为君贺矣。君器度凝远，所奏议按关西时疏，无不具超然远览之见。在比部多所平反，亭疑谳为奏，常得可，则公之政有余，不具论矣。

贺翟晴川补国学序

教壮游京师，则乡大夫之游京师，若青、齐之士往来长安者，往往称翟姓云已。休沐还里，而客有云石王公所来，言云石婚媾某氏子，则又大喜。云石有知人鉴，重许可，所与游士周鼎康瓠铢别石计之，百不失一。兹其徼福于翟氏之先，而焜耀其宗也，贤可知已。翟世以赀雄于乡，所居地淄渑之交，绾谷其口，富商大贾贸易千里，而翟常用废居法蹿役，使之称巨室矣。而晴川君豁达有声称，尽倾动淄、益数十郡人士，无问门外多长者辙也。

初以明经补博士弟子，青、齐之士以千数，部使者行县课诸生，顾独推君。君亦倜傥负奇气，自谓功业可坐致，视其家赀无有也。既厄于数奇，则又叹曰："夫士何常之有？即不同朽腐草莽，必低眉搦管乎校艺之场，而使二三艺师盱衡而权其妍媸，则汉以下诸郎吏，其可訾者何限也？长民者各殊务而同趋，要以成功为统纪，胡可绲乎？"遂以赀补太学弟子员矣，非其好也。

不佞守户曹郎，暇而习观国家故事，天下无事，荐绅先生缓颊而议国是，则以为太学，贤士之关也。峻其堂奥而粪除之，犹恐无以风天下，又因以为货而利之，则国家何赖焉？其言甚足听闻。猝有戎马鸣镝，叫唬乎南北，云中、上谷、闽越之间，一日羽书数十至，边塞之士按籍待哺，大司农扫公帑以应之，犹不给，至使天子旰食用乏。军兴，下诏切责诸臣。于是在廷之士初言输粟不便者，辄复易其说，广为条格，以笼天下之货，以谓为国家画一切权宜，又何相戾也？

语曰："敛集于襁，血殷于帑。"百里之令，奉符而趋，晨起坐堂皇，鞭朴之声殷地。一旦以赋入不中程，辄课殿免。无何，加赋之议起矣。当是之时，有能出粟助边，以缓百姓什二之供，斯不亦诚长者耶？明经之士，结发而谈往圣之术，已得当，有司无不沾沾自喜，以为他技莫己若也。或以赃罪败，不者授之以政，骙不晓一钱事，徒日要大司农金钱为也。至论廉白守道，为国家惠养元元乃在前，而欲输其家之半助官者，士安可尽非也？彼其志诚欲有所为，稍以考功法淬之，无不为用者。逆探其恶而弃之，谓天下士何？带郭千亩，亩钟之田，修其业而息之，足称素封。轻以千钟粟触扞文网，士必不然。不佞既为此言，会祭酒某上言太学法大滥，请罢输粟议便。天子下其章，大司农稍稍摭予言以难之，得不变法。君往矣，士君子怀才抱奇，患不遇时耳。要之，去垢浴，不必河、济；要之，善走控，不必騄駬。

今天子励精图治，加意元元，诏诸廉治行尤异者，无问途所从，皆以闻知而弗举及举不满品者罪之。盖故事，太学生无尚书郎者，今或以高第列为御史台及诸郎署，无虑数十人。或由吏胥起家而为州县长，斯不亦庶几祖宗之旧哉。君往矣，下可以无累朋好知人之明，而可以慰当宁求贤之望，则何不为也。有如天子终以晴川君为奇而向用之，勋庸昭揭，褎然诸臣之右，以无忘长者之誉，无令不知我者以为口实，而曰是固宜尔也。则仆向所陈，以难请罢输粟议者，不其信然？云石往觞晴川君，以予言为祝。

县志序

大造之陶埴万汇，推之而为往，挽之而为存，其必有俟之以不惑者乎？邑旧有乘，更令通孙君再修之，垂五十年。贤士大夫之所树立，天地山川草木之化，君子之所治，小人之所养，其德我惟后，曰：“而吾臭味也，数目而厚征，亦惟后。”及所称疆土州国之异，亥豕龃龉，时时踦闾。一二父老，具敖所在，皆不能举其凡。

朱君之至，索书而读之，曰：“是邑之断简耳，不及今。贤者识其大者，不贤者识其小者，一摭次其事，将无以贰淄。”则以属其事于朱生、王生兼总之。不佞无能为役，操三寸翰，滥两生后。窃谓轮轴之用，朴属之安，记载之工，藻绘之致，不佞待事邑大夫，不充觚是惧，遑引当否，剿取古小史微显之义以讽。乃其翻校四时，即故为新，探析五十年之所未备，仰观俯列，孰测其始？惟西人箕斗，是利是供，左食千人，右食千人，财贿之联，岁浮于昔几何所？二三大夫士鸣驺出谷，暨四方之辱在吾淄者，皆国之良也。孰是称所为不朽，始之图牒，下逮齐东人，机祥滥听，睟盘尾细，亦既已于事。而谫劣文质无所抵，不能溢美一语，以自负于辛有之遗失，在斤斤不闳肆，不伤今而思古，使先民之光晻阏而不宣，是则罪我者夫。

侯古濡须人，其行事一本之忠信。始至，与隶约：“吾欲笞之十，若姑以九。”惠人哉！未二年，委巷门何乡，皆可指数。小民争搏黍，往往决之片言，而诸乱而无上者辄以法绳之。慨不快意曰："我乃试为令，临当往，饶谓不佞上官取际可，檄下旁午。曰必无以帑。法所不当，令有私发乎？且二年于兹，幸不梦分人鹿。惟是僮指衣袽之敝，夕戒行，旦日即可去矣。"推此志也，其行可志，何旦千百而志其举百之一云。

记

上泉庵佛殿记

淄西南五十里，为上泉庵。拓基而灵鹫四拱，卓锡而清泚斯盎。胜擅人天，代有结构。爰及中叶，崇极而圮。顽髡内讧，豪夺外睨。业将绝而复续，事已危而获安。斯真堂之善树，济倾之智胜矣。岂维新之有待，更再传而愈隳。净垢靡分，色空交丧。抚摩安其幻席，曲蘖恣其攒眉。枭牟即长者之金，益贷翦菩提之树。乃及佛堂，屋瓦四颓，榱桷半落。现身偶于风雨，法座辱在涂泥。忏亡半菽，则裂眦力争；覆篑片言，则掉臂不顾。

时则有堂师大弟子如乾上人，率性而行，见超湍水；有言必尽，识迈庸流。每于阴崖之晦，杵臼之夕，悼驹隙之易过，睹龙象而啜泣。属兹胜因，号于有众：苟上吉而可，请负锸以从。盖让者久之，既鲜其人，曰诚在我。暨上人真强相为后先，不惮拮据。本宿缘有契于同心，益首事无虞于寡助。于时列刹阛阓，不难挟贵以游；三岁低回，因而争名于市。乃至千山坏劫，一佛拳宫。探囊则洗钵无赢，规往则抠衣靡至。嗫嚅区釜之叩，趑趄雁鹜之余。虑殚于经营，手皲于埏埴。逾春徂冬，斯已勤矣。已而山鬼效工，百灵斯集。回金碧于落日，抗詹阿于层霄。璇宫耸峙，并岩岫以争辉；妙相庄严，映井汲而写照。工既断手，僧亦垂橐。于惟艰哉！

盖闻无始之先，圣人不论；二仪之化，幽赞为多。是役也，俯追先业之持危，仰弼皇风而设教。取投分于玄扃，相观而善；系因心于黔首，人树之趋。恭述片言，用冠果位。

隘室记

先生有宅一区，东西才数武，湫隘喧卑，处之澹如也。居室前为客舍，庭方广数尺，缘壁蔓豆藿数十，往往闻秋虫切股声。墙下委土为畦，滨畦有怪石拱立作人形。畦内树名花十数本，萼者、穗者吐绽明媚，如施朱，如簪玉，如雄鸡冠。畦之北有数石瓮，丛水草百茎，旁叠石为趺，承瓦甓。甓皆镂错文，艺兰其中，从反垂跌，下如委佩。又北为池，深尺，畜鱼数十，鲤之属五，金鲤二，金色而斑白文者一，鲫三，蚌大小三，蟹持螯者二，虾巨细无虑百数。中池聚石为山，奇峰苍翠，浮出水面。其下孔尽穿，能通鱼往来周山。菱、荇之属布满池中，花芳色可爱。夹巷多巨槐，虬枝蟠屈，荫入及庭之半，百鸟翔集，倾耳备八音。

先生休沐还里，不问家人生产，案上置古书一束，兴至辄出游。时有长者披藜藿到门，无问知与不知，辄倒履出迎。饮辄尽欢，以间从豁齿仆汜扫中庭，甜焉。鱼鸟花石，杂沓而前，生[①]岸帻据池，视游鱼浮泳上下，剖粒食之。鱼乐，先生亦乐。折畦花，蹋足而歌曰："飧秋菊兮揽若枝，莽空阔兮夕日驰。聆蟪蛄兮鸣声悲，翱翔万里兮伏枕为。"已，引白席地数酌，不觉尽酣。

或有言先生家四壁立天，数患苦之而乐，相与造门请之，曰："先生已纵哉。"先生俯而息，听然而笑曰:"二气五物，毂转机磨，时有倍蓰，地不满东南，天固无椽又奈何？责人于尽而欲左画圆右画方也。盂浆佩襚，唯意之适。犯七情之毒，以与造化，角去皮而毛是图，安所为乎？君休矣！行千里者互有险夷，信以定命，义以行之。老子庄周，吾之师也。"命酒属客，醉而为之记。

顺德亭记代云石

亭据郡北郛里许，水滢纡四出千章柳，或云金节度同知王邦用创之。白川刘公守顺德，民太和。既去，邦之人纪其所尝游者，貌而俎豆之，而亭滋壮。岁久，亭且圮，时有游车而希矣。环伊公政暇适亭，顾瞻低回不能去，曰："嘻！憩亭则怡神，顾祠则敏政，岂为不物哉？或有其举而废之，若后之人何？"行且眺示，更置所宜，曰:"是宜廛嚣。缭以周垣，撤其废阖，左出逾梁，制亭若祠，重阿别祠于亭门焉。委土可以为师保食，先大夫何可使仅一宇？坏不必因，靡不必不度，吾不役民一钱也。"赋功而属之丰涯李君，以授百户某，曰："及农之未鎛也，趣将役。"凡再越月，已于事而竣，如环伊公之素。

先是，郡城覆篑相袭，公欲易之甓，众难之。公曰："诸君子过自好，顺德于王城，即左右之肱，期令后世保我。奈何爱一夕畚臿之费，重勤诸父老？即东门晰我，我必为之。"既定而城，既城而亭。致用及行筑之暇，黝垩待雉堞之余，公不告匮，民无胥谗，则公之操数豫也。偷以举嬴为解，即城恶且苟而可，奚亭之与有？夫非疏房床第，而令褐之父睨我，其谁敢任之？

亭既成，以间从诸僚出游，崇墉言言，屹然其前。既稿而苑，既湮而驶。

① "生"，疑作"先生"。

响属色缀，汇奏族致。俯仰眺听，神与瞩豁，公喜而后可知已宣化。不佞无能为役，往谒白川公幕府，从容语以治顺德状，言及柳溪亭相乐也，于今目值之。水潺焉走林薄，而白川公肖像岿然其中，即犹离坐幕府中耳。公已称鼎铉重臣，而环伊公文章政事流布寰宇，民胥歌舞之，其为兹亭，藉不直亭之耳已。般阳某人记。

祭文

祭四山王公文

士行百，讵能左画方、右画圆乎？总之大德，无挛乃贤。有夫负隅，骄以挟贵。系援为威，不德而贿。公之揽辔而西也，夫或谓之无若一二姻娅之在老夫者何？惟子进退之。盖强御可畏，容容者无地以媚之，有以身注而与为怼者乎？公为不闻，强直自遂。抗章王廷，立令罪废。耳目之司，而秉义类。于惟我公，人文之粹。于蚁慕膻，绝裾不羞。生往死归，泪盈于杯。公之秉宪而游也，曰：事先其大者，仕可为也。与短报刘，翩然来归，勇退急流。潃瀡朝夕，卒岁优游。于惟我公，纯孝之俦。

公之蹶起，日月再易。拾级而上，得尺即尺。公曰无辱，趣驾乡国。一绝齿决，山青云白。匪计画无所之，而以善息，岂不以诎信何常？士取自适，一偃一侧。不然不得，业色及之。几幸十一，既往不偿失，滋令微尰儿以我为质乎？已而琴声衎其式乐，举先籍其遗佚。凤骞霞举，恣意所如。流连光景之会，极意声色之娱。操情独往，裈虱世途。鸱夷为贤，瓶汲为愚。人皆孑孑，我独有余。视被龌龊，孅啬而趋。不亦超然物外，而嵇、阮之流乎？大德不逾，后天下乐。为邦仪刑，人士橐钥。胡不期颐，永即冥漠。蜕委于室，舟藏于壑。

悲夫！公之既得，作宾王家。流行坎止，风月无涯。公之不尽，兰茁其芽。无已布武，将为国华。泉台有知，公一笑邪？尚飨。

祭小田王年丈文

呜呼！造化无良，淹速为慝。哲人不寿，骄过其历。冥冥化原，终古窀穸。安事公为，奚以公适。公车既脂，视公床第。以手推席，振袂而起。曰子知我，见子止此。子止事君，我归不死。

嗟乎天乎！孰歼之帙？公之在服，蜚英茂实。既德靡悔，亦才应卒。维君子使，声度身律。再按楚越，南国是遒。云丈夫冠，宁事湛浮。仁不吐刚，义不茹柔。或集于郁，骈拇比周。隽诟无节，挟重自喜。租逋不入，而吏是呰。暨彼膴仕，方羊闾里。有来梗阳，以要囚市。公为不闻，霜击雷吼。义得者天，不理者口。齿牙交捽，公不为狃。群阴既伏，公闻愈厚。在昔吾师，美秀而文。及尔如贯，其响益振。言不苟俗，行不偶群。前茅后劲，为龙为云。以法为橐，不德而赇。夏屋渠渠，原田每每。人以为得，而视若浼。曰滋毁常，羞其佩委。跛妪负贩，合尊促坐。惟欲之从，则苟而可。人以为适，而视猥琐。将以率人，而甘自堕。搦管为侠，绝弃尘坋。属事离辞，捷于射隼。片智蚁蛭，营度口吻。几不厄子，而气欲尽。

呜呼！举世献谀，贤智道屯。公如不死，劲草诚臣。斯文日丧，骚雅沉沦。吾师不死，威凤祥麟。曩者国门，与哭吾师。拊马酒垆，反袂涟洏。曾未几时，而公从之。胡侈之德，而不慭遗。教也不才，饫德弟畜。我生何之，公归不复。片月城阴，寒云落木。将使涕泗横集，血下相续者矣。

哀哉！星精风后，扶舆所钟。身虽逝矣，神理靡穷。沧漭淄流，嵯峨岱峰。师乎公乎，跨双茅龙。尚飨。

祭混溟魏公文

悲夫！未既用而不终命，不福善也夫。公天下士，独秉间气，既行廉顽，亦言轨世。相矜以文，猥云自昔，已则不逞，而以剽贼，此胠箧尽能索耳。公文章尔雅，不谲而奇，当机命意，属事离辞，乾坤正气，砫为宫商，铿鞳自致，不主故常，盖已遂于大明之上而踆作者之堂矣。巧卫为得，阿邑为同。修小苛礼，诡时取逢，甚矣其相蒙也。公訚訚自将，以道物身。云须眉具，宁事妇人。区分族别，兹物在鉴。好是正直，举而必先。斯人伦推其表烛，而王国之彦矣。乃及伯季，翂翂獭獭。作而当法，鸣而当律。为邦司直，为士首出。得全全昌，蜚英茂实。呜呼！物讳明洁，颜夭冉疾，道固然乎？而数之帙也。

悲夫！人道既绌，造物为败。白日西匿，哲人云迈。岂其与汝一人有爱焉。善人，国之基也。有基无坏，实中其声。操行有概，有如兹者，而不强丐也，畴与熙帝载乎？联曹委禵，顾望歔欷。酹酒于堂，风肃于帷。

祭云石王公文

维公位不酬德，任不竟材，寿不耄耋而赍志以终。嗟乎！人生无不去之荣，亦无不死之日，所贵以不朽，唯是浩然之气。存以其节，殁以其名，与岳川俱寿，不逐世以浮沉也。

公自挟策读书，业已起臧高之誉，动阛阓之称。未几对公车，又未几成进士，则公之苦心少酬而神冉冉王矣。初试畿邑，效；再试繁邑，效。则公之英茂少抒而声琅琅振矣。国是纷纭，人持一隅之见，疏不必行。公既擢留台也，章数上而数报，可不凛然名御史乎！贵介交游，谁得抗孤高之节，而藐不与通。公既守汉阳也，知楚民不知楚相，不卓然良二千石乎！虽中山有箧，其何伤日月之明；虽谪倅为劳，不能闷朝埜之诵。

越明年，晋司理，晋比部，而天且遗之艰，则公之哀毁在庐，抑何戚也！迨三岁，拜郎署，拜佥臬，而天且夺其躬，则公为寿弗遐，抑何舛也！嗟嗟乎！公所能者人，所不能者天。余所知公者节，公所不朽者名。且也上之以贵所生，有纶章在；下之以延世芬，有嘉树在。则公岂有遗恨乎？岂无为我歆乎？

祭封君王公文①

呜呼！世无真璞之俗，士乏纯气之守。悃款为拙，窕言者售，将利可骛而走也。有械于此，遑恤其后乎？斯狭衷使智，衔衔自狃，不德而慧，而铦其味。乡邻日有斗者，翁言不出口，施取其厚。万金之室，脱身出分，一溢之器，不于其华腴。式谷尔子，耒耨而刺，怡然自足，无虞于谯诟。盖侍御君致身千里，肤功聿奏。人伦推其表烛，六艺滋其浣嗽。既德济美，亦学归富，亶持行之不迷，虽颠挫其如旧。翁固有以授之，施及孙子，振振竞秀。既多受祉，德音是茂，夸三命以临乡里，赫宠锡而膺帝佑。此非夫淳庞之遗，而吾党之罕觏乎？

呜呼！行不于泽，期无吊诡；言不于华，期无悠谬。抱一者陪敦，斯饫德者昵就，孰与翁富且寿矣！德羸其施，保世滋懋，溘随朝露，委蜕于室，往而不复者翁乎！阴风故国，寒云素牖。山泉咽其悽怆，黄落萎其题凑。棘人栾栾，茕焉在疚。悲夫！膻芗之荐，于登于豆，神无不之也，而尚其右之。

---

① 正文原题作“祭王封君文”，据目录及前篇题目改。

祭李太老夫人文

于惟夫人，婉嫕成性，礼以为率。媲美敬姜，嗣徽漆室。当其衿帨于归，告虔榛栗。大镌木燧，无敢慆逸。鸡鸣视具，躬自操作。裘褐事人，宁家之索。斯好德之无斁，名家之矩镬矣。既佐夫子，拮据而前。徂隰徂畛，蹢躅惟千。仲氏令名，起家卿贰。有赫者声，无敢睨视。爰及叔姒，降心相从。贵不必侈，而俭是崇。丝蚕于筐，缕登于杼。言不出梱，内政惟肃。固杂佩之赠惟勤，而义方之训是笃。以暨子姓竞爽，趋跄后先。矫矫青衿，凤翮鹏骞。既孙子之绳绳，亦颉颃而争妍。大夫人之志，亦既不慭矣，而胡为其弃捐也？始季议委禽，夫人寝疾。曰子王生，吾惟子昵。吾将焜耀尔宗，而抚有而室。岂不以教成于及笄，礼严于旭日？苟墓本之未拱，将视尔燕誉以无失也。

悲夫！孰丰之德，孰数之帙？薤露朝晞，白日西匿。千里于役，音问杳忽。奠不及含，丧不执绋。此季所为痛心长悼而不已也。呜乎哀哉！霜风萎草，寒云落木。瞻故宫兮窅然，嗟云驾兮不复。政等义均葭莩，习聆德音。忆淑慎之如在，忽涕下其滂淫。载清酤兮嘉栗，冀仿佛兮居歆。

祭韩太夫人文

呜呼！穷巷晦朔，亦生亦死。美服妒津，亦华亦衰。夫人之归也，庶邦冢牧，茑萝之连。同位麇至，缟素骈蕃。情殷力格，固所弗言。乃若济济跄跄，青衿之彦。袪服峻于云翔，人伦由其月旦。能决川于退游，宁为阿于圣善。莫不匍匐归仁，合宫哭奠。片言要期，修容争先。以及三老耆英，夫里之长。一咒百诅，日计不爽。罔不屑涕尸祝，镌石纪往。将何市而后反，畴慕义其如响。

呜乎！五气之用，递为其救。弆中侈积，以蕴为富。有如夫人，惠和性植。有衣亦衣，无食亦食。谁非吾昵，而鲋辙是厄。何邑之晰，而已旌民役。盖一夕弗施，则鼎馈为之不乐；一夫向隅，辄咨嗟为之不怿。方其君子誉髦，颙颙雅雅。一时翕然，宽仁长者。声唱于随，衣强于里。脱珥佐游，胎珠孕祉。夫多后车之载，子闲式谷之似。已众卜其纯嘏之有常，而子孙之宜尔矣。已而长弟竞爽，一蹶千里。展采周祯，联镳膴仕。节钺夷夏之勤，旬宣东南之美。人歌罕乐之后亡，家淑孔乐之懿轨。尔其翟茀袭辉，龙章亦赍。既寿而福，亦昌亦大。知且归尽，奄忽坐背。窥筵则下髫命交，属纩而噬指斯在。斯其善言天者归全，而巷哭者惜夺之赖也。

呜乎！孰丈夫冠而夫人仁，斯之谓惠人；孰端委列而夫人仁，斯之谓大臣。凄风墓木，宿草寒云。生荣死哀，于惟夫人。尚飨。

祭李太老夫人文

呜呼！人歌亦歌，人哭亦哭。大化递迁，何淹何数。邦之隐痛，常于懿淑。阿母之来，实始家室。冢妇之勤，介妇之率。爰自姑嫜，下尽百物。至言蚤晚，百不失一。京陵钟夫人之袭馨，东海郝夫人之仪匹。至其独秉内才，比德玉映。衣得里而逾强，弓规闭而滋劲。伯氏之没，岂风不兢。一二不逞，惟利是狃。弃德反噬，众于瘈狗。顾谓诸孤，可搔而取。于时阿翁内谋，诸妇慷慨置对。间执谗口，要契斯举。外蛇绌负囊，使平昔索然于杂佩之问。不唯是寡焉鲜偶，即外舍不中馈，漫无可否，内助之谓何？安得孤立而令詘？指于善恶之究者，以为仁者必有后也。于维阿母，以静善动。陪敦无强，孕秀云耸。是宜长世饫以体宠，胡不中寿而宰木斯拱？

不肖教得托肺腑[1]，方其怆心裘褐，偶焉四顾，属耳元士之适若而人。亟布几筵，脂辖骛之，亦惟先人之烝尝不供是惧。谁谓王甥可者，而曰吾尔是女。阿母手及笄之昵，授以壶度，曰："吾将焜耀尔室，以无队尔先人之绪。"则阿母之大有造于哀祚也。乃其耦俱无猜，矢志外内，印前俯后，而作之对。孰使予无室于怒者，固女妇顺繄母之诲。已而象服斯贲，帝嘉曰宜。问姓兰茁，咳名授师。比负薪之能胜，庶宅相之可期。其又无禄，早世殇焉。

呜乎！兹予之所为涕泗涟洏也。夫人女女，为之计深，长于其远也。涕泣持踵将之，无亦谓是不返。追丝于筐搁污，请于章宁焉。幸而即安窀穸，钟情之怆。女之泣母也，惨于丈夫子，而孰谓其先亡也？盖自偃然长逝，廿年之内，无不先忌。遗酹其窾，岂其皮尽而毛是赘？

呜乎！甥馆渐非，西日无光。何恙不已，金鎞靡良。拊心待尽，怛化彷徨。足坐隅床，人尽子也。而所与午羁之不禄，其又能一个里言得之于子婿行乎？悲夫！委志闺阁之贤，则人百其痛；系心葭莩之弃，则吾哭其私。胡天之靳于喆人，而不一慭遗也？有牲于俎，有酒于壶。凄风丹旐，春雨平芜。芴乎芒乎，魂安往乎？尚飨。

---

① "腑"，原作"附"，据文义改。

墓志铭

敕封文林郎直隶松江府推官舜石毕公墓志铭①

封司理毕公殁之明年，而其子以进士中白高君状来，并所为摭公生平以授教，使志之。余固谢俚不任，则以公少与余同师仪部松石张先生，数以义不可，但已唯唯，为次其事如左。

公讳木，字子近，号舜石。其先枣强人，淄之毕则祖敬贤由益石塘坞徙也。五传为公王父，讳恪，配王氏。恪生忠臣，有名旌善亭，配王氏，实生公。公少而俊爽，张先生意不可一世士，独奇公，及门士无抗行者。已，补郡诸生，每集，丰神骏发，独以意剽剥古今人物，幽明之变，乍若反异，知及者覆有取焉。然性俶傥自喜。一夕，揖诸君，士苦佔毕，日握齱手一编，令乡大夫东乡坐而责：“我唯诸君能，我乃不羁。”意欲他耳。稍入为儒官，因极意人间之好，时为古歌行、近体诗、乐府诸什，取逸娱而已。

性至孝，哭二亲，棘裁胜丧且祔，怆然谓其属：“古练已用栗主祏，神或冯焉。恶子父一堂如在者，吾欲塑以像之，亦自像也。”复为祠，自始祖以下，谛昭穆以世，聚族而享之。兄弟七人业见，谓敏不得用，愦愦自诿。事小剧，辄推公往。不则往往跧鳌常长弟相与笑，学书牍背二十年不如季之文也。及异产射符，公后往，分于兄，仲产独良。公笑谓：“我习安其塉者。”让还仲墅，跳身卜栽于万村之西原荒焉。

当其时，御史微诸豪逮治之，邑恶少因缘为耳目中伤人。公长弟先后三罹之，公奋然：“吾日所置杖而问者，未之敢后。今我在也，而人藉吾兄。”方急时，橐饘从之郡邸，雨雪手足皲瘃。会仲亡，邑名捕株及孥之微。公登堂慷慨置对，无一二兄弟螫手断手，急则听其雉经于先垄耳。既仲赫然得脱原隰，而两兄先后亦再得解，然公终不自有也。长弟察公不贰没，更属之孤，俾相其室抵成立。及时鹏事构市议持之急曰：是安属于毛者，而令坐拥万镪，为公挹彼量兹，所以填抚之，至有衡概竟事，不私一廛也。公虽脱然于六籍之偿乎，始但谓无所事儒，已用讼兄，意不能无怏怏。及抚多丈夫子，子且才，曰：“是足复前日之踦矣，曩者我真自误耳。”群萃就闲燕，一嘻笑感愤，无聊不平之气有动于中，一决之于子。而时自临课之，而故趋踊之，方解方闭，方缓方急，不使迁异物寸阴于时中。白君以文章岳岳诸生间，及馆公，两人交相重也，曰：“是真吾

① 目录原题作“敕封文林郎舜石毕公墓志铭”，据正文改。

儿子师矣。”为责善簿二先祠，书其课而揭其不勉者，以耻之于祖。其叙略曰：“士无通塞，辟乃辱也。骄惰之心，入焉而坠。比觥罚鸣鼓及之，宁不亦私我畏者，淫从交口昵，谓徐公不美，不于父，将焉取之？”其为论不主故常如此。暨比部君占省解，人争从仆马出入，过它客为笑乐。公故益严其扃，曰：“士欲举大名耳，幸少兆，安得偷欲休？”于是比部君屏息伊吾，不敢自比于人，而诸子争人人自砥试，无不人人最上考矣。

壬辰，比部君举进士，授松江府推官，始一解颜而笑曰：“孺子试为吏矣。往无亦监于若伯氏诬为天子吏，乃从晦室掇取一二睚眦之余文致之，不畏鬼责哉？观于浊水者迷于清渊，而翁幸饔飧具，义不以儿贾矣。”既比部君以廉平著名吴越之间，声藉甚最，上封公如子官。人谓：“强宗何事不可者？”公更泣谓：“今孰与诸不逞为隟？时何可遂一日于车上僔也？”于拮据之不易，惧覆亡之无日。族党非孱焉无告，一二为谒于公，诸亿负众庶无因齮龁人，实窃籍名以行，而曰：“不为若者，当不得生活耶？则决疣为痛，一委之我，无与知。”因之闻益章。公悉裁以义，骂弗与通，人无横者。乃其呴嚅缓急，践更有亡，无以颇，族党畏怀之。日缘瓯窭财自给，而诸利薮若山阪炭物、子母奇邪之赢，客至，争言便宜，一谢之。少有，则以贷里人之饿者。或以产粥，度非其任不受，视其抵质剂入，立偿之。曰：“我乃徼刭取之，复与不当厄，是重困也。”间为具迎致里中八九十老人，亲执席而馈。虽罢士无伍，至者未尝不哀其穷，亟收之，曰：“是不亦足嗍笑待奕而集诟吐之也。”

晚筑室西圃，叠石为山，水激之，独啸歌其中。而诸客来者曰：“吾所敬陶彭泽之流，脱屣如归，能使主人侧弁，不知有实筵，徒缪为恭正席，抚席久之，举匕箸不下，吾甚重之惮之。”时载酒从诸好事者，寻诸名胜。兴至岸帻，千言援笔，木叶风簌簌下也。参政薛公、司理吴公及邦大夫稔公明悉治理，先后造膝问，所以安辑百姓，语及必尽言，属之居间则不应。尝请饮乡射，归而曰：“惜哉！”再终谢不往。

尤喜读《圆觉》《楞严》诸品，议论超然玄箸，而诸上章化度仪身非所言之物而言，则定以为此属得无暴焚，以诞田舍媪可耳，弗信也。疾且革，余往视之，曰：“人死犹有鬼乎？”余笑，亦笑，已复喟然：“世岂有不死之人哉！犹且死乎，彼其所得须臾蚤莫奚以异知生哉！”比部君以谳疑能传古义，天子念浙囚冤不白，多瘐[1]死者，以君往。而公疾作，竟逝。无一语儿女子，翛然而化，盖万历辛丑正月廿二日也，距生嘉靖丁酉八月廿八日，年六十有五。元配刘氏封太孺人，贰室王氏、李氏。王氏子八，长自耕，蚤卒；次自耘，郡庠

① “瘐”，原作“瘦”，据文义改。

生，娶赵氏，继娶王氏;次自慎，郡廪生，娶刘氏;次自严，刑部主事，娶胡氏，封孺人;次自裕，邑廪生，娶魏氏;次自修，郡廪生，娶王氏;次自强，邑庠生，娶袭氏；次自肃，邑庠生，娶王氏。女八，长适牛大业，次适庠生殷师胶，次适吴凤，次适庠生王道振，次适高丕烈，次受庠生王任子家振聘，次受大学生胡宗尹子与艮聘，次受庠生张文绣子御化聘。孙三人，俱自耘出，际泰聘庠生曹梦葵女，际复聘庠生赵大勋女，胤丰幼，为自严嗣，聘太学生王世颖女。女孙六，一自耕出，适王弘焘；一自耘出，幼未字；二自慎出，一受太学生韩潇子茂枢聘，一幼未字；一自裕出，受太学生曹梦芹子烛聘；一自修出，受武举王补子家琏聘。卜以壬寅冬十月十九日葬公于王清之新阡。

盖公尝曰："吾生平心力足了，十人十九瘁于其子，云教所由湮。"里中儿习谓:"不学无害，急则以自绝。"而公手携诸子并趋并驰，至使岳牧群伯争客之，庶几一见问裘箕及驾之要，逡巡恐不得当也。是遵何术哉！语曰:"千里一士至。"比部君言公阔达足智，善料人贵富险夷。由是义不由苛简，既往不念，前倨不色，市不易交，屹然为一乡之重。呜呼！近之矣。

铭曰:瞻彼北山，英英白云。公实生之，唯公之德。敏给以安，恢恢奇奇。孰是内讧，为鬼为蜮。兄危与危，匹妇舐犊。谓苟而可，良玉弗治。不其或逢，嚣回而骄。饫彼封靡，公曰胡然。其子之似，而忒为仪。习之童丱，施于有政。而父而师，疆不茹柔。义不苟获，饘粥自卑。恶贤如公，亦云可使。而晦其施，必报于投。滋祚之胤，系公之遗。宿草寒云，罣如宰如，吁嗟徂兮！

敕封奉议大夫王公暨配苏孺人合葬墓志铭

公讳宣化，字用贤，号云石。世居淄西鄙，始祖传傅生钺。钺生宾，好施，常折券弃责。宾生公父士逵，封监察御史。公坦夷足智，十四岁补邑诸生，名藉甚。每集，僮僮不趋，睫交于目，望之兀然。比章成，士尽反走无应者。

戊辰，举进士，授阜平知县。阜平治并西山，俗羯狭多盗。公廉知其主名根株，稍以威信伏之，几治。天子察办治烦，调遵化县。边邑剧，军民交恶，急则挟行，间以倾动，令直指使者旁午，人欲有所取，报命天子，不能无求多，顾人人最公。于是大司马刘公总督蓟辽诸军事，治密市。虏互有龃龉，公数从旁画便宜，未尝不奇中也。一夕，某檄下，军兴，趣且饼万，故以观公。尉相顾错愕，公慢谓使者："士固欲宿饱耶？"徐指授所具，咄嗟立办，其应卒如此。尝夜梦老父曰:"无以若家大人持二心，吾业历针取其踝，幸安步矣。"时封公病足，公盖欲免归。既见梦，窃喜益自负。满岁，以治行征为南京监察御史，属摄诸道使事，戚辈更从臾公行部。公不应，曰："若知我何往？"已，从一竖跳身与舟子俱，察墨绶不职者斥退之，部若属惴惴矣。大僚某父啖囚金，以大僚市，囚惧负，因邑子言大僚所刺入，自操大挺挝邑子使数百。部人士大讙，公曰："是恶事，闻而易而恚耳。"露章劾罢大僚。无何，升汉阳知府。

公为御史，恬于势，交多甘心公者。既受事汉阳，则笑曰："区区者欲小咻我也，会雌而牛鼎荐之耳。"某子甲负父势，所至称贵介，趋迫邮传，长吏争因门下献金币为寿，公为不闻也者而过之。会有蜚语中公，谪判深州。升顺德推官，寻升刑部员外郎。所至知无不为，子辈谏少即安，辄恚曰："孺子何知，孰使而翁作若者？食焉而怠其事，亦喀喀伏地上死耳。"尝谓诸子："不以道得舒，用之不犹愈乎？不德而汰持不可知之偿，以要里中豪，而令取贯朽之余，怏怏移德，我何为焉？"庚寅，升陕西佥事，道里中而病。病语乱，刺剟人过失，悉中其隐，往往忸怩逃去。屈指某某行丑好，顾益尽物。意有所吐，辄大诟，盖其夙藏如此矣。公性俭，不苟取予。卒之日，贫贱几无以藉干。配苏氏封孺人，先公卒，其治生，古敬姜之俦也。

公生于嘉靖乙未九月初十日，卒于万历庚寅二月十二日。孺人生于嘉靖戊戌六月二十九日，卒于万历乙亥八月十一日。子五：长世哲，京卫武庠生，娶阳丘袭光焕女；次世睿，邑庠生，娶阳丘庠生张选吉女，早卒；次世颖，邑庠生，娶青州庠生翟进贤女；次世皙，未娶卒；世敏，娶太学生郑应弼女。俱孺人出。女一，字文林郎赵桐男赵大勋，继苏孺人出。孙男二，润，哲出，聘邑庠生高誉女；澜，颖出，聘邑庠生蒲梗女。孙女六，哲出者，一字医官高惟卑男高桂，一字邑庠生张浴男张其猷，一未字；睿出者，字邑人省祭官张浚男张其侯；颖出者二，未字。公治堪舆家言且二十年，其言以枯菀相感，如华之在苞。尝欲裹百日粮行视诸林麓，几得善地而厝焉。比孺人祔三徙矣，晚瞩尚礼庄之西原而乐之曰："死，必藏我于是。"

是为铭：而容坦然，而衷侃然。忠不怵强，义不蕴藏。蓊兮郁兮，公之室兮。

敕封吏部郎中张公配孙安人墓志铭

安人姓孙氏，处士孙文海君之女也，母王孺人。其先有名进者在宋为枢密使，代为望族。至处士君长弟更宦有名，而君以行义能解纷颉颃[1]齐鲁之间，称豪长者。

安人生十六岁而归封公，人谓姑刘继室也者，更齿挟之。安人内从臾封公曲事母，外操作穷日夜，踧踖而前。刘不命束脯之问，不登于私，侦耳目非是，

① "颃"，原作"颀"，据文义改。

枵腹茕茕俟矣。封公幽别室，刘饬守不听，与食饮三日。封公雉经危绝，安人倾身为之，几死者数矣。无何，使安人醯。安人醯，刘曰:“何以为之？”齐得也，而枵然恶也。怒屏封公与安人出，曰：“儿无良，不分一钱也。”才予田十亩，又瓯窭，安人口约腹裁，相封公，更造属耳。岁稍入，刘辄往毁败之。安人曰:“嗟乎！人子事亲惟四方，何不可者？与其及也以死，谁怼？”则与封公谋事贾，度所嗜物美好，以间奏亲，所滋益恭。于是祖姑韩老矣，曰：“孙妇数饮，吾欲而中，是善事我，吾安之。乃独不得当刘意也？”安人虽食贫乎，先刘意所向，若姊弟昏迨吉，必为具期，出其腆，曰:“姑所爱，无使有不适也。”而叔璜，刘出者，季父殁，宗人攫其室，轻重不得冤，璜疢诸父之郡邸，逮安人谓封公:“君在也，而人藉吾弟，必白之。”其所置对若为橐，封公往来候伺，所坐事，皆安人不惮拮据佐之，不以及刘也。比璜出，田庐忽自有之矣。安人微知刘忧百岁之后不全也，曰：“趣为若券，我习御穷耳。”一日过宁，处士君装赍焉。垂发，安人曰：“橐累累何为者？张甥即贫，义不难捐逋千金，岂其为丈人行？”老而念女，导之往而因以利之，推堕装，从一豁齿婢徒归，而诸弟廪廪壮之矣。封公既廉，贾逋不入，又讼弟璜生计日落，时时目司封君，心独喜自负曰:“吾竟以儿贾矣。”封公十九在外，安人日夜约儿诵，剂膏、踏纺瓦助之，而推食啖之。比司封君名诸生间藉甚，封公又益喜，往往劳安人，若率集于蓼。儿后贵，竟飨之。

甲子，司封举于乡。又数年举进士，授阳曲令。满岁，用治行最，征递迁验封司郎中，封父如其官，母安人喜而后可知也。安人留阳曲，直上食，闻呼謈辄不食，曰:“若无忘黄功曹矣。若儿时而父输京师，要期过叔推儿，会逮笞，次旦至，儿微黄功曹从旁曲说，燂楚潺肉死矣。孰非人子，小捍文罔，长民者无亦儿子畜之，何有据几恣睢麋烂人于庭，梃与刃有以异乎？何以称为民父母也？”司封公盖曰：“吾奉安人戒，未尝妄刑一人以几一切云。”

安人为家俭勤，岁时祭祀宾客，一豆之置，目所不至，不以委诸妇也。日供具裁足，无恶者。而顾喜施缓急，叩门无问请疏数，无不人人属餍者。尝戒子妇，草木狗马不可谯诃遇之。虽所甚怒，婢仆未尝闻恶声。晚遘疾，疾辄已辄作。尝秦越人自媒能治之，家人出金钱为谢，弗受，而愿得某氏女。家人急安人，即不爱重，购以塞。秦越人药进，安人恚不食，曰：“乃以我故绝人爱，吾弗忍也。”安人每病，司封君辄泣。已得告，侍安人，用功令再出，非其意也。封公讣闻，归，及禫贵人更为书趣君，遂弗应，而安人逝矣。

封君名佩弦，子姓若而人，具列何太史志中。安人卒为万历丁亥三月三十日，距生正德丙子五月四日，年七十二。卒再逾年，己丑始祔葬于封公之圹。余惟传列子妇众矣，惟不得于亲者称焉。物有固然，取自致耳。天下岂有无父之国哉！

安人之虑患深矣，晋阳数语，推慈于孝，自其性生，久苦床第，宁伏枕，是甘而不忍于母子啮背之痛。向微黄功曹食，讵安之以此居室橐，孰与处士君多善乎？司封君之论人也，曰:“士食乎浊而游乎清，以墨侥幸得不败，沾沾自喜谓能，甚足羞也，固有所受之哉。惟贤昌国，于是焉在。张既亢宗，孙门乃大。於乎！竟飨之矣。”

铭曰：孰是妇贤，至姑而挛。孰是妇难，至子而蹇。夫之阡郁其芊兮，生之瓞绵绵兮。

敕封孺人高母杨氏墓志铭

孺人杨氏卒，葬有日，而子御史君高举暨弟誉以母孺人状授王教使志之，曰:“必无溢言，将不肖吾母已。”视状，自王生建中秀才。王故讲道泰山之阿，少习于侍御君兄弟，事当核。按，孺人母家为长山富材之杨，父讳林，古君子，孺人其长女也。及笄，归于今封文林郎高公讳汝登。万历甲申，以子举满最，封孺人。

孺人性字而敬，既来归，所以偕封公晨昏甚修，以及诸姑侍媵罔敢不恪。而侍御君微时，当暑，人皆袗衣裸，侍御君衷敝缊袴，诵自若。孺人闻而悲之，顾时时于舅姑所视衣寒燠，不以无为解也。迨侍御君举进士，孺人年且六十矣。既老而贵，每上食太夫人，夔夔如始至。尝为姑窗度敝不任，新之，太夫人曰：“是岂不可补罅而易之尽也？”孺人闻之，立自责：“太夫人实有共德，将无谓我以其小者信其大者，谯诃死矣。”自奉滫瀡跪进之，太夫人食而后敢食。再执舅姑丧，终事封公无悔者，而其事封公，逮老无违言。乃至篭御，即姊娣之爱，抚其子无异已出。庶姑某者，孺人卒之日，老矣，曰:“天乎！与孺人也者，宁吾死耳。”其恸也，盖其安之也。

初，封公生而见其先富，环瑱之间有故，卒不能即裸为诎。及不得已，于知交然诺之请，一日耗端百，益以践更数过，以故贫。而孺人常从中剂有亡，拮据佐之。间岁不入，至倒污浣之余，羹菜粉糁焉，以饷作者。方亟时，微孺人室几亡已。稍裕于赀，则又自谓：“吾乡者幸不丑穷，已乃怙富哉！”益复推财佐封公施。既已与人，如忘之。至人有德于我，必报之，务出其厚。岁时子妇为寿，若私觌呕濡如无以堪之，篋笥唯子妇恣所发取，裁令不为汏而已，终不名一钱。每夕自纺纴，时取婢仆垢敝衣纫补，及贵以为常。姻族至者，无小大戚，均一视之，不为腴瘠。顾尤先其急者，尝曰：“富民之庇也，谁非吾人而令聚庐而处者，称事之外不获轑釜弃余一溢不已算乎？”于是待哺孺人者内外服役无虑几百人，每食，客子家儿喁喁涕洟，猥杂其侧。孺人抟胡饼，手自短长赋之，即掴抹污衣裾不厌。其勤恪喜施，不言而饮人以和，有足训者。尝遇女奴窃米出，奴色动，孺人为其忸怩也者而去之，终不以语人，奴亦不知孺人之羞其窃也。一夕获盗茭者，封公怒曰："乃而公贯汝，趣谒之官无贯。"会日暮，左右更怂恿封公，而盗惴惴，意且就逮死矣。旦日，公怒释，实欲寻端遣之，故怒以观孺人。孺人曰："偷无赖，是宜无若寒，何秉捍微耳。以逆杀人，公长者必不其然。"封公笑曰："有是哉！吾属欲僇辱之，以惩后者。"因与大噱，呼盗至，谩骂曰："咄！汝乞也，丐若草去矣。"其以义赞封公往往类是。

当是时，封公行义，名动青、济之交，一时向其利者千里诵义不绝。暨待御君两最剧邑，及为御史，值中外伧囊，群臣有所献善，败时不称上意。君正色其间，民德藉以不爽，而孺人之厚植发祥于夫于子，虽封公曰："吾得闑内之助云。"病且亟，犹属儿誉语："而兄已奉官更欲碌碌居阿母下，何可得勉矣，无以媪为念。"盖孺人性诚壹，乍若无文，久之顾益尽物。自御史君宦达若季隽上考诸生，孺人每梦辄兆识其小者。仲孙有所弄狚跳逸捷掷木末，家人子仓皇收之，万方莫能得。孺人曰："徐之。"一呼立伏，其能纾以为猝，无心之往尤可以喻大。云垂欲瞑前，将封公须曰："诵佛。"诵佛事率不可殚述，要之善人。

初，孺人第眩瞀疽使赴上都者，封公约无敢言。比疾剧，侍御君闻之忧泣，立请急章。且上而讣至，跪归。于时疾家为祷，殁人为哀。卒之日，盖万历戊戌五月六日也，距生嘉靖己酉正月十二日，寿七十有四。以是年仲冬二十一日葬于孝水之右。子三，长攀，礼部儒官，娶新城王应诰女，继娶益都陈九霄女；次举，万历庚辰科进士，历官河南道监察御史，娶同邑邹奈女，赠孺人，继娶益都赵尔衡女，封孺人；次誉，太学生，娶衡府礼生王暹女。抚庶子一，觉，聘知县赵桐女。女二，长适王栋男九贡，次适庠生晏鹍男鸿渐。抚庶女一，许聘太学生胡宗尹男与震。孙十，所尚，庠生，娶魏汉臣女，继娶刘从易女；所志，庠生，娶蕙女，俱攀出；所学，礼部儒士，娶邑庠生贾胤女，继娶新城举人张羽凤女；所养，庠生，娶太学生韩潜女；所立，娶太学生汪梦龙女；所蕴，聘新城右副都御史王象乾女；所问，聘新城廪生王象艮女；所望，幼未聘，俱举出；所研，聘邑庠生曹梦葵女；所就，幼未聘，俱誉出。孙女十，攀出者五，一适刘苗男九江，一适赵策男勉学，一适袁惟恭男三接，一许刘从皋男奇才，一许太学生王维新男鼎；举出者二，一许郡庠生韩泳男茂枫，一许进士车从衡男应嵩；誉出者三，一许武生王世哲男润，一许进士韩浚男茂树，一许邑庠生韩浣男茂植。曾孙二，璜聘邑庠生孟淳女，琇聘邑庠生刘从龙女。曾孙女四，出自所尚者未字，出自所志者二，一许邑廪生贾三策男爔，一许孟润男国彦；出自所养者一，未字。子孙振振哉！

余往从二三君子称觞孺人，入其庭雍雍然。会御史君移病还里，孺人力趣之往系，何脱然于倚闾之望也。化之行也，虑中外参始于一家蒸及黎庶，阴阳之会，道固然乎？有如孺人贤益推而远之，德愈厚所嗣徽愈大，其为钟美可胜道哉！即御史君立朝易直不阿，本之孺人意深矣。

铭曰：孰是表而出之，而服是宜；孰是阴而揖之，而殖是滋。惟厚斯载，其浸乃大。吁嗟！河流之沛沛兮。

碑

上泉庵观音殿碑

寺先独观世音殿一楹，大师选胜凿流而繘，因井甃卷阿之隈编营为之，数传始跳其左宫之为佛殿，而观世音殿更处其庳。岁久，绹绞尽脱，圉养负汲，还委其前，嚣不可诘。上人曰："嘻！先大师是以属吾徒，其隳诸？"出其北数仞，夷其阜，规而拓之，为楹三。前削壁数丈，斧石叠之，槛焉。既雄据爽垲，俯控佛宫，僧舍金碧，映射林麓，既备既崇，讫费镪数十。上人自操畚掮倾瓶钵就之，不丐师一钱也。

尝上人为予言其先朴而有制，僧庐错出涯涘，老死不相轧。有淫于戒者，小者诮诃，大者立扑。迨其后，长者为忿狠龋龁，其徒递入产，长者亡去，而黠缁因之挟短长内讧上人。师急则索上人，上人内俯定居者亲掎伏之。于时寺危废，其在于今何如也。国宪誅[①]于人，不誅于鬼，比其惧也，有时而尽，晦明中分，而氏偷把其不可知者袒右参之，民生有蕲、死有送也。其道不废，虽百世可知已。已竭蹶骛之已，则不施而从寻斧焉，必不其然，如以语学士长者曰："而释也无当于事，而猥于寻常之沟隽，于其为笑者益复不然。微是，将焉委之？而曹幸无践更尺籍，分土跖镘而斫之，益之矫诬为愚氓，解脱私斗粟慧灯橐归，足供中食上之，不能依三归，穷极道要，第汜扫寻。所谓四十二章者，数珠嗫喘，分与木豕伍，故当不坠。其先业若犹是龋龁，其徒以淫从其欲，一堕苦因，会就沦落，是重髡也。等之芜废，刹积苏可，因重属功，作者焉用之？"

上人姓赵氏，释名真堂，爽豁足智，喜施予而多苦行，见学士长者礼下之已甚，众滋归之。余幼读上人所，上人雅重余。上人病亟，更呼伯仲氏诀曰："是拳宫地，余恐夫抎之。观世音殿吾建也，我死必而弟为记，付属后之人。"

---

① "誅"，原作"怵"，据文义改。

传

南海生传

南海生其先不知所自出，虞舜之时，有耕于历山者，其名始著。殷衰，谀臣恶来等导纣为园囿污池之乐，生之先与焉。周公相武王诛纣，驱而远之，由此遂世居南海云。汉兴，海内为一，当武帝之世，使人至南海征生，不服，使其党诱置石室，绝弗与饮食，伺其病，稍稍招降之。既至京师，上大悦，为治第宣武里，有奴隶俸入。然亦兽畜之，弗敬也。

生既有名朝宁，都人士自四方至者争识生。生亦性驯谨无他，自以依托圣明，没齿不恨。上每朝，生辄先往。出则衣文绣负玺先驱，以示圣德能致远者。天子愈益重之，每盛暑常赐之洗沐，岁食大司农数千斛，属卫尉往馈之，以为常。其后人有恶生于上者，奏生豕目而短脰，巨鼻露齿，有异相。遭值圣明馆以夏屋，宠以侍从，乃日不任一钱事，徒偭旅随奴颜上下，意有所欲，辄为屈膝，畏社鼠如畏虎，惟厮养所言辄听。都人士造其门者，无贵贱行钱赂其家奴以意睐之，辄出娱客，为鼓颊吹弹作乐，至无威仪。臣观此辈文不足以俎豆宗庙，武不足以骑乘战阵，即亡若等十数何损于汉。语曰："敛集于镪，血殷于帑。"言租入之难也。请益，诏上林水衡诸不急之官一切废退，宜省司农费岁千万以上。书奏，上弗省。东方生好为滑稽，既以隐语困郭舍人，上乃召生闭阁中使射之。朔遽曰："宛疑艾豭之尾，仿佛毚兔之头。日侍赤墀之内，来自南海之陬。"上大笑。生体魁梧，武帝为角抵俳优之观，诸以狗马进者皆得近幸，生以不习为便捷不与。然上亦重之不衰云。

太史公曰：传盖云生豕目巨鼻。今之豕目巨鼻有禄于司农者，岂其苗裔耶！生之先以贿闻，一启齿至与元龟并著，又何信也。汉德弘覆，此益足以睹矣。

修县志小序

沿革

右志分土，独齐乘所载县倚郭，汉为般阳县，在般水之阳，属济南郡，后汉属齐国，晋省之。宋元嘉五年改贝丘县，置清河郡。高齐废郡，仍以贝丘属齐州。隋开皇中以县置淄州，十八年改贝丘为淄川县，大业初废。唐武德中复置淄川[①]，叙唐以上，似为近之。及考《志》云："公孙弘，菑川薛国人。"又云："薛，孟尝君食邑。"而别志乃云薛在徐州滕县四十里，孟尝君之墓在焉。世代变迁不常，所治分隶割属，于彼于此，已非淄川之旧。余所取信其大者，兹不具论矣。

星野

保章氏以星土验九州之地，所封封域皆有分星以观妖祥，一气之合，类自为应，固有然者。诡名图录以恫愒愚民，善言三不当讹言一，是以圣王禁之。天官垂象，圣人作则。庸者以戒，智者以绎。圆冠方句，一乃[②]天德。

疆界

淄国初乡十，极南为考妇、怀德二乡，颜文姜祠在焉。群山环之，绾毂其口。地饶煤，人陶其中，铅丹赭垩，火齐之工擅宇内。人争逐利，转毂燕齐吴越之间，下至瓮盎千里之内，负贩不绝，以故淄富。永乐中，割属青之益都县，而民日瘠矣。今存者乡八编户六十里，岁遣壮民[③]戍颜文姜皆淄往饷之，而客使轺车厨传自淄抵莱二百里，山蹊厄绝，供亿一责之于淄部征煤。第寻故比市易，挽而之部，阴雨淖洳，为费千百。民往往诉炭不产淄不难贾，二乡愿与西上，途所从递致之，常中格。志之以俟问俗者。

山川

淄南望岱阴，北距新长。其在西者，并章丘尽淄北走，著之长白中，包豹山、冲山迤逦而东，以望长山。在东者跖益北走，揵之新西，与长山触，值淄右腋。诸山乍起乍伏，徘徊四出境上，若崚若峄，而诸水挟群山而下，湍减以衣可涉，雨涨则洚流暴激，兹古山诸侯之国哉！徒司徒画尺地域民耳，非有轮轴茅栗之入，鱼苇稻蟹之富也。乃其揽结天地之秀，宣泄阴阳之恶，聚不陀崩而物有所归，气不沉滞而亦无散。越溯其建邦经野，因以形胜，凭四高而为墉，缀孝原而萦带。事不虚设，精止与止。匹马周驰，必有以也。方之平原，广野曼衍相属，无高

---

① "川"下，万历《淄川县志》本有"县"。

② "乃"，万历《淄川县志》本作"延"。

③ "壮民"，万历《淄川县志》本作"民壮"。

山大川之观，斯亦一郡之雄矣。

城池

城创始不可考，周回七里三十步，墉高二丈，广称之，池深一丈五尺，阔称之。四门甓以砖各设戍楼，东曰迎仙，南曰迎薰，西曰迎清，北曰迎恩。弘治十四年，知县杨武重修，邑益壮。嘉靖十四年，知县李性再修，加砖垛。然尚浅迫，无月城，自外视之，则见市。至万历七年，知县王九仪重加拓治，始构以重门，门上有闉，闉下为河，登楼四眺，视昔益称雄矣。

淄城阔数里，而民之实其中者廛仅半之。因土为墉，盗发可坎而上下也。每秋冬，属民陶绞缩板而葺之。行筑者因与民市，取供上令而已，疆埸小警，部使者辄趣令上石城议。夫解带而守之，其有余不足之数，在墨不在输，固也。然民亦善自画以水旱之不时，间于疾疢，无[1]以一日之偷，亦姑谋乐无戎，而城其谁与？我尽室之藏弃之，畚锸驱石而就之，枵腹而饷之，畴不以为安与吾事者，部使者之议曰："淄南阻莱、益，北控长新，要害之区，亟在重闭。淄即贫，以一邑之人因田制赋，画地受攻[2]，鼛鼓之重[3]，宜有应者，瞿瞿然讦谟哉！"而一二缙绅亦参以部使者之言为然，顾民既难动摇，而司事者过自好请不至千金，部使者即持议不下矣。用不至一二酒浆勤诸父老民，且谓我为东门之晰矣。比事之集，诅不胜祝，谁执其咎者，吾恐浃辰之虑不在渠丘而在淄矣。

县署

张官置吏以为民也，草行茇舍岂不亦治？要以表著之位，有其观之兹乃重。彼其出政令、尊瞻视，伙之为沈沈者，亦有所以作肃焉。

国初定制，法立而人为之所，岂尽疲民以逞者。二百年来，前主所是，十九非其故矣。法亡并与其临莅之所而废之，其究安在？余类迹往事，大抵急则趣民使治之，不俟农功之毕；缓则废而任之无已，则又丐诸民，最后转丸至百姓，下阪而极矣。语其小者，邑署凡几可以称客使者几何所然，遂以委地。岁重，使一再过，车旆旁午，自御史台之外，不于市廛，将焉置之？惟是敝邑馆人之属，居则备一日之积，岂有爱也？其又不敏以勤诸执事，而至者或不能

---

① "无"，万历《淄川县志》本作"亦"。

② "攻"，万历《淄川县志》本作"功"。

③ "重"，万历《淄川县志》本作"动"。

戢其下。比发夕撤屋破缶，畴如叔孙氏者，即有圮废可因，徒以客至之无日，一夕之勤易为也，相与苟而可。然则天下事类此者，可胜道哉！

学校

士裾裾者而大人之事备，百辟丞凝于此乎？出有洫黉宇，欲者嗣音，其不然者恶其议执政之能否，至欲毁之。何物道士，将善处据之以为胜，不以资闲燕。卓哉！关西杨伯起儒名，一儒之行百。若为漆雕氏，若为章句儒，于士何处。

万历三十年以前，学大圮，重修自知县朱君。君治淄逾年，民大和，群诸子弟而诲之，以间瞻谒学宫，曰："吾侪弁冕端委以临民，自公之外，不佞不敢藉升斗焉。"而是肃肃者废不治，安在为诵法孔子者。归，召主藏吏问嘉肺之羡几何。吾欲以请而奚若？曰："多而得百金。使者且谓我为无术矣，而又多口。"然则吾欲委之民而奚若？曰："吾侪小人，其阖庐燥湿之不恤，而又以往役重之，是教之喹喋其上也。公入，馈不御，寝不甘，顾谓若若者，孰非升堂而哜其胾者，而俎豆不饰，若之何？"因设以义风之人，欣然将事。逾冬徂春而毕事，见邢君①碑记。

余尝谓管子治内政若《高杠》《柴池》诸篇，其所以藉之高国者，如取如携，事集而人无里言，彼其有他缪巧哉！令于一邑无所不当，问必选事而治之，部使者所抱终日不嗄儿，而是泮②首者牂羊，挹之正自不易。今日曰我未之逮也，明日又复然。其究至于计画无复之，春秋登降设礼容，雨立愿然，不忍睨视。如此必使鬼为之而后可。是役也，公筹之熟矣，以③义动与贤者共之，奚不可之有。先是左右庑湫隘，门才受数武。公令高大其庑门，规④而广之，令可循左右庑而上，而殿视昔加崇。不佞自为诸生时庙已圮，距今四十年乃得君。然始其事者，郑君也，课成大都，劳力者十三，而二公之劳心盖十居其八云。

村落

余既志厢都村落，而诸山疃父老更进曰："某某氏之聚也，唯是先人之敝庐在，史氏治书而废不收，是不有某氏也。"余逊谢唯唯，名易耳，名立则百

---

① "邢君"，万历《淄川县志》本作"邢高二君"。

② "泮"，万历《淄川县志》本作"坟"。

③ "以"下，万历《淄川县志》本有"一"。

④ "规"，原作"窥"，据万历《淄川县志》本改。

役从之，司事者按图而置之。长儿女子小有言，鸡鹜之争尽得以其法绳[1]之。五伯弄口告变，而田父客子不胜株累之烦。大都正昼啮坏而山蹊豚栅日有聚柝之扰，幸而得免，岂惮重劳？吾惧尔之不任也。是志也，袭旧十九，而诸山阿三户之家皆略而不与，为述其答问如此。

祠祀

祀，国之大事，司农而上以至先师，载在祀典，无庸言矣。玄帝等祠为民御灾，义亦得书。若懋功赘世，祠即不祀于官，亦不遗者，从俗尚也。至于非族不书，所以遵祭统也。

鬼神之义难言矣哉！以余所闻梓橦帝灵爽甚著，及得其化书读之，不但文不尔雅，又多所剿拾道流，非圣门所雅言，而旧志至指为文章衡命。祀之者士子得善举，大类梨丘人语天官五星十二次经纬而成章，缩朒而成文。若皆幻身涂面，薄游民间，日寻士庶而拯，殛之为之天者，不亦亵乎？礼王者祭先圣先师于泮宫，孔子何人，学宫何地，苟非其徒无敢与者，而世且崇大其庙貌以与大成殿埒[2]。然与然与，无已大惑，卒未易解。从民间浇刍狗祀之于邑东梓橦山，以厌民望可也。李英公在唐不得为良臣，傅庄冢志，已求其死而不得，而亦世其报。甚矣，淄人之徇也。

土田

淄犹人国哉！自一二负郭聚落可耕之外，率山居其七。农夫见生树生，见死获死，事[3]与上农同，以视旁邑土沃而食之强，高下不侔矣。而租庸之征，于他邑独最，又苦不均。至知县王九仪则其壤为四民大安之，而犹呶呶不已者。夫民犹物矣，无斗之者，则自相为啮耳。逃民田，余犹及数十年前，公私不胜其扰，民知争有端，相戒以无庸，粪兹不腆，为他人役为也。以故田灭裂不治，租易逋。至万历九年度田，即田即其家有之，按地索赋，甲长者不劳力而课足，而田者得一意，钱镈法甚良。当其时，苦不并其藉削之。自役法画一，甲长者见田直暴起，数诡逃民名。尝吏以素所未习夫田公家有也，幸赋有主名田，往即赋与俱耳，安与甲长者事亡人之产。何甲无之，如此必使田尽反出淄原而后

① “绳”，原作“恐”，据万历《淄川县志》本改。

② “且崇大其亩貌以与大成殿埒”，万历《淄川县志》本作“往往崇祀之学官”。

③ “事”，万历《淄川县志》本无。

可。不佞数以讯之故老诸能言淄便宜者，不以为弗是也。司农者不惜一片石树之门屏[①]，禁无敢言。万历九年以前，逃民田，倘亦解纷之一乎？至于一二堁垒无用之壤，方度田时，无敢讼言某氏地者。暨事已，而曩所余佤离空地，弃于镰缠之入，百不当一。间民无田可耕，县官自乞之，何如哉[②]？业令输粟三升，得人自为垦，而黠民往往望不益赋，即置之勿问而可矣。

物产

语云："贵五谷，贱珠玉。"岂其然与？握粟市肆，日中掉臂不售。而齐之刁金错其车，珠玉其服，或令守相折节起富，数千万物果有贵贱耳，而是羸者淄也，物所产具是矣。夫惟瘠邑不能假人以所未有，抑惟明君不能责人以所无。少府按图而索贡，轺车之使遍[③]天下，东采合浦，西走滇南蕞尔，淄耳目之玩，亡其中使亦不及。日者矿事起，走[④]一男子，妄言淄大恐会坐诬罔败，欲安所问贵贱乎？

户口

邑安所取志乎？志户口也。星野之所照，山川之所绾结，大者令，次[⑤]者簿尉，将安所事乎？为安民计也，仓庾之积贮，耒[⑥]耨之所刺，食人者甘，为食于人者橐，为其安我也。贤人得之以为名高，儒家者流得之以窜黄离白。物反常则为孽，俗太盛则漓，皆人之为也，故民安而一邑之事具矣。国家二百年之所生，聚德泽之所涵濡，亦既蕃止，亦问国有急能谨警两和，无怠者几何？人于淄之属，有质有其文，发问于乡邦者谁氏？贫不能食者几家？匪是之适而去而之他，孰为之复也？铎宽乎成，伪增乎异，时役法不一，民大诎。乃者长吏人思庇其下，亦足以明省穑之一矣。譬之如牧，我生之，民乃昵之；我棼之，民乃去之。勤而抚之，无以数，然后民可料，而千万之算可得而据也。

---

① "司农者不惜一片石树之门屏"，万历《淄川县志》本作"本年知县朱万春已树石仪门之外"。

② "何如哉"，万历《淄川县志》无。

③ "遍"，原作"偏"，据文义改。

④ "走"，万历《淄川县志》本作"徒"。

⑤ "次"，原作"冷"，据文义改。

⑥ "耒"，原作"来"，据文义改。

里甲

国初以一长摄十户为甲，十甲为一里，淄盖六十里云。岁久，生齿不一，耗者得言，官权其户数损益之，杂以百役。一里岁推一甲直其事，满岁而更，以视国初，不胜烦费矣。

余志里役，而为之三复云。往会当役，先事庀饩，牵糗糒果，茹下及屏匽帚扫之具。关尹以告，左手奉盘柂，右手操壶浆，一物不备则谴呵随之，比番上中人之产立倾。今法吏为顾，第令输僦金，一日之逸至足矣。系政之敝也，其何日之有？今职入大姓，犹在马有贰，又何事不可贰？阳呼邪许，而阴雨以不可知之算。人已自相食矣，况其甚也。客实有醉饱之心，其谁敢迕之？余每侍[1]大僚，欲陈说一弊，曰：若姑无土苴易之，且为言始所以利。适言利，则又曰："王生之亟也，若姑无言利，是且害于民。"盖老成人之见往往如此。故曰：北门之木，未可遽徙也；仓中之鼠，未可遽掠而尽也。塞者穿之，因利者弊之。伏舐糠不已，正如家人子穷而不得逞。虽日书盟于其前，曰：若无敢苟而行也。将能乎哉？能乎哉？

贡课

《周官》以九赋敛财贿，以九贡致邦国之用，义盖各有取尔也。国初仍元之旧，厥贡羽毛皮革若盐策，贾人子贸易之获皆有课，无亦谓是赳赳者得而寝处之乎哉，兹贱丈夫哉！彼其饴纤微垄断，蒙犯荆棘而得之，龟而品藏之，斯已勤矣。乃者商苦关为暴，逮下邑巷集，百物有算，贾师概有乞券，有要市质腾跳，诡公自营。揆厥所从，谁言有无者？盖某宅近市而识其贵贱，一哄之贾不胜烦费矣。

税粮

私尝怪圣王之制无所太轻太重，而两税之入以合龠计。在服之臣，朝一牍上曰"某所麦无秋"，未夕而免租之令下矣；夕一牍入曰"某所野无半菽"，不待旦而所使哺饿者至矣。如是而嗷嗷称田，无所取赢，何哉！及得役书读之，而后知向所为二税者大田一拔耳。自府吏胥徒以上，一日服役于官者几千万人。尽一岁之征，南箕北斗，一夫凡几百事，虽有旱干水溢，不得免焉，何两税也？近为一条鞭法，无租调，一征之。呜乎！兹其为揣其本之见，其言约而信矣。

---

① "侍"，原作"待"，据万历《淄川县志》本改。

徭役

徭役无虑数变，大都法有二：曰银差，曰力差。银差以待非力所及者，力差令民自为募，则其赀所当，衡以力役之轻重而登降之。当其时，民不苦粟米之征而苦力役，不患输将而患役法杂而多端。而会阿尽一邑之入，一征之官，制其出令大行，部使者下其议，国中愿如阿袒左者听。而曩所载旧章无租庸调以差一切以官持之，此推银于力取急目睫可耳。率唐宋以降，重民力则吏议顾，久之政益颇已，复致之民已。又议顾㬎之浣旧于斯二者，善者益下，不者财匮而民瘅，是在上之人而已。

新法

语曰："有治人无治法。"此其言不然而不然者也。弓不必尽调，善其闭则干挠迟；马不必不逸，谨其御则窃辔者鲜。故尝论之，民之于利甚悉，太上富之安之，其次调剂之，最下者与为乱。淄役法故从民，顾轻重以则，三岁则以时登降之，与租为二。当其时，里正、书史、排头更招权顾金钱，富者不必重役，而贫者往往受非其任。民方疲于东，复骛于西，旦暮吏来，鸡犬不宁焉。

今第令出役钱，与租一，征之缓急，一听吏所为，强半均且安矣。而谈者犹有异议，彼其蠢蠢者茅蒲袯襫之外，非有邪赢[①]之入也，无问二税力役，皆民供也。等之不可已，安所取？不于其简者，而令今日输一课，明日辨一力。公赋一之，私费二之，甚矣，其明于二五而不知十也。自条鞭法立，民无不称小便者，此无他，以田制徭，则饰说不行；官为顾役，则事归一户；法不立，则无大役。不时之恐，朝易一畎，与其差而易之；暮鬻一区，并其差而贾之。尽一岁之课，橐金而往，按牒而入，退而私其升斗之余以安吾有。公无逋负，民不告劳，犹之一邑之费而差独均，权民之救，宜无过此。

向见条鞭议杂举古庸调之意以难曰："法行则民弃其耒[②]耜，而邑多亡人，且非故也。"是又不然。自昔役力轻重其详，皆不可考。今距唐几千年，其不能令人身自为役，审矣。业不得不出僦钱以与庶人在官者一彼一此，米盐琐碎，焉用之？试观昔之民，语及田产则慑不受，言涉力役则嚣然称苦。乃者桑麻弥望，瓯窭污邪无遗，垦者校直，昂于昔三之，此其故可知矣。今不问国初制用之赢缩，民生之异宜，抟拊之缓急，而猥云袭故，此与截足适屦何异？且先王何常

① "赢"，原作"羸"，据文义改。

② "耒"，原作"来"，据文义改。

之有，谬谓食肉者不食马肝，未为不知味也；言法者不言均徭，未为不适治也。无何，问民数，以时登降，稍入之，不为役征，无田之家不得与田者埒。至于僻邑，舟楫不通贾之家，无一负贩[①]之徒，无益于滋役。得失之数，时有议及者而苛矣。

兵防

先王之制，浅言之无庸，而所期乃在千里之外。桓之内政，唐之府兵，顾诚不知其何如，能常使宇内无事乎？能无籍之民乎？徒手往乎？今取乡之子弟，负以十二石之弩，慢然而语之兵，其不为吴宫妇人笑者无几。两军始交，白刃在前，弱而好弄，终必赖之，然后悔其习之不豫耳。盖孔子曰："以不教民战，是谓弃之。"溺而思泅，伤人必多，谓宜选于众，择其有勇略者授室国中。时时为陈说孙、吴、司马古今大义，以间从诸子弟，略仿古狝、蒐之法，援桴而鼓之。敌至而无退心者，是国之雄也，赐之勇爵，复其家。不则，众辱之鞭之。三鼓之而不起，罢士无伍，屏之终身不齿。行之不已，卒然有警，士与士相习，人与器相得，庶足以死乎！释是而设为保甲之法，不足以备盗而滋为游徼利窦，以文太平可耳。

马政

马，军国之大者。方归马时，修马政，人实应且憎。事迫，战骨乃见耳。世无寒风，是徒取其稚齿者而顾以肥失之。及摄靮上都，衣以帷裳，饲以美荐，先食而后食，马一琐悉，产不足以偿之，盖若此之难也。一隶卒伍，则以儆官僚出，翳大篷隐耳。马蹄剌促不休，时有权奇者振鬣一鸣，则以为不祥。无何，从酒肆贳酿糟啖之，问之，皆国马也。呜呼！兹其为田父昔日之贡矣。然则马固欲如是而已乎？独种马革，幸民少苏。然是政之大者，贡课卒未易议，欲民不苦马，马足以战，必有道矣。

附录

马政自洪武初建都南京，立太仆寺于滁州，以专督之。永乐间，西北多故，

① “贩”，原作“败”，据文义改。

戎马最重。寺臣议请散养于近辅，而山东尚未之及也。宣德四年，始令[1]济、兖、东三府领养孳生马，每五丁养骒马一匹，三丁养儿马一匹，山东之民自是始困。成化六年，奏定两京种马额数，每年照例纳驹于内，拣选备用及补种马之缺。嗣后，灾疲相寻。正德二年，御史王奏令马户别买解俵，官民便之。嘉靖四十二年，巡抚张又请于解俵马内，济、东二府以十分为率，派取本色六分，折色四分，每折一匹，征银二十四两解京。东人稍蒙其惠。大抵本折之相乘，惟视额数之多寡，如二万之额不足，则本色尽征以修军实。额数既足，则量为改折，以苏民困。其种马原为孳备而说，既别买解俵，种马总属无用，徒滋审编杂役、点视轮养、赔偿需索之害。先后诸侯议请，兵部覆准，于种马内择其不堪者变卖一半，每匹定价银十两，解寺其余一半存留者即为养马正户，变卖者为帮户。淄川县奉例变卖二百七十匹。正德九年，沾化县灾，以莱芜、新泰旧不养马，分拨与沾化马，先后共四十匹。以后三县年分灾伤不一，或行令归还，或仍旧认回。至隆庆三年，沾化县又灾，将原归还马十二匹分派与淄川，十二州县各令代马一匹，春秋解俵其东三府等处。先是嘉靖初，御史王欲将沂费各处养马分派于青州，未报。嘉靖三十四年，通判闵恒议欲量拨种马千余匹，分给青、登、莱府州县代养征辨备用，本折马匹解俵议亦终寝。隆庆五年，御史赵议西三府原不产马，受累独多，东三府产马之地，有卖马之利而无买马之苦，欲量派出办。其论颇详，亦竟不行。历城县不养马，则如于成化间吏部尚书尹旻建言，省邑繁剧得免。

盐法

淄商盐不行，往者窃贾牢盆，千人为群从，丈八蛇矛，红毳帽，短裈，所过禾稼一空。青备兵使者道遇之，几为所及，大厄，得某氏楼乃免，而票盐之议起矣。继又易票为引，从兹窃负者得公行，盗少戢。而所主皆大驵侩，坐列市肆，持盐策，缓急衡加二强。一时之课，取诸吾子，五升之饭而足矣。其次受贾大侠，出钱赂讥者，负载常赢二。居则倚恃强宗，使气刺[2]村民，禾菽饲其畜，无敢谁何。故尝概天下论之，利无所不在，然无仁义利者，信哉！

---

① “令”，原作“今”，据文义改。

② “刺”，万历《淄川县志》本作“黥”。

仓庾

按，淄旧为州，有戍兵，仓庾有守官。后改为县，无戍兵，惟设预备等仓。看仓老人斗级之役，皆编于均徭，以司庾斛而邑宰主之。成化壬辰饥，尝发以赈之矣。弘治壬子饥，己未又饥，杨侯无所发，始劝富民以贷之。方其滂沱时，假盖于其所短，民犹难之，矧其贫也。

《月令》“鸟养羞”，夫物犹然，而况于人乎？以风雨雪霜之不时，计食不能人二鬴，十岁而五矣。自大司农立为积粟功令，淄幸有粟，足支一年。而岁远易为朽蠹；岁凶，里正上赈者名，不必皆馁，而翳桑之饿或不与分，大饥不得发下，孰之所敛。重与民约，出钱和籴，禁富民无敢取赢。夫其涸辙之余，得斗水，然活耳，安所得钱籴者？此能积而不为用之过也，然已尔矣。参政吕坤公天下士，迩复设为乡社之制。自读法外，因以乡约立为义仓，春散秋敛，一以委之。行之未数年，受息之氓窭人子百不得一，而司计者窃自饫，旁及大宗胥史。人贷至百石以上，岁会封簿釜钟，裁取数具，以视积贮，皆不雠。又数年，长吏更代不常，宿昔之藏与逋俱尽，无年益无望矣。

俗尚

世俗之渐民久矣，不从礼而从俗，不事生而饰死，匪父于命而侧弁以出，诗人所为赋婉娈也。夫先自易也已，国有君，族有宗，各率其别而听命焉。故其化易行也。宗法之废，人负其众以冯长上，施之封树，横从无纪，亲死不能傢，鬼不为归，而知昵其昵。嫁一女子，安取锦绣千纯而荐之五两之谓何？孔子曰：“与其易也，宁戚。”夫丧何可以不易也，至设为戏剧，先事征客，彩缯以宣示其侈，声乐大盛，悲心更微。是以君子行礼，务有所以本之，繁不为靡，疏不欲苟，诚赧其虚而无所主也。

古迹

人之好古也以耳胜，韫匮千镒无与易者，今云夏后氏之璜观者，争门迮指矣。乃若倚杖寒空，瞬息千古，以其迭处去之，至于斯也。固西家之子，重惜其往，虽有恶人，亦为踟蹰。斯其重慨于今，因益有艳于古。达人之致多在兹乎？而淄为州为路为县更几千百世，所生其丽不亿，姬姜蕉萃，宜有旷百世而相感者，何落落也。是《志》也，一二摭取史氏之旧似也[1]，阳居所至，人争执席，记载者往往而是于彼乎于此乎，死者如可作也，不其莞然。

灾祥

天人之相与，盖难言哉！自身以往至于芴昧尔远矣。若合若离，孰能一之？世儒囿鬼之见，往往设为不可知之，恐牵附古义以动世主。世主见以为非所宜言，亦往往迂之，非独听之难也。遁言易穷，而所谓五事者不从也。戏刃不必祸，而概言[2]太祖軵其肘。枕户橉，起居小故，而遽云鬼神跖其额。类为一兆，事置一应，期而不雠，再则玩而已矣。巫咸、甘、石必不其然。至如近日操行不轨，子孙贵富，累世不绝。而洁己之士，天或啬之，此又造物之实然者也。夫惟君子论其远者大者，心和则气和，气和则天地之和应之。呜乎！近之矣。

坊表

微矣！坊之为事者法。士举于乡，即得棹楔，自大其门，无宁使人谓君子乡，而令于万家之邑，朝夕指而诟之曰:“兹某氏之遗乎？将焉用自播扬也？”故曰：有所有名，不如其已之数君子者，处则有闻于乡，出则有禄于国。虽以旌之百世，可也。余不佞教无以从诸君子，或锡之石，楔之变风，摧拉立尽。以先人名字在焉，又因而新之，后世其追数吾过乎？

津梁

志[3]津梁，以其创始之难，核之十九，犹之乎有无也。笼水受诸壑，挟盘水而西，自邑门西薄云长祠下，淫其郛，积沙荦确，苦楗下无所置础，以故父老无敢易言者。每夏秋雨暴注，人急不得济，失声号者顿足周回，俟者女为所事重死，鬻负者浊流湍浫，横佚里许，梁之无亟此者矣。然是非千百手足[4]所能胼胝者，安属而可乎？而《志》称孝感桥，知何等桥也。

---

① “也”，万历《淄川县志》本作“矣”。

② “言”，万历《淄川县志》本作“云”。

③ “志”，万历《淄川县志》本作“至”。

④ “足”，万历《淄川县志》无。

秩官

淄之设，其来远矣。专民社之寄者，代不乏人。宋元而上，世远易湮，不尽及也。洪武而后，无择于善，俱载焉。其时近，故有能言之者矣。

名宦列传

尝观纪[①]载家十九多钜公显者，不者其始不甚赫赫而卒以显，不者世胄挟贵而问北征之赋，何以不录其先人，以面孔及之。至史所称循令寥寥，千里一士，岂不以能备一官，知效一邑，与致身卿相者不可同日而道哉！要以属毛离里，熟察民生，燥湿之宜，惟是一二官师噢咻之为最切，亦惟章甫衮衣之颂，得之委巷百好恶为最真。汉唐而下，显晦无论已。近世如郭君廷祯、张君世良，名满淄人之口，而身不登于甲第，政不闻于当宁，甚可惜也。

选举

载稽有周，造士翼清明之治；爰及汉代，四科钟杂霸之符。或以贤良征，或以有道举。斯皆师表人伦，展矣无忝于鸿渐；夹辅王室，等之克济其龙名。以兹举错，何其盛与！而乞墦者希身捷径，善始者毁迹末途。遂使名流多濡足之讥，世主抱匪人之叹。以为政取峻其堤防，亦奚择于月旦。苟其陵跨百氏，淹贯九流。搦管而经纬成章，摛藻则弓旌立至。易诗赋而文字，以绨椠寓弥纶。棘棘琐围，糊名覆射[②]，俾无贤愚，皆由此进。总其抡材，则吁俊互胜；校之采名，则剔蠹为多。斯亦足觇昭代之弘规，圣真之统一矣。自歧分甲乙，人为颉颃[③]。贤豪以数奇而委于下流，凡材以高第而差以上品。迹其设法，恐不其然。以视往牒，屈产楚材，咸所兼收；国子胥史，皆得重禄。文科之设，又其弊矣。

乡贤列传

淄之有邑，其来久矣。山川之流峙，取精之弘多，岂曰无贤？及观登崇之宜，证以先民之旧。蜚英而名高百世，则金紫争先；操行而善盖一乡，则屣履恐后。

---

① “纪”，原脱，据万历《淄川县志》本补。

② “射”，原作“躬”，据万历《淄川县志》本改。

③ “颃”，原作“顽”，据万历《淄川县志》本改。

亦其一德之孚，人思推毂。思皇之彦，咸得借以黼黻；特立之士，无所挟其齿牙。名以善士，孰曰不宜。而显晦异途，用舍殊轨。束缊善物，里媪以逐妇见疑；乱行大故，晋臣以介弟受戮。虽其襆满示戒，茧室深藏，名或不减于既往，位终无补于明时。由今之道，尽今之俗。规后福[1]者容容，身辱处者穰穰[2]。俦甘脱粟，计安边氓而六十被征，人责以诈，欲令何所论乡贤也。研檀而得檠迷，买赭而于黄土。无贤耶？亦有贤而不用耶？

寺观

客有问于予曰："人而夷则夷之，二氏祠何以书？"余哑然无以应。客去，诸儿子行曰："客何以中吾君之深也？"余曰："否否。"盖予行年六十而后知向者横口之所出，无一当天地之大者。夫无其数而有其具者，我未之前闻。惟是之闲，死生不入于其心，无使过轶我。一以为邑乘，以一为梼杌，稊稗惑隰，何等不可者。焉用托迹海若，还虾蟹蝌蚪，莫吾若也，而令观者有所不及知乎？

杂识

天地之道，一与两合，而晦明之变，始不可穷。夜半前席，孰测其倪？垣一方外，孰揣其往？雷有楔，龙化人，木客不死。一指之胜，酌之无尽。窜理者溺乎？滥听者惑乎？安欲置其解乎？

---

① "福"，原作"富"，据万历《淄川县志》本改。

② "穰穰"，万历《淄川县志》本作"禳禳"。

铨部王先生诗集

四言古风

代去妇谢邻媪

自我徂姑，发白如弹。拮据有无，手皲欲堕。昏夜之叩，庶无苟可。谁盗肉者，小姑始祸。雪涕登途，邻媪知我。谓姑得肉，治之请火。设云狗偷，妇德不颇。邻媪固进，姑辞愈果。寄声谢媪，无与姑左。西风厉兮，高鸟逝兮。矢激而返兮，结解愈闭兮。已矣乎！强颜无欢，强哺鲜味。不见群婢，舌长委地。

奇石并引

世人品石，欲瘠、欲丑、欲多窟孔，匪是者则唾以为无奇，弃而弗取。豪家子矜名，往往不吝兼金购之，视裁窍具，即辇而致之耳。真瘦削丑貌，如山泽之臞，如嫫[1]母牛鬼者，众未必识。而况窍有宜污隆多寡之数，欲稳称顾有以浑沌胜者，复谁解索平泉于形骸之外乎？小山垂欲就会，野人得兹石于南山之阴，形略如虎贲氏之盾，尽郭可容万字，以冠山椒松影，披拂下上。远而望之，即画屏出几上也。不瘠不穿，而雅信古之士反有取焉。余故标而铭之，虚其前以俟客卿之来游于兹者。

有锐其巅，及肩而博。稍杀而下，约不至削。既直既方，靡突靡凿。上荫青松，俯控短壑。不奇而奇，趣乃不恶。恶直丑正，一谔百诺。尽物皆然，石于奚若。端确之好，奇邪之薄。俦吾与同，光我乔岳。

① "嫫"，原作"膜"，据《秋澄诗集》本改。

五言古风

于召亭送客二首

其一

际晓昏昼争，近市从幽叆。四塞寒雾重，咫尺迷真宰。晚托南山垂，幸无泉石悔。常恐日月昏，欲出已复怠。忸怩河梁别，燕石炫新彩。小人矜一得，瞥然眉宇改。谷风多萎草，南山何崔嵬。俯仰古人心，道丧已千载。

其二

朝光入绮疏，初日下门棂。白云翳落木，崇基抗爽垲。观化惜人情，徙倚迟所待。弱子戏檐楹，清映生兰茝。景会望当回，酒至兴亦倍。翻思丈人行，俯摩少年垒。西风拥断云，余氛怒磈磊。坐取问答具，眄睐增愧馁。古人重疾恶，屎溺识道在。差可涂炭留，未遽伯夷浼。客散石亭寂，四望但云海。

晚坐

匡床紫萼映，翛然逸兴发。西风逗片云，遥空澹不灭。仰视高天碧，尽此竟何物。虚檐翳绿树，落日景色活。吾闻古至人，不濡亦不爇。

捐弹

如此群雀何，挥叱烦白首。布罗惭翟尉，怀弹留庄叟。驱去已复尔，苦劳措杯肘。安得刺蜚术，应祝无左右。一一膏鼎俎，聊用充吾口。雀下谢主人，长年不忠厚。万族各有托，俯仰同一取。堂成燕雀贺，衣新裈虱守。彼此更共之，绸缪无先后。痀偻丈人行，累丸百应手。岂知啁啾群，亦恶害其有。未尝啄君屋，于何主人负。闻此再三叹，嗒然西风柳。等之枋榆争，轩皇骨已朽。物我一是非，兹理俦能剖。灿灿黄金花，清香生户牖。把嗅未终已，白日忽西走。物理固有然，小巨递相狃。所以达人观，旷然无好丑。奚以飞土为，且须饫美酒。

山溪①

濯足临溪水，溪②水清且浅。波漾蒲稗动，湍落白石转。久坐幽意惬，适来尘虑浣。溪流日以远，我发日以短。生世寡所谐，老至吾当卷。无为歌紫芝，泉石吾所善。

书感

自昔两仪具，燥湿各异响。倚杖大荒西，一气杂泱漭。所以鲁中叟，弦歌但自赏。旷然视九州，不抵眼睫广。大道日以芜，榛棘日以长。庇根寻斧纵，集枋斥鷃抢。遐思古人心，祛惑愧不强。细人隔一膜，岂复有好往。资薪膏火煎，助攻枭獍党。常恐无好修，交乏内外养。踵息一不属，滋令心不爽。逝将远行游，遂身大明上。适来常可安，适去物亦傥。逍遥池上酌，潇洒尘外想。不见灌园人，桔槔随俯仰。所贵得大观，谈笑屈群枉。辉辉云日夕，霁日生晃朗。掌珠傥可得，一笑随象罔。

陟五老峰不果

庐岳岂不佳，五老固应奇。傲倪出紫氛，凌晨宿雾披。雪深石径滑，负我白云期。纡车出林薄，绝涧响沦漪。石门白鹿卧，夹岸青松垂。还揖五老峰，下瞰湖水湄。峻岭何嵯峨，黛色互参差。会须蹑轻风，高举任吾之。囊中玉可食，尘鞅徒尔为。

七言古风

觅石南山堕马③

王生一生泉石偶，驱马荦确碎如斗。扬鞭骄踏空外云，半醉倒堕④蹊边柳。

---

① 此诗又见宋弼《山左明诗钞》卷二十一《王教诗》。

② “溪”，原作“水”，据宋弼《山左明诗钞》本改。

③ “觅石南山堕马”，《秋澄诗集》本题作“与序侄觅石南山堕马”。

④ “堕”，《秋澄诗集》本作“坠”。

已知花鸟羞酩酊，未遣山鬼怜枯朽。贾勇掘得平泉石，所幸山灵不吾负。一笑阿奴颜色回，畚锸双下视其有。那复愚公跳助之，饷以蕨芽兼斗酒。挥杯四望夕阳闲，俯视大东但培嵝。灭没云罅千万峰，浮空寸岑生青黝。便欲跳身云之际，一卷之致得亦苟。归来颇怪妻孥问，未论养生鞭其后。卷书藉花老亦得，一死他山欲谁咎。呼奴掇归苍松根，千夫邪许争回首。生色三径白日斜，动摇寒光满户牖。翻思巧匠斫山骨，安得如汗亦如臼。尔来不知几千年，补天不入女娲手。苍兕砺角野火焚，风雨剥蚀万态丑。嵯岈中劈天地空，碨礧侧穿日月受。神龙骧首角森张，矫矫龙子攫其母。不信试于薜荔阴，静听犹闻风雷吼。阿谁留此与狂生，几为有力负之走。满斟绿醑明月上，趣呼阿戎为吾寿。潦倒渊明石，再拜米家友。却忆堕马还成笑，颇有好事如翁否？

客散对歌儿自酌戏呈韩惺庵丈

韩君天下士，卜居且云水。百万营一丘，自云习池比。隐耳车马声隆隆，揽衣晓色推枰起。得鱼即买河上公，有酒恰近新丰市。共俯雕栏高鸟外，徐牵彩鹢苍溪里。一诧仙洲万态新，向来俗客徒为耳。绿蚁浮动水花寒，恶马骄踏山云残。那复卿等意易败，可忍阿奴涕汍澜。寥寥片语但云树，挥手北渚垂杨路。不惜金钱乞吴儿，歌声未竟客已去。回语歌儿奈若何，我为若饮儿且歌。有兴翻怜郑驿苦，但酌不妨阿公多。壶中酒尽歌声短，醉眼踉蹡云日晚。差有王生可与饮，明发马蹄忽已远。

为山

瞰空四叠碧云连，那复平地还一卷。矻矻尽日松风前，恨不青欲隆之天。北山之愚千古友，移山倒逐夸娥走。此中损益定谁真，待我去问河曲叟。

和徐生石棋局韵①

悔逐阿童误负樵，几年白眼对晴霄。起视斧柯尚未烂，释担四望青山高。归来遍踏山下路，柳色千村寒食度。烂漫东风岁月迁，衰毛飘堕薇蕨盘。一见知君廊庙具，解道人生同寄寓。挥杯一笑杏花寒，回首浮云春处处。

---

①《秋澄诗集》本题作“和徐秀才石棋局韵”。

寒食同家兄饮南山用前韵①

尔来随地混渔樵，若个朽壤若云霄。夜半稠浊神如梦，廿年不记巫山高。斗酒寒食山下路，半醉踉跄花底度。从他桑田云海迁，奈可木钻钻石盘。时有以四百金钻赵者。人生七尺须眉具，那只求田问舍寓。如论一笑无是非，除却醉乡无闲处。

和崔学博登黉山诗

五柳阴阴系紫骝，微君俦解逍遥游。下马总携爽气至，停杯翻为野人留。流商嚼征满素练，不比寻常拆袜线。彩笔花开春五色，麈尾寒生风八面。向来一杖长白山，东眺海色西秦关。嵯岈万叠高不极，风雨千崖杳独攀。恨不相从白云边，因君一啸问群仙。但看眼光鹏背上，宁当倚席蠹残编。幸春未暮，卜夜大欢。烛花妒月落，诗肠使酒宽。明日太仓一稊米，掌中珠在好谁看。

观韩克从射②

韩生③酒酣气益振，自言挽强有六钧。树的西风平芜阔，左关右发如有神。牵来胡马苍龙鳞，跳身直上坐锦茵。拓弓飞鞚不动尘，且驰且射真绝伦。顾谓王生尔勿嗔，此生侠气那能驯！颇忆长安陌，贳得健儿马。凌晨翳便面，片刺车尘下。跬步有是非，汗颜赤于赭。故园美遨游，容易使节假。苦爱昔人曹景宗，一生使气矜豪雄。逐獐数肋万山中，鼻端出火耳生风。如雷霹雳响秋空，马头矢落生长虹。丈夫快意贵目前，奈何靰束伤樊笼。少须霜色卷梧桐，为君大猎山之东。充庖狐兔千林夕，与君再挎醉颜红。韩生韩生真男子，安得骑射顿能尔。损惠象骨韘，犀文仍腻理。沓之多清香，精光生拇指。只今病躯已二毛，白头受射无乃耻。十年匹马逐乾坤，寒云满眼山风驶。大言已惭扶桑弓，排难畴推鲁连矢。尔来岁月不直钱，转眼桂兔几生死。醉看膝上绣文弧，掷杯一啸推席起。

---

① 《秋澄诗集》本题作“又同家兄寒食饮南山用前韵”。

② 此诗又见宋弼《山左明诗钞》卷二十一《王教诗》、冯继照辑《般阳诗萃·王教诗》。

③ “生”，原作“公”，据宋弼《山左明诗钞》本、冯继照辑《般阳诗萃》本改。

题召侄围屏[①]

世人爱画不解画，绚绿流丹取眵目。不枉王子吾宗秀，一生用意差不俗。耻向人中作市井，故将幽意写溪谷。觅得画师画无双，想当扛笔气不降。拄颊长白风北窗，心与白云飞秋江。一夕挥洒声淙淙，怪石奔湍相激撞。未论屏风今几叠，了此酣可满百缸。适来白雁还重九，那复黄花荐斗酒。片云舒卷苍桧阴，笔锋依稀营丘后。双[②]摇舴艋渌水滨，万影楼台秋复春。嵯岈鸟道愚公谷，风雪驴背灞桥人。横劈侧裂岛屿绕，人家半出千林杪。几点峰尖紫雾浮，独立巅[③]崖人影小。笑指画屏夕阳闲，居然爽气满柴关。真成白波吹粉壁，还从几席识青山。一自贫交罢往还，久已分等丘壑顽。常梦双绾玉女鬟，太华斗绝杳难攀。河流倒挂西潺湲，怀此今已鬓毛斑。片言永负跬步慳，安得清英生俗间，顿令慰我衰颓颜[④]。生不学杨家美人屏为肉，酿成妖梦生满覆。又不作朝端寒拥琉璃屏，喘月吴牛心冰兢。醉眼浮生只尔耳，咫尺乾坤画图里。漫说屏风能障寒，酒阑骂坐者谁子。如今日月亦无良，白眼秋空定谁是。山之头，云之涘，寻取泉石画屏似。牢着布袜青芒鞋，独何为日在泥滓。

同介石酌松下承韵冬马漾药

我亦自昔挂瓢者，科头箕踞南山下。劚雪曾栽四小松，风来万壑生石淙。斗酒十千且对酌，那得驻颜有大药。看君诗侠何神王，我欲和月须君唱。

醉题江驿屏风画豸

颠崖踞坐吻划血，数须横礫劲如铁。鳞甲动摇江上风，精光缭绕天边月。谁人解写此，充君眼中物。恐是蛟螭精，逸出苍龙窟。不尔非熊亦非罴，安得英姿飒毛骨？我醉逢君仍大嚼，期君同画麒麟阁。只今谁是鲍家骢，惆怅今古一丘貉。醉把君绣衣，不用重肖此。如今此物不触邪，叶公之画徒为耳。锦屏无声红日晚，我醉欲眠酌且止。

---

① 此诗又见宋弼《山左明诗钞》卷二十一《王教诗》、冯继照辑《般阳诗萃·王教诗》。

② “双”,《秋澄诗集》本作“奴”。

③ “巅”，原作“颠”，据宋弼《山左明诗钞》本、冯继照辑《般阳诗萃》本改。

④ 宋弼《山左明诗钞》本、冯继照辑《般阳诗萃》本“颜”下俱阙。

雨已，家兄引水盈园，招予观之。倒影参差上下，雅有江湖之致。时予斥归，醉赋

阿翁种树密于栉，柯长委地翠欲滴。一夜东风雷雨腥，挽得明河半泓碧。千林屈偃毒蛇蟠，乱山倒削芙蓉寒。春色寻常不足贵，反是幻出生奇观。直下红日几千尺，那复松柏还倒植。红翻绿覆可奈何，瞥见横空一鸟白。满呼斗酒青春深，天光云影对浮沉。极目沧浪春水阔，避人陶令楚江浔。绕池逸思健欲逞，休教照见白发冷。我醉欲踏松根歌，歌声四放天地迥。

题序园鼎石

汝从何处得奇石，绕石万卉松风冷。上有欲飞不飞之雏雉，上有石如鸟，下有滋兰九畹之清影。黝质浓分古柏寒，龙文倒矗山光迥。有态转缘轮囷得，无物堪与碨垒并。我行怪此不敢题，主人云是姬九鼎。回首荆山岁月深，神物隐见不可寻。还应千年化为石，白云泱漭苍崖阴。汝但有酒多酌我，醉眼霜空黄叶堕。颇忆上林夕，千卉万石争猥琐。一石何止千万窍，何年混沌凿幺么。如此彝鼎弃在野，便呼顽矿亦自可。

赵侪鹤考功壬辰京察，名甚著。执政寻端，唉言者攻之，竟斥。偶检史至王嫱

常骂毛延寿，千金无好丑。有如昭君姿，而令沙漠走。也是汉宫多妒口，难调最是丹青手。假令一一写其真，不知延寿能免否？

序园化龙石[①]

怪石不可状，崎[②]岖依古松。依稀海大鱼，化为苍精龙。熟视爪嘴动，俄看甲鳞重。安得肥瘠各尽态，青天琢出金芙蓉。世人爱花兼爱石，如此奇石人不识。怪来花栏[③]花不俗，一夕篱落生新色。昨夜南山云雷吼，神物变化无不有。即防风雨天地怒，此石突逐飞龙走。

---

① 此诗又见宋弼《山左明诗钞》卷二十一《王教诗》、冯继照辑《般阳诗萃·王教诗》。

② “崎”，原作“奇”，据宋弼《山左明诗钞》本改。

③ “栏”，冯继照辑《般阳诗萃》本作“阑”。

寄彭凤翔

君不见乌生八九子，飞来飞去千林里。饮啄了自不相顾，阿父城头饥欲死。束矢白发肺石阴，可怜舐犊一片心。亦知急弃林回璧，直是橐无陆贾金。请君姑无与儿坐，我醉语君君亦过。岂无若父为析薪，百年堂构一朝破。尔来何止家万石，若自析薪弗克荷。儿童亲见为生难，那能长勾得亲欢。聚萍委蜕皆偶尔，底事骨肉忍相残。常笑君好作苦语，裘褐人远鹡鸰苦。解道有男总是枭，安知亲父不为虎。翠柏明霞老可餐，数株松影伴云寒。得乞无劳生死誓，重来敢厌蒯缑弹。但归访我南山雾，山花如盎满山树。斗酒新诗任意裁，无使人骂父不父。

麦秋兼祈

山家牟麦各登场，堆覆黄云白日光。轴轳宛转声琅琅，千伙万伙脱白芒。场师摇臂箕舌张，天风雨粟尘飞扬。撷锥度釜走彷徨，山妻稚子相携将。迩来岁事困骄阳，风伯无赖时作狂。赢得瓯窭亩石强，斗酒麦饭午云凉。我愿天公时雨旸，西风禾黍开千仓。只今无数翳空桑，枵腹嗷嗷走相望。

浒墅送人北归

我昔渡江来，见君在吴门。春风飘动吴门柳，意气相看那可论。君把绣斧向江天，予亦弄舟绿水边。姑苏台畔千山树，阖庐城头万井烟。君今归去片帆驶，夜雨凄凄半江水。登堂理彩服，入门对妻子。我独何为滞江滨，离怀愁绝白发新。送君不见心更苦，摇落霜风覆白蘋。

观诸侄射歌

羡尔能关数石强，身长九尺膂力刚。射虎常拟随李广，贯虱未须数纪昌。山阴八月秋草折，西风飒飒楸叶黄。裂帛竿头色如赭，短衣绿鞲神扬扬。分曹迭进不相降，支左屈右势愈张。拓弓真作鹗鸤①叫，插羽顿令飞鸟藏。古来贤达俱为用，文士武技各一长。而公自被儒冠误，儿辈差为六郡良。海内偷安今几载，单于叛服苦不常。射穿七札岂为辱，男儿勋业在边疆。

---

① “鹗鸤”,《秋澄诗集》本作“鹅鸱”。

瞑坐[1]

长白山头封豕肆，一朝何止解十二。赢得束脯换斗酒，不省人间有机事。无端习静祇林僧，悔将恶业误余生。匡床趺坐山月黑，细数空林落叶声。一生跅放何落落，捉得片心心更活。却忆邻媪数年前，赊得片肉不还钱。侉氏泽中千足彘，若个豚蹄待穰田。红尘扰扰千里暮，兀坐一身仍辱处。此生不解网马法，跳身且寻封豕素。

止讼者

今日逢君岁已暮，雪花覆砌冰縠纹。除却大嚼开口笑，眼前事事尽浮云。不肖之子那足数，弃掷金钱如泥土。售得田庐与他人，只与里中无赖伍。从遣穿鼻西复东，几年傀儡篝烛中。赢得酒阑人尽散，谁怜归去橐如空。里中口语今籍籍，斗粟尺布真堪惜。君家有子不解收，此中是非差相直。覆水坳堂只自知，探骨狗口讵可期。但忆寒云秋草外，青青禾黍属阿谁。我醉劝君聊尔尔，奈得钧金与束矢。总饶一坐饱尊拳，咄彼恶少何须齿。

为彝石题三老观太极图

长白山人颍阳客，醉眼瞰空无不适。阿谁为写方壶图，毫端吮出画前易。枯松惨裂苔藓皮，寒风飒飒生虬枝。松根离立者谁子，伛偻相对无俗姿。就中团圞太古色，空洞无物深墨黑。庞眉之老三光精，尽日弄之人不识。此中根柢定何如，因君为问理有无。已见具茨多迷辙，翻从谀诟失玄珠。笑指君画图，可能重玩此。颇忆葛天无怀氏，饮啄之外蠢蠢耳。无端凿开混沌壳，一日一窍七日死。谈空核玄可重论，一派一过千云孙。探手欲窟宵残月，蹑足竞踏空外根。不信问此苍浪叟，一自女娲御极后。石罅参差五色横，乾坤碎裂补天手。咄嗟所弄丸，槌破亦已久。安得老秃翁，滋欲食其母。明日寻君贯斗酒，晓色山阴生户牖。一醉风花满眼春，与君聊话无何有。

寿韩太夫人

东风罢褉瑶池水，瀛海仙桃华如绮。阿大已最二千石，阿母年百几甲子。

---

① 《秋澄诗集》本题作“闭目瞑心坐”。

上谷使者重锦衣，东来马首白云飞。碧瓦雕甍纷照耀，棣萼琪树生光辉。五花双错龙文匮，紫綍春温白玉轴。叠縠裁作舞衣斑，盈缶寒生寿酒绿。怪来南极佳气横，垂老潘舆安且轻。从此弄孙安期枣，长看三凤相和鸣。

五言律

灌竹

看灌王猷竹，石泉百尺清。匡床篱落影，斜日辘轳声。晴益山根湿，寒禁酒力平。儿孙多秀出，老取对檐楹。

晚云

常爱夏云晚，太行迴不如。浮空危欲断，蔽日映仍虚。欹侧峰峦小，微茫草树疏。天时多变态，看取立谈余。

彭凤翔雪中使人持一牛至，云欲为母营一棺，乞四金。如其请，而还之[①]

短蓑踏雪至，尔牧亦生愁。书自无多乞，吾岂爱一牛。穷通他日意，缓急百年谋。还汝耕春雨，持将饮上流。

挽姚封君二首

其一

不识河汾秀，期君冠楚材。风流三晋擅，雪涕万人哀。白露晞秋草，玄云掩夜台。大东魂可托，凄恻下招来。

其二

苦忆晨昏隔，俄惊西日沉。片云收拷杖，一夕罢鸣琴。寂寂棠阴晚，荒荒山月深。可堪攀卧处，风木亦成吟。

---

① “之”,《秋澄诗集》本作“其牛”。

客云王柱石园易新主，触目浮云，言下慨然。即席客索句，因王韵为和王能诗

今日西园柳，复谁载酒还。情知弓是楚，若忆辋名川。旅燕春来去，空亭客后先。有时看竹入，翻笑主人前。

丙申冬，送周元善主簿擢丞深泽。淄令数易，周摄，民颇德之[1]

抚字频年里，荒城几去留。应心一片碎，微尔万人愁。溪月摇寒橐，山风急夕驺。自非鸾凤质，更得帝畿[2]游。

课仆疏流水

蒲苇接云稠，石梁罣钓钩。自依绿树酌，看浚清泉流。竹色侵檐密，杨花覆砌幽。野人能载酒，欲去重为留。

看豹山铸钟

赋铁连千社，范型依石根。液流金鼎沸，冶跃火云翻。倏忽山灵合，苍茫野色昏。晚知成铸后，铿发震乾坤。

食顷和彭凤翔雪诗

盈尺山阴雪，悠然逸思飘。诗从索唱和，老不奈推敲。客坐人如玉，奚囊草即瑶。微君浮世里，容易得全交。

除日晨起

更几天鸡唱，应声日月移。霜毛不满栉，愁绪[3]乱如丝。顰笑灯前影，酸

① 目录原题作“丙申冬送周簿擢丞”，据正文题改。

② “畿”，原作“几”，据文义改。

③ “绪”，原作“续”，据文义改。

咸梦里炊。眼看头白尽，何处著年衰。

月夕留踏

盈盈松露滴，委地月光寒。不定星河影，横摧夜色残。霜毛禁自把，沆瀣老能餐。莫倚高唐赋，畏途行正难。

祛惑

每嗤蹋卯事，还笑呕心人。真觉思无益，兼妨怒损神。天清千嶂晓，风定一溪春。为问衰毛外，能消几入尘。

辞朝

一出春明外，君恩万里余。竹光浮几乱，檐影动帘虚。斜日繁行李，寒云暗绮疏。清朝鼓枻去，随意狎樵渔。

袁锦衣亭石山

仄转绿风磴，居然恒碣幽。初春叠嶂外，欲雨帝城陬。亭影翳云树，松声乱石流。只应夸氏措，留待竹林游。

送魏学博

阅人成白首，笃行似君稀。奈可谈经老，生憎薄俗非。离歌侵雪短，返照入云微。倘念诸生别，并应梦里归。

同客观一德侄猎二首

其一

匹马西风外，千崖落木多。草深狐兔卧，沙晚猎人过。白日摇鞭弭，弥天顿网罗。直须取犯命，酾酒对羊阿。

其二

一年忽复暮，好事有阿咸。共逐南山猎，生憎东郭毚。蹄翻中谷应，辔晚夕阳衔。矜获仰天笑，还应致不凡。

元夕对客

年华无不复，奈此鬓毛残。夜色春阑入，城阴月向团。金茎云外出，火树醉中看。明日长安道，天风振羽翰。

荐章不报

安得三公辟，浮名转自疑。封章无不报，明主有真知。草暗溪流急，山空鸟去迟。西风倘不负，斗酒任吾之。

饮城南山窝即事

一径逶迤上，携壶就浅沙。石淙山涧曲，篱落野人家。水暖苔逾绿，春深桃始华。殢人杨柳外，归路满烟霞。

元夜

短发复何意，春云引兴赊。未能即免俗，聊与噪年华。洗荦营灯事，要人看火花。海东初见月，圆满近人①家。

戏题革灯

挖革即凝脂，春城足画师。能为嬉狎状，无数宁馨儿。寒月摇灯影，轻烟散酒卮。鳌山行乐处，隐映五云披。

东阙朝房②

回廊双阙外，金碧郁嵯峨。晓色离宫树，春风太液波。钩帘初日近，拥槛五云多。朝罢仍樽酒，君恩奈若何。

---

① “人”，《秋澄诗集》本作“山”。

② 此诗又见宋弼《山左明诗钞》卷二十一《王教诗》、冯继照辑《般阳诗萃·王教诗》。

七夕二首 ①

其一

今夕江千客，天边一雁过。仙郎秋绾珮，织女夜停梭。牛渚摇双影，河桥委素波。思归千里妇，何处蹙纤蛾。

其二

他乡逢七夕，银汉度双星。浥露机丝湿，浮空岛石清。河梁晓不没，山月夜初扃。独有乘槎客，终宵吟翠屏。

观猎

自焚大泽猎，匹马五花文。列网罥枯草，鞲鹰拷白云。遥空杀气合，半岭斜阳分。逐得中山兔，浊醪对夕曛。

黄河舟行

泛泛东流水，新春伴客槎。冰轻摇橹破，风急入帆斜。返照低寒影，空林戢暮鸦。孤舟何处泊，隔水问人家。

秋日村居五首

其一

稍理花前径，悠然景色新。懒才甘一沐，儒不讳全贫。得食或翻藻，窥笼喜附人。有时樽酒醉，鱼鸟自相亲。

其二

落景移斑杖，空庭足自过。拓窗黄叶下，隐几野云多。暝色逗花鸟，秋光净薜萝。年来倜傥处，不用唾壶歌。

其三

一室才容膝，幽栖得自怡。烟残白石暝，风乱碧萝垂。俗态横相笑，贫家懒独知。尚怜爱酒伴，时与赴襟期。

其四

白眼谙时事，奚殊貉一丘。抢榆鸠自拙，酿黍蚁初浮。移疾便高卧，开樽

---

① 此诗其一又见宋弼《山左明诗钞》卷二十一《王教诗》、冯继照辑《般阳诗萃·王教诗》。

慰独愁。故山看不厌，风雨兴中秋。

其五

几年随汉署，手板竞朝朝。使酒堪谁近，欲赢敢恶嚣。病拼同狗马，兴偶狎鱼樵。忽忆鸣珂色，还惊髀肉消。

雪石丈枉驾

阮贫知自厌，重枉故人车。不腆浊醪嫩，将无倒屣疏。和风醒乱柳，山影落前除。长者辙看在，光辉满敝庐。

清风亭对月①

永夜不成寐，尚怜逸兴生②。何来江上月，解作故乡明。暝色③繁砧响，寒云堕雁声。寂④寥杯酒后，凄断若为情。

晚饮

旅舍聊杯酒，其如此夕何。愁深寒雨滴，客思杪秋过。黄叶霜前坠，悲风日暮多。故乡砧杵外，谁与忆江沱。

宿天池寺

爱作庐山游，便就庐山宿。绝巘开兰若，寒云生茅屋。花落一灯悬，月暗千林矗。寥寥清磬发，何处隔尘俗。

---

① 此诗又见宋弼《山左明诗钞》卷二十一《王教诗》、冯继照辑《般阳诗萃·王教诗》、陈田《明诗纪事·庚签》卷十。

② “尚”，宋弼《山左明诗钞》本、冯继照辑《般阳诗萃》本、陈田《明诗纪事》本俱作“犹”。“逸”，陈田《明诗纪事》本作“旅”。

③ “暝色”，陈田《明诗纪事》本作“别院”。

④ “寂”，宋弼《山左明诗钞》本、冯继照辑《般阳诗萃》本俱作“寥”。

辛巳初月江上作

犹是他年月，春来初上弦。委波流座榻，寒色莹江天。借日凌残照，窥云迥暮烟。凄清今万里，不比嘒星悬。

山房二首

其一

何地堪吾拙，山家禾黍场。旧因成小筑，老更得深藏。覆峡松阴动，舐空石髓香。衰年便负曝，旭日满绳床。

其二

新筑茅茨古，山阴一径微。林端青嶂出，石罅白云飞。家火留煨芋，夕酤待采薇。武陵知近远，时有至人稀。

题序侄园亭

子家仅仅耳，子意独悠然。态古石无小，亭幽树即千。浮沉双鲤赤，隐映百花鲜。翻笑而痴叔，徒为俗累牵。

七言律

新晴望长白山

尽日看山看不足，才并霁影更精神。归云片片山前堕，寒色峰峰天际新。拄颊四高青近远，衔杯一望碧嶙峋。可知千载移文侣，羞逐鹤书揖俗尘。

海眼庄圃亭晓望二首

其一

四厂空亭抱瓮回，微茫不尽海天开。连山对耸千寻出，笼水争排万壑来。岸帻白云生浦落，拓窗初日满楼台。从他大道喧车马，一望翛然无俗埃。

其二

绕畦清泚昼阴阴，倚杖悠然万里心。为问灌园笼水曲，何如抱瓮汉江浔。

刚风易撮浮云往，寒色低横暮影深。早晚天教薄祚足，一尊不厌远山岑。

报吏署一日而逐者二十五人

何地堪滋九畹兰，更休高着切云冠。可怜多少食贫妇，都作寻常盗肉看。夕日阴生黄道远，一天星散碧空寒。不知碣石黄金路，尔后畴能结主欢。

失言许生

欲从何处问贤愚，水落空桑影尽枯。一自金屏开孔雀，几闻玉树下慈乌。乾坤忽向先天老，岁月俄惊白发徂。须知他年庞糲对，细人不到子思儒。

生日，所召袖出陈经泉诗，醉和二首

其一

看君高义薄霄汉，小隐宁劳问岱嵩。奇似陈平还几出，诗成佳句即三红。夕阳小洞黄花晚，寒色千岩落叶风。更莫他年论水鉴，已拼采药效韩终。

其二

倚杖霜空雁影过，翛然秋思满江河。风林夜半高人啸，岸帻石淙孺子歌。差可百年同泛梗，还将一笑失幺么。明朝有意携琴至，共醉南山碧草坡。

挽韩汴夫妇同逝

夫人羞作偷生活，烈烈霜风万里秋。正气总干秋色上，凄风不断碧天愁。依曹令女终尘草，忍死共姜自柏舟。遥想当年裘褐意，阿韩可是寻常流。

与彭凤翔观池①

濠濮东风乐事宽，堪谁一笑醉中看。辘轳影散千林响，瀑布声来万竹寒。雨霁萍开天上下，波摇石动碧嶙岏。不嫌小径能娱客，映水含桃花未残。

---

① 《秋澄诗集》本题作“与彭凤翔观池丁酉”。

有感

迎门篲拥雪花残，病起春愁划自宽。环借东风明主赐，杯摇明月故人欢。容将戒客淹今夕，为话别愁卜夜阑。不厌冯唐垂白老，因君倘许共弹冠。

俗是日行百病，每从家兄游，辄及少年时所见暨足迹所常至，语不厌再时。诸少先在玉皇庙谋欲往。元夕后一日

斗酒平临霁影虚，迎新山色眺方初。短筇动处春先到，远柳看时绿渐舒。云水行蠲百疾尽，沧桑语厌二毛余。不羞阑入诸年少，取醉丛祠信所如。

彭凤翔至

尔来又是经年别，忽漫相逢奈君何。食卒追亡萧相少，风流命驾吕安多。灰心白发乡邻斗，转眼沧浪岁月过。正好呼尊天欲雪，须君高唱郢人歌。

元夕前三日送春至

剥啄衡门手自开，山人午睡梦初回。青阳再携勾芒下，春色遥含彩仗来。此日土牛元夕意，异时金马岁星才。诘朝看释沧浪冻，又是飞花堕酒杯。

饮白墅池上有感

西风处处有狂澜，一笑回眸即大观。别浦云归樵径细，上池水满柳阴寒。倚花潜借山人老，炊黍争从儿子抟。保得眼光牛背外，等闲休易弄僚丸。

白墅筑室成

新成小筑辟人开，乍可庄生笑不才。隐几茅茨山水会，逃虚日月石林隈。飞泉乱洒浮云响，积翠横分落影来。回首武陵随处是，卜居肯学楚原哀。

赠东还避仇侠客[①]

绕枝乌鹊月光浮，穷海归云黯不收。未死东风田舍日，一生侠气塞门秋。宁因久客输谈虎，但是壮夫耻应牛。待得上方斩马剑，明珠先拟报隋侯。

送沈令计行

送君明月满淄湄，俦似君贤不忍欺。厚处总高朱氏价，清来翻畏众人知。千山影乱豺狼走，薄海烟飞草木衰。早晚看才召父在，莫令竹马望归迟。

登韩惺公丰水高阁和韵[②]

高阁崚嶒五月[③]秋，倚栏阁外水悠悠。十洲底处名麟凤，两涘[④]才看辨马牛。云树迴回[⑤]平野望，烟霞并付小山收。异时荒服关门约，主张还谁第一筹[⑥]。

韩惺庵东郭山池二首

其一

巨灵双蹋水山宽，隔岸苍苍画里看。扪石龙眠小有洞，梯云鸟道大河干。层轩影落风林夕，绝嶂烟生埤堄寒。最是会心濠濮共，相留一笑对凭栏。

其二

不尽青齐十二分，只应风物半归君。浮空万堞明河色，隐几千崖泰岳云。有兴敢为伧父傲，醉来且共市楼醺。始知大隐还城府，俗煞襄阳麋鹿群。

---

① 《秋澄诗集》本题作“赠东还避仇侠客丁酉”。

② 此诗又见乾隆《淄川县志》卷七、冯继照辑《般阳诗萃·王教诗》，俱题作“游仙洲园”。

③ “五月”，乾隆《淄川县志》本、冯继照辑《般阳诗萃》本俱作“即素”。

④ “涘”，《秋澄诗集》本作“溪”。

⑤ “迴回”，乾隆《淄川县志》本作“迴合”，冯继照辑《般阳诗萃》本作“回合”。

⑥ “筹”下，乾隆《淄川县志》本、冯继照辑《般阳诗萃·王教诗》本有“公有疏罢日本封”。

闻张仁轩病免二首

其一

碣石天底落影收，可堪长啸下沟头。艰难人哺中原饿，缓急谁明国士愁。不病径须千日醉，得归休共少年投。如今出处都无问，只是君恩未易酬。

其二

忆昔书来归兴浓，如君岂有抗尘容。姑无乱后论功狗，只是人今喜画龙。少室名高寒色共，太行秋满暮云重。诘朝樽酒南山去，有意相随访赤松。

刘思静夜坐亡酒①

有客翩翩思不伦，五经便腹未全贫。论文似解怜秋色，纵酒翻知难主人。每集少须君伪醉，新来强半月成轮。可能更缓中宵坐，麈尾徐挥味亦真。

引客家兄园亭看牡丹

春光横被百花催，为爱名花领客来。秀色殷浮怪石出，香风重拂绣罗回。愁沾尊酒颜仍破，笑托丛英口暂开。会向东皇同绿竹，片根乞取斫云栽。

看傀儡

笑口何妨属偃师，寒林漠漠日斜时。拈来下里俗千状，幻脱优人缕几丝。翠幕飘旋新舞袖，白登奇出旧阏支。罢场看破仍成笑，潦倒尊前酒满卮。

石楼看戏马

挝鼓前村动夕晖，骅骝双踏草花肥。侧身倒掷风将驶，弄马盘空尘不飞。竞聚千人喧语笑，临歧游子并忘归。冯高暂豁登楼眼，遮莫春残酒自挥。

石楼看雨

自拨云阴眺远空，石楼烟树晚蒙蒙。停杯半醉琴书外，拄颊千山雾雨中。

---

① 《秋澄诗集》本题作"嘲刘思静夜坐亡酒"。

便索仙人投六箸，徐骖龙驾驭回风。纵令顾虎须称绝，秃扫霜毫画未工。

清明次日登山[①]

炊烟不禁村前柳，尊酒仍寒花下晨。长白对悬千丈色，沃田暖藉万家春。石间薇蕨穿云出，涧底红桃刺眼新。无日[②]涕横悲塞马，他年着膝几麒麟。

长至日豹山看钟成遇雪

葭灰初动雪花肥，总为登临愿不违。凫氏钟传鲸尽吼，龙宫云出鹤争飞。携尊半下山阴路，踏屧疑从天外归。遮莫寒林村径晚，石楼新喜暮烟霏。

惺庵过，饮异日书至，云主人睨视之却奇

老至犹堪醉里逃，萧然三径满蓬蒿。还谁睥睨无千古，自汝风流失二豪。白石总浮松影烂，苍崖半堕山云高。情知妙理人难会，拚与春花倒浊醪。

贺桼讷庵亲家公子入学[③]

喜同樽酒茅茨夕，一见翩翩迥出尘。总为茑萝吐气象，堪将秋水拟风神。下帷影动千山碧，濯锦光摇片月新。今日朝廷须国士，如君儒服几何人。

韩约庵至大雪

拥砌瑶华拂曙开，风流重枉使君才。细看可是秦关雪，有兴翻寻王子来。寒色千林留诞语，春云六博借衔杯。总饶返棹营归急，十日平原未拟回。

---

① 《秋澄诗集》本、宋弼《山左明诗钞》本俱题作"清明次日登山作"。此诗又见冯继照辑《般阳诗萃·王教诗》。

② "日"，冯继照辑《般阳诗萃》本作"事"。

③ 原题作"贺桼讷庵公子入学"，据目录改。

九日，客不来，坐午炊迟，欲往南山，竟负

已知不果登高往，把嗅东篱兴亦赊。未便午供惭丑妇，且教樽酒浸寒花。挥杯万里浮云满，倚杖千山落景斜。俦似王弘吾与友，时能遣问到贤家。

画鹰①

瑶光一动影辉辉，却忆深山狐兔肥。万里寒空来杀气，九秋霜色避雄飞。抟风宁作牵黄老，掣臂惊看去鸟微。无数英姿崖嶂晚，画屏谁识叶龙非。

元夕即事

锦屏红晕水晶球，四彻祥光烂不收。樽酒共怜五柳夕，坐谈因及廿年游。星桥夜敞笼烟度，仙乐风飘带月浮。此日悬知歌燕镐，真人星奏彩云流。

新晴寻溪山行

积雨经旬暑气残，骄晴云海杖藜宽。会心流水苍溪往，信从空山白石寒。境寂才堪闻瀑布，坐深真自挽狂澜。凭虚更上千崖望，秋色茫茫万里看。

或惠二苍鹤握粟劳之

缑岭仙人去不闻，只疑汝自青田分。忘机稍许鸥同下，玩世宁惭鸡与群。忽尔长鸣惊落叶，翛然一望隔秋云。不嫌投分无苍素，老至泉林索二君。

观韩克从射②

象弭金鞍照夕晖，五陵年少揖轻肥。彀弓鸟向云边堕，怒马人从空外飞。绝技一生便笑傲，高甍触处有光辉。看君满眼豪华在，至竟逾多竦自非。

---

① 此诗又见宋弼《山左明诗钞》卷二十一《王教诗》、冯继照辑《般阳诗萃·王教诗》。

② 《秋澄诗集》本题作“又”。

立春日食春饼午门外恭赋

东郊欲散如云杖，阊阖楼开佩玉繁。遂有苍龙回左个，居然淑气满千门。盘蔬缕切还纤甲，劳酒频携有上尊。为看年来花发处，勾芒无数染春痕。

习仪朝天宫，会署中诸君子饮

帝城西望郁苍苍，膝席人俱汉署良。会祝华封绿玉几，亲朝绵蕝出长廊。钩帘欲动杉松色，杯酒遥含云日光。最是君恩无报处，惭将白发老冯唐。

同晋峰思轩思弦署长游西苑

帝城云树郁相望，金碧崚嶒白日光。别馆涨流脂水腻，瑶池风满露荷香。容将阑入淹花夕，小可忘归欲酒狂。共道老猫习故事，寒湫深处有龙翔。

送客云已三上矣

那须三献玉始知，到来逢处即佳期。挥杯酒盎青云色，立马人如白雪枝。风落寒烟开远树，日横晓影上茅茨。因君却忆偿城约，一笑清霜满钓丝。

饮南山

铿然一杖破岩幽，扫石开樽散远眸。草色尽承杯影动，山光如抱海云流。衰年可口楂梨味，长日深山鹿豕游。即此酕醄老亦得，不将俗状走尘驺。

曹任夫晋判永平自免归招之

应嫌五斗堕尘氛，脱屣宁论塞上勋。何处急流无逐客，时予斥还。几人善息得如君。橐中装在菟裘计，花底樽开麋鹿群。我亦沟头长弃置，可能共踏远山云。

滴水泉①

谁窍明河一派通，垂天百丈②泻穹窿。水花渐结苔痕老，山色低衔练影空。看罢石林晴送雨，坐来龙窟昼呼风。未须论到贪泉歃，自在清流短壑中。

为山

一篑功成万叠分，势连泰岱借氤氲。居然木杪开青嶂，忽尔岩阿出白云。豫北宁劳夸父厝，方壶空自海天闻。只应迂出愚公笑，振足嶕峣日未曛。

浴山溪

老子祠东紫气残，潺湲山色泻狂澜。侧穿鱼峡龙蛇走，倒喷西风雨雪寒。白石秋花澄夕照，苍崖古木斗渔竿。振衣新浴归来路，拄杖秋田醉里看。祠侧俱家兄秫田。

高侍御移疾归，问之

蓟门寒色昼冥冥，骢马忽传绣斧停。尽说好文逢圣主，先传北直督学者再。将无为戆忤盈庭。客来淋雨谁相问，暂去西风有独醒。我似悉君归后意，终期一啸远山青。

过张介石庄，张以祀丁入城

石梁落日满柴荆，此夕庞公也入城。白发力争斋舍长，青衿无奈鲁诸生。绕堤云树千章碧，倚槛河流万里清。但得傲睨随去住，不教霜色怨逢迎。

闻公府不报

凭高一望海天长，皛皛浮云夕日光。束火忆闻邻妇去，放歌差惬楚人狂。才题和璧悬知负，各有名都不爱偿。岁序无言秋渐老，尽教白发照苍浪。

---

① 此诗又见乾隆《淄川县志》卷七下、冯继照辑《般阳诗萃·王教诗》。

② “丈”，乾隆《淄川县志》本、冯继照辑《般阳诗萃》本作“尺”。

喜宪松高第过我

西来紫气满山阴，下马茅茨一笑深。自尔飞鹏无万里，那能买骏不千金。家声再起清秋色，篝火宁忘异日心，最好曹生论战鼓，五云豪俊正如林。

秋闱捷至，明须二子下第

八骏西风空覆尘，定谁名字冠东秦。蕉隍何处仍为梦，山鬼于今也笑人。万里寒云迷去雁，一天霜色黯疏筠。碣来默识穷通理，斗酒篱花一醉深。

壬辰生日

西风晓色野云参，数齿俄看五十三。满颊衰毛白胜雪，一生苦味多于甘。关心日有熊罴梦，去国常怀犬马惭。且喜儿曹称上寿，黄老樽前照颜酣。

睹时事有感

西风萧飒正堪愁，愤事那更杞国忧。枚卜亦知非帝赉，谛观谁是为丛投。三秋落叶披寒下，四塞重云蔽日浮。如此沸波逐去浪，怪来白发滞岩幽。

重九先一日，高侍御兄弟枉过，夜话心事二首

其一

还劳访旧到烟萝，促膝深言奈若何。夜色雁行高士共，西风狼藉大年过。大都薄宦名堪累，至竟无营我自多。明日龙山饶斗酒，可能醉听楚狂歌。

其二

屣履西风霁影新，那堪重九更逢辰。情知今雨无来客，谁道寒花不负人。拂席尽香荀令去，出门从笑阮家贫。饶他城市纷车马，醉语应怜野老真。

张仁轩抚河南枉过，喜赋

还劳访旧到林丘，一笑掀髯意已投。八坐荣名新制府，百年简在古中州。天排砥柱黄河下，云去嵩山白日浮。难得周行君子在，不烦更为故人谋。

送朱令升刑部二首

其一

碣石天底落影残，不堪攀卧拥归鞍。行边旌拂棠阴上，囊里琴收山月寒。《汉史》再裁《循吏传》，主恩从作省郎看。他年衮绣仍东国，即使渔樵老亦安。

其二

石城南望晓烟横，君去千花云水馨。此日西风淄上别，异时并客故乡情。官仍司寇难为借，宿是郎官转更明。欲识当轴麟阁待，百年朱令擅时名。

送韩约庵赍捧还浙

罢祝金天岁欲除，千山寒雪拥回车。自缘遇主甘随牒，岂有如君忍绝裾。水国暮云江北望，战场烽火海东书。到来不浅西湖兴，画舸春风锦不如。

和介石韵

莫道雄心不易降，即论世事好谁扛。沙丘一去无神鸟，东郭揭来有吠尨。欲雨千山寒倚剑，过云老树映推窗。只应杯酒黄花外，一笑天风生石淙。

再同孟廷瞻游滴水泉

武陵深处野人家，有客风流即孟嘉。颇怪天高冰作柱，可怜泉落玉为花。片崖千古苍龙老，樽酒空山白日斜。醉矣欲归天未暮，俚裁留取异时夸。

送杨梦老还里二首①

其一

拂衣何处隔尘寰，祖帐春花满汉关。国是踉跄威凤去，海天高阔片云还。酒边赐橐今余几，觉后青山老自闲。莫向官前②论小草，百年知遇二毛斑。

---

① 此诗其二又见宋弼《山左明诗钞》卷二十一、冯继照辑《般阳诗萃·王教诗》，俱题作“送杨梦山还里”。

② “前”，《秋澄诗集》本作“曹”。

其二

帝城高矗五云斜，回首东风有去槎[①]。启事几年随剑履，急流一退即烟霞。老拼[②]海色山同梦，归及春深桃作花。为问堂成绿野后，可无清思到京华。

答邢知吾

落落东风醉眼过，更休把袂问蹉跎。千金自拙涓人市，一往长惭孺子歌。惜别寒飙开素扇，梦回白雪满烟萝。亦知安石苍生望，搔首乾坤奈若何。

忧旱

祷罢桑林发半星，簸空愁色火云停。风摇黄堁春知去，日尽寒霾草不青。罪己几看劳圣主，斋心那复隔玄冥。只今处处卒圭璧，遮莫神天只漫扃。

云石伯兄与子继亡，书至恸甚，兼及任侄之悲，率尔奉寄

哭罢空庭白发毵，紫囊香灭复谁探。即论元方心应折，自失阿戎畴与谈。碣石悲风落木晚，郊扉霁雪夕阳含。凭君莫洒天涯泪，我亦愁心总不堪。

早起

哓色鸣鸡两相薄，风尘日日倒裳衣。启扉白雪深相护，落牖山云寒不飞。栉发自怜蓬鬓改，梦蕉初破烛花微。遥知凤阙笼香雾，鸣佩千官向紫薇。

长至

拄颊看山几自凭，日缠南尽见层冰。乍可绣纹饶一线，那无乌足系长绳。却顾寒云气尽夺，垂苏柳色爽能兢。古来万化何终极，一啸天风朔[③]雪凝。

① “槎”，冯继照辑《般阳诗萃》本作“查”。

② “拼”，冯继照辑《般阳诗萃》本作“拌”。

③ “朔”，《秋澄诗集》本作“翔”。

退朝是日引选

午门朝下曙光寒，浴转挟科春事宽。阁道烟生香列署，未央树满影千官。正横雉堞云边出，层叠龙楼花外看。无数黄金台畔侣，看他鳞集笑弹冠。

讯云石丈

蒹葭苍苍夜雨频，盈盈秋水隔松筠。向来共理登山屐，别后谁为载酒人。玄旨定传勾漏诀，流言翻误都亭轮。从祠草色还堪籍，把眺重临赏亦新。

九日吴中①

绛纱初就紫萸囊，九日陶家菊自芳。须借寒花谋一醉，忍将白发怼重阳。天开万里浮云动，秋逼千山古木苍。不见姑苏江上月，几家王谢旧时堂。

登金山

欻见孤峰水上浮，插波梵宇忆金牛。削成绝壁千岩出，不尽苍江万里流。地阔寒云生海峤，天空夕日满齐州。几年章奏郎官里，来往风尘半白头。

病起

樽开小筑兴还乘，鱼鸟相看乐事仍。倚槛轻阴摇绿树，放歌寒雾卷苍藤。狂来纵酒怀差壮，病起逢秋气转增。忽忆鸣珂燕市里，五楼飘缈碧云层。

闻箫

吹箫何处韵悠悠，入暝风将到石楼。不尽王褒愁里赋，真疑嬴女月中游。清摇玉露泫初白，响遏银河澹不流。便欲凌空随跨凤，倚酣长和碧云秋。

① 此诗又见宋弼《山左明诗钞》卷二十一《王教诗》、冯继照辑《般阳诗萃・王教诗》。

元夜集家兄山亭

石山别业碧崔嵬，元夕忻逢醉眼开。历乱灯光迷洞壑，参差云树接楼台。春先寿酒侵筵入，风杂行歌拂岫回。太史明朝应有疏，五云昨夜映三台。

清风亭对月

闲庭徙倚对凭栏，击节长歌行路难。砧杵声催梧叶下，芭蕉影卷月光寒。凄清别墅闻秋柝，摇落空江急夜湍。三径已荒归思杳，东篱何处菊花团。

别建吾丈

曾共含香署里居，河梁分手重踟蹰。乐羊误拾中山箧，五马乍回南国车。剑阁啼猿千里外，石亭秋色片帆余。悬知圣代怜才子，遮莫浮云任卷舒。

泊舟金陵北三十里

柳色堤头春欲浓，征帆隐隐下高舂。层波递蹴千山雪，噫气长嘘万壑松。别渚酒醒驱日月，盘涡潮涨汇鱼龙。金陵胜迹年年在，倚棹寒江云自重。

芭蕉扇

何人为斩枯蕉叶，片玉新裁锦水纹。色落屏床清暑气，风回爪掌散江云。披襟影缀齐纨细，入夜光摇海月分。珍重君恩怀袖里，年年常与对南薰。

饮陈侍御公署

五花骢马楚江湄，夜色沉沉覆酒卮。顾影共怜天际月，深言剩对菊花枝。城隅落木千山下，碣石寒云万里思。不是子昂高义在，仙舟争得故人期。

庚辰岁蓟门送彭生南还

绛帐寒生物色新，王孙步屧向风尘。纵令食客弹长铗，谁复绨袍怜故人。归路西风千里外，片帆烟雨九河滨。年来更有干糇恋，无那冰囊也自贫。

登安庆浮图

峻嶒浩劫控江流，百转危梯到上头。西望苍涛回巨壑，东来紫气满神州。群山尽压杉松小，碧落平看云日浮。放眼天涯今古意，壮怀飞动不曾愁。

寿东溟父母七十

九重恩向海天开，七十相将水竹隈。倚杖青云俱玉树，拓窗初日满蓬莱。徜徉自爱循墙走，缓急人从叩户回。最好台乌催捧檄，极南重正照三台。

有客甚辩口，云欲避仇之海上。劝之饮，不饮

暂息扶摇六月风，只应羞与众流同。转怜根矩真能饮，即使田巴亦让雄。结客要当乘卯醉，执人终不避王宫。相看大有江湖思，寒色山阴一笑空。

和高中白时赵直指夜过

翻笑年来战胜家，也从城市见纷华。西风忽傍松云起，夜色平分桂影斜。汉使星高衣作绣，骚人梦破笔生花。还应洗涤俗肠胃，明日期君弄彩霞。

五言排律

承顷阳丈枉过，兼示同诸公饮韩惺庵丈园亭诗扇，率尔效韵为谢

每忆风斤动，往往失惠施。几年头尽白，一别迹如遗。把袂今何夕，掀髯又一时。摧残甘潦倒，容易亦趋驰。片语开纨扇，幽探即习池。信然才有会，直是兴无涯。秋色终谁在，奚囊剩自随。深心惭李微，无字抵雄奇。便欲焚书砚，因之纵酒卮。依依庭树影，灿灿菊花枝。返照溪流驶，浮云世态移。且拼藜藿老，畴念畹兰滋。愧矣南山外，萧萧白玉羁。

丙申冬挽曹鹤溪[①]

相知复几在，更忍失斯人。实下刘伶臿，迟[②]留范式轮。薤残淄水露，花散沔池春。凫舄归来日，鹖冠放逐臣。共知交有态，老幸尔为邻。愧矣吾仍客，居然子返真。寒烟封宿莽，落日蔓荒榛。不尽炙鸡泣，及君鬼尚新。

哭业师松石先生排律[③]

斯文垂欲丧，造物胡为乎。一夕声华尽，千秋岁月徂。青齐流间气，昭代得真儒。危石苍松干，清风白玉壶。说诗依绛帐，使智得玄珠。文或追杨马，学横富典谟。苦心攻食淡，溢齿脱词腴。诘屈千人废，纷罗万象输。阴符书几上，卞泣玉谁沽。薛国俄从辟，终军晚弃繻。晓珂争避舍，夜色满呼卢。白发橐鞬壮，荣名日月驱。宠高郎署在，藉甚重臣须。墓木忽成拱，春华遂不苏。老知还别业，死不厌吾徒。饘粥才无恙，文章苦自娱。生涯四壁立，书恨一生逋。杖起歌回梦，箦迁烛照隅。不成开《七发》，谁受赋《三都》。博望槎终远，程门雪向晡。药残蛛网缀，编绝壁鱼枯。叠嶂招提客，髫年长者俱。秋花堕石井，山鬼撼绳枢。息劓烦炉锤，绝尘失步趋。会须留筑室，终忆觉迷途。马鬣西风驶，皋比月色孤。遥看淄水外，流恨满霜芜。

贺萧康峰亲家公子入学时有因中贵人进者[④]

岁月俄成昨，词场相竞新。复谁耽诵习，只是苦逡巡。藉甚萧夫子，才名廊庙珍。双眸湛绿水，逸思迥秋旻。长弟金茎秀，庭闱玉树春。祖鞭勤可著，寺孟讵堪因。锥影醒书恨，剑花拨俗尘。漯江寒浩渼，长白碧嶙峋。小敌何曾怯，大方自有真。峥嵘千里始，汩没片言伸。问士满中国，为儒或一人。从兹绶若若，翻笑党频频。初日高林曙，孤云远岫驯。振衣惭北阙，倚仗望东秦。文学万生议，闾阎九域贫。但令茅尽拨，应慰及朱陈。

① 《秋澄诗集》本题作“丙申冬挽曹鹤溪亲家”。

② “迟”，《秋澄诗集》本作“真”。

③ “业”，《秋澄诗集》本作“亡”。

④ 原题无“亲家”，据目录改。

祭张年嫂

颇怪乾坤大，往往无好仇。泽兰争萎露，社栎饱经秋。乍可才名满，居然淑气收。世家邹子国，绝德敬姜俦。泣尽芳全歇，春归扃自幽。机丝他日恸，裘褐百年谋。落月摇余阁，飞花罥敝裯。深愁星陨女，谁伴鼎函牛。杂佩山人问，束刍蒿里游。须知阮籍泪，不为哭东流。

守轩丈招饮

客路谁相假，江天把绣衣。石楼宜晚眺，彩笔自雄飞。返照收高阁，暝烟扃夕扉。更传城柝乱，坐久烛花微。安得寒英在，兼之片月辉。顿令疏小礼，时与霁霜威。诙达闻三晋，抟扶望九围。知君能卜夜，烂醉始言归。

五言绝句

寻石南山[①]

驱驴山之夕，抱云多奇石。掇归苍松根，片片青山色。

移松

剷雪栽古松，无嗟松不发。一夕生虬枝，万影撑云月。

七言绝句

三径尽芜，属奴薅之，重督重怠

草色荒庭藉亦好，落花不扫致仍多。如今未说阿童懒，可奈阿翁更懒何。

① 此诗又见宋弼《山左明诗钞》卷二十一《王教诗》、冯继照辑《般阳诗萃·王教诗》。

和王亦山咏韩惺庵牡丹二首

其一

片红飞尽夕阳分，剩有仙葩点蓦云。潦倒一尊儿女共，风流也自一韩君。

其二

拂槛东风云雨姿，瑶台香满露华滋。妒妍生笑杨家女，一捻偷将红粉施。

王有“倾城佳色总如云，富贵从来让此君。况复中丞雨露湿，阑干东面有西施”之句。

赠剑

出匣干将北斗文，如闻拂拭向来勤。不嫌携得山阴土，垂老犹堪托赠君。

雪中招友人

雪花乱飐酒脂黄，扑坐天风片语香。除却一尊相对外，复谁解识郦生狂。

客中即事

天道梦梦那得知，颜夭跖寿不须疑。当筵却笑南邻老，瞪目挺之有此儿。

紫蝴蝶

锦翼浓花相映新，那更坐对白头人。百年一觉蘧庐梦，就里庄周谁是真。

咏莲三首

其一

移根远自华山巅，学种习池已十年。垂老松阴疲抱瓮，刚才一醉得花前。

其二

晓妆台畔锦云重，太液池边露气浓。不是阿环才解语，几能花面抵芙蓉。

其三

扑坐风生一水香，新来菡萏满池塘。天然玉质无泥滓，枉杀休教比六郎。

斥归八首效征明壁韵

其一

隐隐山花照短篱，千峰倒影白云栖。相携斗酒邀邻父，半醉松阴听鸟啼。

其二

就荒三径百花飞，五柳阴阴莺乱啼。渐老春光红日暮，不堪极目美人西。

其三

从他世态逐炎凉，一返深林味自长。山色崚嶒春烂漫，看花不数省郎香。

其四

衰毛何幸得归来，花里清樽日日开。问着世情都不解，但酣随意卧莓苔。

其五

携幼荒庐自扫除，掩关春色四愁余。拂衣何处无云水，不作深源咄咄书。

其六

野云春树澹人家，如此归来已自嘉。午睡欲醒三径色，瑶琴初罢一瓯茶。

其七

一生倔强剧堪前，裘马春风他自鲜。老会别寻方外去，石蓝采得带云煎。

其八

不记当年醉与醒，梦看山色翠为屏。试观画省含香处，可得松风花满庭。

辞朝

一别重云隔帝阍，驱驴晓出春明门。丈夫去就寻常事，小帽青衫亦主恩。

寒食南山光明道场纪事三首

其一

一声歌发万人欢，争向梨园队里看。四野风回青嶂晓，中天台耸碧云寒。

其二

乍回阿堵碧荧荧，寒食东风土偶行。敢向中朝夸绝技，重瞳天就烛光明。

其三

乱山高下雨霏霏，桃李无言雾影微。只有妇人霄汉上，双双花际鸟争飞。

改衣

裁成不减芰荷裳，长短终身荷圣皇。只有渔樵讶不髅，振衣犹带御炉香。

丁酉元夕，自城还，至七河，田督又赍酒至，重赋三首

其一

杨柳风生野水潺，新来明月满三山。却思他夕临溪水，又得东风一醉还。

其二

千林雪色欲栖鸦，小榼缘溪一径斜。但取老农成主客，不知此酒是谁家。

其三

醉矣东风拥去轮，更将余沥到舆人。不须说尽投醪意，一笑千山处处春。

贺牛左江亲家荣膺冠带四首①

其一

千林月落欲栖鸦，缓急相过夜半车。为问一时诸从事，几人得似鲁朱家。

其二

还将一梦笑人群，片语枯蕉卷暮云。几到平明肺石立，总饶鹿在不禁分。

其三

里门高映海天开，千古风流单父才。翻是得人春更远，不烦亲为下堂来。

其四

拔人正字得山公，一字褒堪华衮同。争似依行星散去，不分为雨与为风。

归晚，庄督老张携酒道上遮饮之，喜甚。有至者，招与共之，而张不知也二首②

其一

千林野色暝烟合，一曲溪流月影新。半道驱驴赍酒至，老农故是醉乡人。

其二

一樽遮道月轮明，马首东来流水声。正好初春吾欲醉，相逢何必不公荣。

① 题目原无“亲家”，据目录改。

② “晚”下，《秋澄诗集》本有“管”。

哭毕彝石封公三首

其一

长白山头雾气重，自君行处有遗踪。一从挥手时人去，知在寒云第几峰。

其二

乞得牡丹雪满衣，锦川石畔锦云飞。可怜卷石花无恙[1]，君去钧天梦不归。

其三

慢将初月拟丰神，从此罢收郢匠斤。零落故交知几在，更于何处得斯人。

书时事四首[2]

其一

如狼恶少踏街尘，使气常称中贵人。莫倚市门夸逐末，清朝不讳算商缗。

其二

不须处处苦烦冤，稍入从来圣主恩。想得金钱满少府，也应衔命到鸡豚。

其三

那论騕袅与麒麟，中使传呼来往频。分得百钱驵侩足，不将千里恼涓人。

其四

积雪茫茫遍九垓，君王雅自念蒿莱。彼苍不遣银如雪，无奈采金使者来。

贺李濬渠入学二首

其一

一时彩笔万人呼，自尔风流绝代无。不信国门五日立，可能容易号为儒。

其二

漯江南望岱云重，岱色苍苍斗气浓。解道山阴饶赤土，肯教风雨暗芙蓉。

菊花[3]

飞残黄叶四山空，客散石楼烟雨中。要识陶家佳胜处，霜根无恙伴秋风。

---

① “恙”，原作“羔”，据文义改。

② 此诗其二又见宋弼《山左明诗钞》卷二十一《王教诗》、冯继照辑《般阳诗萃·王教诗》。

③ 此诗又见宋弼《山左明诗钞》卷二十一《王教诗》、冯继照辑《般阳诗萃·王教诗》。

山庄偶成

鸟从何处来深树，犬傍疏篱吠主人。始信浮生浑是客，登楼一笑海云新。

石楼晓望

拓空秋色碧漫漫，极目河山晓气寒。若使东平知此意，不须毁却四垣看。

赛雨六首

其一

看耘藜杖陇头回，半雾山云郁不开。自赋社钱供酒肉，山椒同去赛神来。

其二

占得石田分已颇，时看微雨洒新禾。已知作苦农家事，常是山灵雨泽多。

其三

相携邻老古祠前，斗酒蒸豚鼓在县。不是山灵与帝力，时丰那得更年年。

其四

万井青青黍半华，千村从此乐生涯。山灵常与驱妖魃，不信瓯窭不满车。

其五

阴崖石溜水潺潺，白叟黄童酒色殷。共托祭余谋一醉，轻阴挟雨过前山。

其六

烂醉丛祠古石旁，家家牟麦各登场。夜来雨足连沟洫，满陇风生禾黍香。

夏屋叹二首

其一

朱甍碧瓦照城隅，锦席高张事事都。试把化人天上望，不知还似积苏无。

其二

小鱼之贪虾蛆足，大鱼一吞舟万斛。请看广厦千万间，可抵多少逃亡屋。

东北野眺

浮空浓淡海天还，遮莫千山与万山。唯有片云知我意，夕阳人伴酒杯闲。

追张节和不及

应为诗逋不肯留，不然亡酒生归愁。倒衣禾黍无追处，晓色苍苍云日浮。

又书戏

大娘之舞应不群，旭也草圣出尘氛。自君未谙六书义，那识画前蝌斗文。

辞朝二首

其一

缝裳欲就眼垂枯，赢得冰心照玉壶。一自叩门昏夜断，拼将喓喋谢诸姑。

其二

衰颜元自厌风尘，杨柳阴阴百舌新。除却还他五斗去，看山处处有闲人。

张少卿夜过，闻虾蟆给事有言

莫道含沙射影深，相看明月满城阴。挥杯一醉还成笑，何必长者不匿金。

序园山上碧桃花

插空叠嶂翠为屏，一眺千林夕日扃。最是浊醪堪尽处，碧桃花外数峰青。

序山池

千林浓覆水花寒，怪石阴阴不敢看。似是庐山桥下路，碧潭深处毒龙蟠。

彭凤翔乞牡丹

石亭劚露晓生凉，转眼春深烂漫香。记取仙葩人易妒，休教唤作百花王。

彭凤翔以诗送蒲桃栽

颗颗明珠醉里看，蒲桃清影映回栏。殷勤更诵惊人句，一夜风生齿颊寒。

又和彭韵

西风驴背海天遥，樽酒千山影独邀。浪迹浮沉休苦问，蓟门寒色正萧条。

其二 乞纸表画

捣成鱼网笑相看，千叠秋光照画栏。赠尔持装山水嶂，云烟满壁雪花寒。

其三

情知金玦表庞凉，盈缶新开马乳香。更使清阴能佐酒，不教名姓恼君王。

魁石

慢将卷石斗嶙峋，秋到鱼梁事事新。矫首蓬莱翻十五，只今谁是钓鳌人。

瑞狮石

看题负宝还成笑，不到陵阳抱玉回。文豹只今多雾隐，石亭那得瑞狮来。

仰松书坊额二首

其一

榜门高映海天辉，百道寒光射紫薇。自是君恩堪不朽，更兼书圣笔如飞。

其二

钩帘云树影扶疏，自尔张颠兴不如。满纸淋漓泼醉墨，几人能解撮襟书。

养鸽

矫翼夕阳望碧空，那堪饮啄系樊笼。直须纵使青霄去，双翮高抟万里风。

不调答友

功名之际浮云耳，小挫宁劳问积薪。总道麾骑能荐士，监门终是里中人。

云石迁北部，过里，值元夕饮

还应塌翼见骞腾，过里欣逢乐事仍。一别星轺迷夜色，几年寒雨湿春灯。

辛巳元夕阻雨仪真四首

其一

不尽苍江万里流，平芜春草雨边舟。灞陵风雪看如在，寒色千帆无句收。

其二

萍飘何所不浮名，有酒如渑且自倾。容易此夕江上泊，扁舟如画雨边横。

其三

浮槎何处又今宵，火树银花自寂寥。潦倒孤舟江上夕，微茫烟柳雨潇潇。

其四

石门初启浪花浮，卷幔楼船雨未收。差可流霞供客醉，从教风物乱乡愁。

扬州元夕[1]

片帆东下古扬州[2]，灯火千家满市楼。风物不堪逢元夕，一江寒雨暗中流。

序山二首

其一

千林槭槭答行歌，山鬼无声自薜萝。要识孔颜真乐处，白云苍色满卷阿。

其二

文笔山前儒者峰，峰峰秀色削芙蓉。他年搦管青云外，看取山阴起蛰龙。

序侄登泰还，言天门外西似小筑[3]

有客新归自岱宗，大言高踏白云重。西看碧岭天门外，绝似小山第一峰。

忆毕彝石

忆同研席髫年欢，回首西风岁月残。今日山阳笛里恸，若为鼠臂若虫肝。

---

① “扬州”，原题作“杨洲”。据目录改。

② “扬州”，原作“杨洲”。据文义改。

③ 此诗又见宋弼《山左明诗钞》卷二十一《王教诗》、冯继照辑《般阳诗萃·王教诗》，“泰”，俱作“岱”。

魏生入学四首

其一

如花彩笔岱云横，倚槛长风万里生。自是而家饶宅相，留将不尽到弥甥。

其二

久知阿士雅能文，振羽宁当鸡与群。不用寻声争负笈，丈夫一自取青云。

其三

一编欲睡寸阴过，方履圆冠奈若何。插架牙签三万卷，可堪桂树影婆娑。

其四

但令儿子试为儒，那向盎中问有无。明日里门逢剧孟，尽教一笑斗樗蒲。

喜逢旧僧三首

其一

乞麦门前贫病僧，他年曾共白云层。几时长白结茅屋，破衲苍眉愁不胜。

其二

共尔南山垂髫时，于今满颊生白髭。一自锡飞长白后，故山精舍属阿谁。

其三

稍待西风爽气新，青鞋缓踏碧嶙峋。阴崖煮茗逢僧话，道是他年旧主人。

云松

四壁萧然雪满山，怪来佳句即清澜。风流正使号寒死，短褐松阴老自闲。

题画中流砥柱

采芝人去白云乡，松老千崖玄鹤翔。莫向中流论砥柱，接天风浪正茫茫。

题花三首

其一

苍茎紫萼满庭隅，万颗圆堆火齐珠。共说汉宫饶绝代，不知能似此花无。

其二

拂槛摇摇向晚风，瑶台深处会相逢。夜来赤帝归南斗，绛节朱幢照碧空。

其三

曲栏深径竹花幽，怪石高悬雨气浮。碧草红英相对发，中庭晚色正堪留。

为山

狎春小试为高手，樽酒还看醉里携。明日三山鞭石至，白云苍色海天齐。

榴花二首①

其一

披拂庭阴万木稠，科头小径自悠悠。清风翠筱鲦鱼出，满目花开赤石榴。

其二

何物奇葩照眼红，猩裙妒杀汉王宫。晚村殷动连云赤，一蒂繁英千万重。

① 此诗其一又见宋弼《山左明诗钞》卷二十一《王教诗》、冯继照辑《般阳诗萃·王教诗》。

附 录

诗歌补遗

闻谤三首

其一

怪来人笑伯夷偷，一夜西风逆旅秋。窃得皮冠无用处，有时倒着采薇游。

其二

掀髯一笑夕阳含，斗酒天空取自酣。非是老夫夸玩世，一生不落后言惭。

其三

慢将恩怨惜朱陈，才说恩时仇已新。从此受金虽有令，悬知拯溺后无人。

（见《秋澄诗集》明钞本）

假山

浮空寸碧山从假，底事乾坤更有真。却笑千崖花似绣，当先植此是何人。

（见《秋澄诗集》明钞本）

感事①

碣石②宫北欲黄昏，易水燕山可重③论。束缊翻同邻妇去，铄金谁讼逐臣冤。春城苔④雨千花瞑，寒色终风百舌繁。莫自愁空书咄咄，浮云不定是君恩。

（见《秋澄诗集》明钞本）

---

① 此诗又见宋弼《山左明诗钞》卷二十一《王教诗》、冯继照辑《般阳诗萃·王教诗》。

② “碣石”，宋弼《山左明诗钞》本、冯继照辑《般阳诗萃》本俱作“昭王”。

③ “重”，冯继照辑《般阳诗萃》本作“再”。

④ “苔”，冯继照辑《般阳诗萃》本作“莫”。

辞朝二首①

其一

相将夕日弄辉辉，新剖金瓯莲子肥。但使此心常不负，尽教人笑芰荷衣。

其二

远公一生落酒嗔，陶令欲饮但眉颦。连朝满酌芙渠外，笑杀匡庐社里人。

（见《秋澄诗集》明钞本）

凭虚阁

把臂惊看春复秋，凭虚不尽思悠悠。荒城返照来归鸟，短褐西风好饭牛。云水四高阿阁望，烟霞并付小山收。他年鲸岛三韩外，决胜还谁第一筹。

（见《秋澄诗集》明钞本）

戏呈韩惺庵，庵云王生故自痴，能相喻于不言者，不必于句中求之

劳生一笑信乾坤，小黠大痴可重论。尽与高情妒暮雨，肯教短发乱春痕。风生罗绮香浮席，歌动骊驹月在门。除却元方催送客，主人谁是爱留髡。

（见《秋澄诗集》明钞本）

荐章不报②

淅淅千山雨，萧萧五柳村。铄金元有自，转石更堪论。牢络英贤意，慎持颦笑恩。自惟衰白老，亦惮往来频。

（见《秋澄诗集》明钞本）

戏赠曹任夫

把袂西风万里愁，夫君归去若为留。樽前白发搔愈短，箧里明珠禁不投。旅梦几回淄水月，酒人忽落蓟门秋。悬知涿鹿饶佳丽，一笑嫣然兴亦酬。

---

① 《秋澄诗集》本《辞朝》凡三首，其一已见《铨部王先生诗集》。

② 《秋澄诗集》本《荐章不报》凡二首，其一已见《铨部王先生诗集》。

（见《秋澄诗集》明钞本）

无题 ①

拄颊寒云外，秋天虚翠屏。乱垂千树碧，正矗一峰青。片石直如砥，北山谁勒铭。野人无俗□，随意足岩扃。

瀛洲春满百花香，缥缈金茎近帝乡。乍可樽前称上寿，兼从膝下得全昌。簪缨对拥白云色，邸第重开彩服光。莫向人寰论甲子，仙桃并蒂几回将。

（见《秋澄诗集》明钞本）

无题 ②

镂杖鸠形跨紫烟，天台直上翠微连。相将鹤发还长日，自许鸿冥得大年。夜色双含南极动，帝恩遥藉白云悬。独怜汉署生香处，水鉴名高彩服鲜。

徐卿摄卷色敷腴，卷卷画作三山图。复谁泚笔千丈石，无数咳唾生明珠。苍颜皓发修云阪，琪树瑶花相映晚。片月光摇白玉壶，百年露浥青精饭。昨夜春风满禁闱，江城处处白云飞。一夕龙章翻雨露，徐卿螭头倍光辉。乍可亲年能儿齿，子亦雄名满人耳。可但趋庭饶彩服，他日报君亦如此。

（见《秋澄诗集》明钞本）

无题 ③

起色春云一笑宽，苍松影落夕阳团。自君妙解浮生理，劚雪庭前栽牡丹。

（见《秋澄诗集》明钞本）

无题 ④

怪得无钱贿花师，君王元不爱娥眉。只将墨妙论颜色，纵有倾城那得知。

（见《秋澄诗集》明钞本）

---

① 《秋澄诗集》本此二首诗列“奇石并引”下。

② 《秋澄诗集》本此二首诗列“送杨梦老还里”其二下。

③ 《秋澄诗集》本此首诗列“答邢知吾”下。

④ 《秋澄诗集》本此首诗列“书寄彭凤翔”下。

无题①

雨露生新怆，风花出近关。封俱仍夏屋，天会作高山。王气卷阿得，神州裨海环。秀罗千嶂久，清乱一溪潺。石马凄风外，金凫宿草间。弓留髯或堕，涕下泪仍潸。上理今王最，雄图帝业艰。内讧须祖武，大义祛殷顽。脱屣乾坤驶，舟藏日月悭。凄清含御气，仿佛觐龙颜。原庙衣冠古，松楸几席闲。万舞登歌彻，千林踏月还。

四壁家徒立，余生发半华。流光驹隙度，勋业凤楼赊。苴杖明春草，衰裾骨落花。寥寥村日暮，深树有啼鸦。

绿树阴寒山雨鸣，紫榴花簇海云生。沾衣故久庭偶坐，击节长吟空外声。

匡床小砌石榴殷，绿树阴阴草色闲。无那摘仙诗格好，歌残寒雨满青山。

（见《秋澄诗集》明钞本）

无题②

相看白发人俱老，再接玄言兴似增。却忆蓟门饶火树，炉烟香袅凤楼层。

（见《秋澄诗集》明钞本）

哀时事

高阁朱甍照碧岑，侠名千载气阴阴。威行睚眦无三尺，豪夺陂田抵万金。狴犴西连济水阔，乡楼东望海云深。寄声恶少须相忆，枯骨桓东涕不禁。

（见《秋澄诗集》明钞本）

无题③

片帆忽动海门踪，使节遥开归思浓。安得层霄双玉树，向来名世几人龙。长河秋落白云满，瑶岛春深彩服重。此去好携金掌露，称觞献笑一从容。

梦把三山五岳图，尚看逸兴未全孤。偶来落魄何曹掾，挟得贫流小酒徒。雅志壮游无岁月，偷闲浪迹满江湖。可知系马胡姬肆，一醉还应笑老夫。

（见《秋澄诗集》明钞本）

---

① 《秋澄诗集》本此四首诗列“养鸽”下。

② 《秋澄诗集》本此首诗列“云石迁北部过里值元夕饮”下。

③ 《秋澄诗集》本此二首诗列“和高中白”下。

无题[1]

七尺躯岂病，援白兴乃豪。无数榴花光照眼，浮空白日青天高。危蝶寒鸥鸣复摇，晚风吹急双白毛。把酒夕阳姑无孈，我惟意之安，何所不可，儿乎阿翁病良已，去汝春残之药里。[2]

野棠花发暮云稠，寒色荒阡双泪流。未敝衰裾禁卒哭，重摧兰叶若为愁。烟残细柳昏鸦绝，草满平芜小径幽。惆怅山阴寒食外，东皇容易假春游。

看君此计未全疏，伏枕宁惭逼岁除。总为掌珠能照乘，翻从剖粒失盈车。冯将三寸舌无恙，莫谓寻常葵不如。试问琴堂风雪夕，可曾呼譬向庭隅。

玩世公卿分故卑，白云苍壑少年期。新缘履尾知谈虎，能到折肱始是医。花县寒生兼雪度，棘林风满待春迟。尽言小阮荣名在，不道南阳有杜诗。

我闻猛虎南山中，威慑百兽无与同。一啸千崖乱石走，枯林飒飒生寒风。何物短狐奇托迹，匿身附虎骄芃芃。豺狼遁迹麋鹿泣，敢与彼狐争长雄。一朝狐鸣虎无功，自矜爪嘴摧毛虫。几年哺饲恩为空，逆德反噬谁能口。乃知万类尽如此，人间何处无蒙弓。

（见《秋澄诗集》明钞本）

史传行状

王教传

张廷玉

王教，淄川人。佐光祖澄清吏治。给事中胡汝宁承权要旨劾之，事旋白。竟坐推国钦、伸，斥为民。

（见《明史》卷二百三十《万国钦传》附《王教传》）

奉政大夫吏部文选司郎中秋澄王公行状

毕自严

国家得百才谞之士，不如得一正直之士。顾正直之可见者在执法，而执法

---

① 《秋澄诗集》本此五首诗列“止讼者”下。

② 此句疑有脱落。

之所难者在铨衡。近代典铨，推正直不阿者，必以吾邑王公为首。嗣是后起之俊，影附响和，犹百川之归巨海、鳞介之宗龟龙也。公讳教，字子修，别号秋澄。雅志凌空一世，不染纤尘，因自期云。先世籍枣强，后徙淄忠信里。曾王父纲生文，文生赠考功郎珏，珏生丈夫子三：长政，以孝子称；次敬，太医院吏目；季即公也。王氏世以淳德闻，赠公复兴仁好施。岁祲，常倾橐活饥民，为乡里所重。暮龄苦践更，家稍中落。晚举公而奇之曰："是亢吾阀。"

公少颖敏绝伦，年十四，从仪部松石张先生学，与先封公同侍函丈，语必惊人。又与王云石佥宪、孟对轩别驾、张介石司教共结文社。诸君子固皆推毂公，而仪部亦以衣钵相属矣。年十九，值赠公丧，号踊柴毁，闻者酸鼻。自是家益窘徭，徒四壁立。公食贫攻苦，试辄居首，声隆隆起。许宜人出名阀，其尊人颇难其婿，择公乃字，与张仪部夫人实兄弟也。宜人归，则肃妇道，勤拮据，晓窗夜火，相对操作，以资吾伊者无倦，内外之间，雍雍如也。

甲子，公举于乡。家政一任两兄，不私一钱。即鹿鸣觞爵，亦归赗某氏。上春官不第，筑室一区，下帷发愤。董课诸侄，不啻严师。益治古文辞。越辛未，成进士，赐二甲，观礼部政。癸酉，授民部主事，榷崇文门。榷故利薮，权显中贵每以私轻重掣肘，商因缘为奸。公则凛冰操，裁以三尺，诸请托者俱咋舌，而奸商洗手奉法矣。已司明智厂，司太仓，剔弊剪蠹，在在有声，以三载考绩得赠封父母。冬，奉命榷浒墅关。关当三吴要冲，贾舳鳞次，贪墨者喜为脔鼎，往往濡指糜骨。公至，则痛革之，而宽其文网。关外设便民桥，桥下为小关，计其尺寸，适符小舟之不中榷者，令出其下。曩有四出侦逻，绝勿出。于是商之望关者如云，薄征而赋自倍。旧额经岁三万，公止十月，积四万余。浒墅人感之，若畏垒之于庚桑焉。会遭许宜人变，遂告归。

宜人素仁厚，从公入邸。梦寐太夫人，每相对以泣，便道归舍，不胜依依。抵浒墅，益感念，竟以幽忧致疾而殁。再室李宜人亦贤淑，能继许志，抚茂才君所明，忘其非己出者，人称公前后有两内助焉。己卯，仍补计曹。庚辰，监江西兑，兑司职专督饷。体貌虽隆重乎有司，率易视之。公下牒所属，肃宪贞度，裁去一切浮费，所属令有用己事多赎锾以尝公者，公按律明剖而免其罚，令乃心折，而诸属窃廪廪，人人有神明公清之号。秉铨者方侧席待公，而公奉太夫人讳归矣。读《礼》三年，哀同始殡。足迹不履公门，即亲友小集，亦坚不一诣也。服阕逾期，犹恋恋不肯赴阙廷，以两兄力趣装，乃起。未至，即补考功主事。寻转文选，公慨然曰："夫官不负人也，而人可负官哉！"矢心清毖，门庭如水，而又虚衷广询，精核不爽。虽至亲昵，弗为曲说，部中称真冰鉴。

乙酉，以考功副郎主山西试。时京考官久废，是科始复。典故漫无可考，而公所创动称得体，至今率为故事。得士王浚初等六十五人。王实山阴相公子，拆卷而众以为嫌，请置第二。公曰：“诸君阅卷时有知为相公子者乎？”众曰：“无之。”公曰：“夫知为相公子而录之，与知为相公子而抑之，等私耳。有言，我任其咎。”竟置首录，而时论更服其公。

初，有司饬主考，供亿颇繁费，公力为汰节。入京而县令积所羡走送公，公艴然移书曰：“是重吾不德也。果尔，是不受于公而受于私也，是阳省之而阴实利之也。”竟峻却。复部值丙戌大计，激浊扬清，公实多所赞助焉。二月，擢正郎，得告返里，而李宜人亦捐中馈。公以两室俱共公清苦，未获食报，而相继谢世，意颇忽忽。顿慕考槃不欲出，而当路之劝驾旁午，佥谓公不宜无意国家。乃以庚寅夏起补考功郎，覆议诸劾疏二百。贪墨不职者，虽原奏轻必正之，而负冤者随亦洗雪，不柔茹不刚吐也。有都掾为银水注于后署秘处，进称援故事可循以动公。公大怒，立笞革，奸胥悚息。旋转文选郎。公业夙负重望，而时太宰为五台陆公，与公相倚为左右手。公益秉公持正，登进真才，杜请托，抑奔竞，不惮强御。选人有托巨珰居间者，前此率得志以去，公正色曰：“丈夫须眉如许，而俯仰刑余以为奥灶，此其人贤不肖何如也。不可当吾世而使士风扫地。匪惟不从，更加劣处！”用是巨珰衔之，甚欲甘心焉，未有间也。自六月讫岁杪，凡四选，屏绝关节，推升内外大臣李对泉等若干员，取选科道韩淳寰等若干员，天下翕然以为得人。

无何，而胡黄门事起矣。胡居言路，建白颇不塞人望，摭拾猥琐，至及市蛙，都下有“虾蟆”之号。公欲年例处之，会有漏言于胡。胡知不免，先疏诬公。一时人心大为不平，台省遂交章劾胡，谓文选二百年无如公清正者，不宜被此蜚语。即胡辩疏亦曰：“言官得风闻言，事未见，反为人劾者，事大可睹矣。”越数日，适部推饶公伸、万公国钦两公皆论去相，奉特旨谪者。巨珰庇胡憾公，乘主上思去相时捧疏进，故触上怒，致一司尽黜。时公以胡疏尚注籍，推疏实未署名，人以为可辩，公曰：“我素司选事，以我累列公，更忍辩哉！”《辞朝》诗云：“丈夫去就寻常事，小帽青衫亦主恩。”怡然就道，行李萧条，倾都祖赠，略无所受。时壬辰正月也。

公归，筑山房，偃息盘桓，谢绝公府。长吏造庐，始获一见。望藩臬旌旄，辄削牍力止之，曰：“不敢以废弃故，烦小民厨传也。”独与故旧相从留连昕夕，道肺腑甚欢。故眉之中堂云：“典剧才疏，放逐敢忘明主赐？论交势尽，笑谈翻喜故人来。”丁酉，宫殿灾。主上奋然更始，复诸公冠带，下诏举逸。铨部疏列，起用则公为首，升用则邹公南皋为首，舆论以为相当。疏寝不报。暨中丞直指累疏交荐，铨部亦极力推引，咸冀一究公用而终格不下，公处之漠如也。庚子春，大饥，脯糗草树皮，殍瘠填壑，公捐粟作糜救之。给散有法，饥民不受郡邑赈而受公赈以活者，殆万计。有司异其事，欲以上闻，公辞曰：“我非为名者，我仅以继先志耳。”邑乘久废不修，朱邑侯登堂固请。公乃受简，删葺新故，凡地方利病，风俗异同，无不洞本原、中肯綮，而人品优劣据事直书，几于鲁《春秋》矣。

天性纯孝，自入仕积俸余，营祠庙三楹，精确十倍居室。朔望，率子姓入拜，风雨弗间。岁时，祭两尊人，辄伏地愊抑失声，伤禄养之不逮也。事两兄友爱笃挚，可可否否，要于相成而止。经纪丧葬，不惮劳瘁而损费无论已。以侄孝廉君所须为仲兄遗孤，怜之剧，旋果蔚然鹊起，则公训诲之力可知也。公伉直自好，不能与世委蛇而同其波。左规右矩，处俦旅中，常如怀冰，暑月亦有霜气，人多以庄见惮。驭诸族属，禁非分之为，毫不假借。亲友以私干者，摇手不顾。比至情迫切，则又委曲覆翼之。事后，即一茎之及，亦面赭不受。盖公之清棱孤介禀自性生，历仕宦里居数十年如一日也。世以奢溢相高，公无所芬华，室庐才蔽风雨，日饭脱粟，非燕会不兼味。浣衣蹑屩，无异儒素。后学以文艺求正，始谢不敏，既援笔雌黄，不轻许一字，后学多所琢成。居恒掩关，手一编若诸生，坟典汉魏而下，无不掇菁咀华。于诗宗少陵，于文宗于鳞，皆能得其神髓。寸纸单行，居然鼎彝。然第以寄意兴，写性灵，不竞雕虫之誉。至捉麈而谭名理、商风雅，筹政治得失，其发若机括，其擘画若聚米为山谷，玉屑霏满四座，令听者爽然自失、洒然忘疲矣。澄心封情，娈童季女之好，淡然不萌于念。门除之内，严若朝典。

晚岁，念茂才君壮年寡息，因为之计久远，择继嗣，区画甚具。尝吟曰：“关心日有熊罴梦，去国时怀犬马惭。”又曰：“满颊衰毛白胜雪，一生苦味多于甘。”殆实录也。癸卯冬，卧病。至仲春，不愈。时值孝廉君试礼闱归，抱头一恸，刺刺俱勖子侄语。更三日，逝矣。呜呼！公居乡，乡重；在朝，朝重。夔路騄骎，竟以中蹶，识者咸为扼腕。虽高栖丘壑，中外候车音，以望公之复出者，无异谢傅之在东山也。而讵意中寿而止哉！

不肖严生同里闬，世缔姻好，先人既附牛耳，严髫髫承指南，启盖不浅。叨第后，一再归省，辄辱枉顾，招集促膝夜分。严固仰公若泰山，而公亦谬许为可诲，动以道义人品相期。居庐三载，提命尤伙。客秋北上，犹祖道握手叮咛。乃未几寝疾，又未几讣及，不胜哲人之感焉。顷严承乏冬曹，会茂才、孝廉两君具实征公状，而肃弟与孝廉同乡举，亦代以请。严虽朴遬无能为役，然清标劲节，耳而目之者素矣。以公品格卓然，间代殊绝之人物，虽千载上犹将师友之，顾亲炙有年，而敢默默已乎？矧先人窀穸之事，实赖公雄藻以光隧道之石。夫公不轻假人片言，而独殚思以志先人，又安忍忘报也。

公生嘉靖庚子九月，卒万历甲辰三月，享年六十有五。子一，所明，邑廪生。

嗣孙二，袭吉、鼎吉。公之子侄谋以今冬仲月八日，奉公暨两宜人合葬于祖茔。严不揣为次第其状如右。伏惟名公先达赐之琬琰之章，俾得比于太丘有道之碑，以垂诸永永，则王氏岂特夜泉之光而已哉！

（见明毕自严《石隐园藏稿》卷四，明万历四十四年张至发刻本）

赠太常寺少卿秋澄王公祠记[①]

张延登[②]

文选郎淄川秋澄王公卒于家，葬，余伯中丞公志其墓，同邑张圣鹄刻其遗文于中州。光宗皇帝即位，遗诏录恤抗言降斥诸臣。公得复原职，特赠太常寺少卿。抚按檄行县，祀公于学宫，仍发管库立祠，相地五达之衢。庀材鸠工，为堂三楹，有门有绰，楔貌像以专祀公，表忠直也。祠既成，邑之绅士来观者无不鼓舞，共谋伐石记其事，而以不朽之言委于余。余虽褊陋不文，与公世讲，父子游于公所最久，庶几悉其万一哉。犹记壬辰，余初释褐时，请急归，谒公于王村之别墅，犹泰山乔岳，汪汪沧海之莫测其高深也已。语曰“悉数之不能终其物”，谨摭拾其大合于祀法者记之。

公初选民部，即差崇文门，再差浒墅，再监兑江西。三者皆利薮，怨之所归也。公一秉廉洁，禔身为本，课门门治，榷关关治，督赋赋治，所至有声。浒墅绾毂三吴，货殖、游侠骛集交关，请寄万方，不肖者复与贾争尺寸为病，亦多以墨败。公独为宽政。其尤无良为牙侩，一细物经十许人手，索贿无厌，俱罢遣。反设便桥以通单商，由枕席上渡，于是乎远迩归之如流水。十月得四万金，额逾倍焉。后任江西，咸迎目之曰：“公邪处脂无润者。”竟用是得名誉，调吏部。其居官之清有如此者。吏部号为铨衡。铨衡者，平也。燕雀权之，轻重少异，即不谓平。公为考功一年，题覆凡二百余牍，一按絜令人品，邪正取法，舆论府怨，不恤典剧。八阅月凡四选，抑徼幸，杜请托，中贵已耿耿不悦。会有取中旨入相者，公赞陆太宰执奏，要人益衔公。而给事胡甲自揣品卑，欲脱例转，遂乘机构陷。公方在告，竟以起旧言官不合上意，阖署报罢。公即日出辞，策蹇引去，无几微鞅鞅色。一日而声名振天下，莫不曰“真选君”，其司铨之公有如此者。

公抵里，殿门事一室，手聚卷石为小山，莳花种竹自娱，未尝轻至侯室。即邑大夫干旌在郊，不数见也。闺门孝友雍睦，营石祠，祀高祖以下，朔望率

---

① 下注“明天启二年”。

② 下注“邹平人总宪”。

子弟朝见，如家礼。父事两老兄，存没无二。性俭朴，常服浣袍。年已指使矣，厨无宿肉。至周族人婚丧之急，筐篚赙赗无暇。邑常饥，有胔骼，公倒囷煮糜，手自剂量，日出施活之，不以家约谢客为解焉。其居乡之仁惠有如此者。

文章，经国大业，国朝作者自北地李献吉后，气格渐以委靡。嘉隆间历下李于鳞大揭旗鼓，属辞比事，非先秦两汉语只字不入口吻。后生小学至不能句读，则相率以为怪，而实未尝见其书也。公自为诸生时，师同邑大儒仪部松石张公，相与追慕于鳞之为人。今试取其作窜入《白雪楼集》中，悬国门，有能辨其非一手者乎？诗声响风骨，亦骎骎大历以前，佳者"峨眉天半雪"，不减济南奇绝处。其师友渊源，学问该博，有如此者。祭法曰：法施于民，则祀之在令甲；乡先生儒行修民功著者，则祀之瞽宗。盖以扬榷明德，表厉风轨，甚盛典也。今以公之清之公，而出之以惠，润之以博，行修法备，功在理财用人，施于民不浅矣。以之俎豆贤人，彰往劝来，与淄山同其高，淄水同其长，何忝哉！是为记。

（见清张鸣铎修，张廷寀纂乾隆《淄川县志》卷七，民国九年石印本）

赠太常寺少卿秋澄王公庙碑

孙之獬

有明清正名臣淄川秋澄王公讳教者没去二十年，蒙天子恩赠秩常卿，立祠社左，春秋祀焉。一子具衣冠，列名学宫，世世复其役。楚中丞张君延登作碑记，公生平甚悉。顾公忠而见逐，身终十亩编氓；孝而乏裔，墓洒旁支盂饭。被其泽者入室以操戈，主厥祀者出奔而抱器。廉吏可为兮优孟之歌摇首，天道何知兮伯道之逝摽心。天有问兮谁能答，帝监爽兮予心嗟。云油油兮蔽白日，风漠漠兮吹佉沙。将公事君者未至乎？握铨十载，饮冰茹苦，公问绝私家，私问严公署。园有尽拔之葵，梁无可悬之鹿。夹袋罗英雄，启蕉伸寒素。申申詈兮金张，眈眈视兮史许。亦既鞠躬尽瘁矣，将公事亲者未至乎？终身一念，五夜二人。所亲必爱，所敬必尊。血洒春风之变，心惊秋露之新。登山岭而荷插兮片石手运，虔岩松以作栋兮寸木躬亲。閟宫穆穆，聚气凝神。庭树奕奕，燕子裕昆。亦既克善继述矣。将公事兄者未至乎？显与同显，富与同富。何诸王之素封，非季子之云路。有篱柏而勺泉，无刖分而牛脯。置田割舍兮问先圣之芳规，分艾燎须兮蹈往贤之懿步。三老雍容，群从敦睦。亦既无间鸰原矣。

若夫德报师门，情敦友雅。吹死灰兮再燃，嘘枯树兮重葩。内室金兰，新发鳌池之秀；南宫玉笋，旧称葛蔓之牙。死者可生兮神跃人间，生者可死兮心安地下。忠慰袁灿之魂，勋复赵武之家。盖友朋而有公也，葛不冬披乎任子矣。若夫室无粉黛，堂惟糟糠。孤鹤再唳，夜丙正冠，不逾緌双。维熊维罴，虽关心而入梦；匪匹匪偶，莫御绩以登床。心冷兮玉壶，气傲兮秋霜。文起八代者愧依庭之柳绿，品高六一者惭过墙之莺黄。盖夫妇而有公也，宋弘不擅洁于汉庭矣。

又若夫经传犹子，文会里儿。放豚收兮虎变，困蛇奋兮龙嘶。家桂森森，闾秀漆漆。闻闻而来者腹枵吴下之蒙，见见而去者文化春风之雨。盖士绅而有公也。破一家之荒昧，成百世之文明矣。又若夫言必忧国，行可告天。邑乘之纂，抚征徭而叹息；家廪之散，回饿莩于无年。手补天兮西北，力救民兮东南。树德惟滋，作善则甘，肫肫其仁，渊渊其渊。盖闾里而有公也，人饱不费之恩，家受于今之赐矣。语曰："皇天无亲，惟德是附。"公之砥节如此，公之食报若彼，其然岂其然乎？盖析公之行则百善，而总公之品惟一清。清者，两仪之峻气也。于行为金，于序为秋，贪顽闻之则振。而孤孑之憾，每集乎人事，溽暑转之则收；而祁寒之嗟，每发乎西畴。公既抗身独醒之表兮孤处其峻，自不获游身啜醨之世兮厚享其酬。不见夫孤竹之长乎，不见夫关西之彦乎？坦胸叩马奠坤维，黄金夜却修臣谊。气薄云汉天昭回，手挽河流挥冯彝。鹰扬屈服虎奔靡，赤符祚衰士节培。岂不烈烈天地垂，两人荼毒甘如饴。首阳老薇苗不肥，传舍衣衾乏纸帷。七尺饿骨芗山泽，大鸟临穴千万啼。先公而清受清贼，后清者公何悔为。

孔子曰："饮清而游清者，龙也；饮清而游浊者，螭也。邱其为螭乎？"孔子则妙于清矣，不能为螭而希为龙，公耶彝耶？伯起震耶，亢而有悔也。虽然，三公流风所振，九京之下，百代之远，不将蛟邱蚓而凤青蝇哉！况阳弃其身，阴用其道，死乃思之，褒且崇焉。明天子之不能去公也，亦犹夫四时之不能无秋，而五行之不能废金矣。卜居者何必戒皦皦也乎？

（见清张鸣铎修，张廷寀纂乾隆《淄川县志》卷七，民国九年石印本）

王教传

隆庆辛未科王教，张元忭榜，廷试二甲。初授户部主事，以望改吏部主事，历转稽勋验封考功文选郎中，见在籍听用。

（见明朱万春、王教纂修万历《淄川县志》卷二十九《选举》，明万历三十一年刻本）

王教传

王教，字子修，号秋澄。家贫攻苦，嘉靖甲子举于乡，辛未成进士，授户部主事。榷崇文门，有介声。榷浒墅关，设便民桥。桥下为小关，舟之不中榷者悉听出，而税视昔则溢额焉。监兑江西，裁一切浮费，吏凛凛奉法。寻补考功，转文选，精核为前后最。乙酉，主山西试，得王濬初等六十五人。拆卷，知王为山阴相公子，众引嫌，欲亚之。公曰："若阅卷时知为相公子乎？未知为相公子而录之与知为相公子而抑之，等私耳。我以文衡，不为嫌低昂也。"时论服其公。升考功郎中，覆诸劾疏二百余，贪墨者虽原奏轻，必正之，不少假借，然冤者亦白。转文选，既负重望，至是秉铨衡，益励冰操，杜请托，抑奔竞。凡四选，风清弊绝，仕路为之一清。有托巨珰居间者，慨然曰："丈夫须眉如许，而俯仰刑余以为奥灶，此其人贤不肖何如也。不可当吾世而使士风扫地。匪惟不从，更加劣处！"巨珰衔之。会胡黄门素乖人望，拟年例处之。胡侦知，先疏讼公。适吏部推饶伸、万国钦两人皆论去相，特旨谪者。前珰庇胡憾公，伺帝思去相时，故捧疏进，遂触帝怒，一司尽黜。公《辞朝》有句云："丈夫去就寻常事，小帽青衫亦主恩。"归卧山房，谢绝公府，长吏造庐，始获一见。性简贵，处俦旅中，凛若怀冰。值邑乘久废，朱邑侯登堂固请，乃受简从事。文章高自位置，不屑一凡近语。没后十七年，光宗即位，录恤降斥诸臣，复原职，赠太常寺卿。抚按檄县，祀之学宫，乃立祠于县之通衢，邹平张延登、邑人孙之獬皆有碑记。

（见清张鸣铎修，张廷寀纂乾隆《淄川县志》卷六《名臣》，民国九年石印本）

王教

李时人

王教（1539—1603）字子修，号秋澄。山东济南府淄川（今淄博）人。嘉靖四十三年（1564）举人，隆庆五年（1571）进士，授户部主事。万历时历官至吏部文选司郎中，以佐尚书陆光祖澄清吏治，忤首辅申时行，触帝怒，斥为民。万历三十一年（1603）卒于家，年六十五。泰昌初诏复原职，赠太常寺少卿。著述现存万历四十四年河南巡按张至发刊本《铨部王先生集》三卷，内文一卷，收序、记、墓铭等文二十篇；诗一卷，收古近体诗二百五十余首；卷三则为其修县志之小纪。此本又有崇祯时重刊本，清抄本《秋澄诗集》一卷，实亦从集中钞出。清宋弼《山左明诗钞》卷二一录其诗十七首。清末陈田《明诗纪事》庚签卷一〇录其诗一首。生平见高举《秋澄王公传》（《铨部王先生集》卷首）、《明史》卷二三〇。

（见李时人编著《中国文学家大辞典（明代卷）》，中华书局2018年版，第108页）

王秋澄

王士禛

王秋澄先生教，万历中，官吏部文选郎中，力持公法，政府权珰，无所措手。继者为顾泾阳、孟云浦、冯思豸生虞，皆效之，遂相继黜逐。伍袁萃《林居漫录》云。然又尝荐起邹忠介、赵忠毅诸公，为正人所倚。先生，吾乡淄川人也。

（见清王士禛著，靳斯仁校点《池北偶谈》卷九，中华书局1982年版，第209页）

王秋澄

伍袁萃

铨部升除考选大计等项，惟政府之命是听，而权珰干谒，亦委曲从之，此故事也。自选郎王秋澄始力持公法，政府权珰皆无所措其手。于是顾泾阳、孟云浦、冯升蒲、□□□皆效之，而相继空署黜逐焉。后来诸公鉴前之辙，遂得济济斌斌于卿寺间矣。嗟乎！天官可私，直道难容，所从来矣。宁玉碎，毋瓦全，其王、顾诸君子乎！

（见明伍袁萃《林居漫录别集》卷八，明万历刻本）

隆庆五年进士登科录·王教

隆庆五年进士登科录：第二甲七十七名赐进士出身：王教，贯山东济南府淄川县。民籍。县学生。治《诗经》。字子修。行三，年三十二，九月十四日生。曾祖纲。祖文。父珏。母尹氏。慈侍下。兄政、敬。娶许氏。山东乡试第十七名，会试第一百三十九名。

（见龚延明主编《天一阁藏明代科举录选刊·登科录》（下），宁波出版社2016年版，第425页）

隆庆五年辛未科进士履历便览·王教

王教，秋澄。曾祖纲，祖文，父珏，赠主事。《诗》四房。庚子九月十四生。淄川县人。乡试十七名，会试一百三十九名，二甲七十名。礼部政，授户部主事。丙子差浒墅关。丁丑养病，复除本部。丁忧，甲申除吏部。乙亥升员外，主考乡试山西。丁亥升郎中，庚寅调考功司，辛卯调文选司。壬辰为民。

（见《隆庆五年辛未科进士履历便览》，上海图书馆藏）

交游题赠

题三老观太极图和秋澄王选君

毕木

先生此图本何义，兀兀指出先天事。不可为名强立名，一针顶上破群盲。三寿南极老客星，乾坤未辟算先龄。挥麈曳杖长松下，披卷惊看高士画。欲动未动写天机，一元从此便浇漓。二气相生化五行，天地万物个中生。清浊瓜分太极裂，洪纤种种面皮别。伏羲文王演卦德，不将六爻判黑白。嗣是孔门立词宗，言言著字说中庸。造化本忌泄元秘，何必咄咄谈天地。颦蹙延伫不忍看，看罢各各成长叹。于今若能起此老，责令从此莫乱道。

（见明毕木《黄发翁全集》卷一，清嘉庆十三年毕丰增等刻本；见《四库未收书辑刊》第 5 辑，第 22 册）

王秋澄选部二札

郑汝璧

伏承报札，恍焉面命。不佞山居十年，出处之间颇亦自审。窃谓士君子处则修己缮性，须涤念于荣枯；出则一志奉公，宜忘情于利钝。以故杜门却扫，绝问长安，误辱推毂，忽起陈人。矢图报答，以白平生，此其时也，亦其心也。初起井陉，老亲在侍，疏控逡巡。继闻调命，即日就道，意欲随地练磨，用觇实际，敢辞艰远，令窥行藏，且贻避事之诮乎？自四月入境以来，提衡将吏，推心披胆，觉有一种精神，心诚求之，不敢谓无寸裨。惟是绝塞苦寒，恐蒲柳不能禁尔。顷阅邸报，叨推中州督学，固知庙堂不我鄙夷，深用感激，然汗下息且悚矣。夫边臣职在备边，岂军旅猥曰未学，而造士辄谓能之乎？文武为宪，妄及幺么，只增愆戾耳。恃爱敢布腹心，倘容其毕力防秋，少效万一大计，幸脱微庇，得归省养。不惟愚分获安，即事体亦妥。惟门下亮之。

又

适接邸报，知门下以举直谠言忤旨而夺之官，不佞不胜错愕。夫以门下之砥节壹志为国，遑恤其它，贬殛流窜，知不足为门下怵；以门下之精诚，直信本心，力扶世道，浮名峻誉，知不足为门下荣。一身似叶，千古为龙。即不佞猥鄙，亦无效谀于门下，而顾耿耿深为世虑也。盖自近来门下正色立朝，镜衡庶品，主持公议，大称物情。而仕路渐清，正人汇进，中外喁喁，且有太平之望。乃今一不当上意，倏然去国，雷霆震慑，黄阁难于调停，省署难于批逆。即后贤相继，展布惟艰，正士惨颜，材臣束手，宁不增杞人之忧乎？知门下亦重为斯念也。若不佞私衷，则尤怦怦动焉。窃闻知人者与知于人者，交相重也。不佞鹿鹿无状，门下不以为不肖而推毂之，谬称知己。今门下有芳举，天下以为华，而不佞得称于人曰："此知我者。"是门下为不佞重，而自惟株守块立，上之不能伏阙鸣阍，冀回天听；次之不能解印相从，趋步高躅；下之不能展筹树绩，出万一之奇，以徼尺寸，不贻门下齿颊之羞。是不佞无能为门下重，而徒引门下为重也。虽然，丈夫相知以心，浮沉何与。不佞敢不勉图，倘微惠在公，宁计利钝！不者，返我初服，缮性葆和，无失故步，是所为报耳。握叩无繇，中心怅结，辄驰布下衷于执事者，不敢效世款语，惟门下崇鉴。

（见明郑汝璧《由庚堂集》卷三十三《书牍》，明万历刻本）

敕赠户部主事王公配封太安人尹氏合葬志铭

张敬

盖计部君十四，公属予问《毛诗》义。越二年，而公殁。殁十九年，赠如子官承德郎，封母太安人。今上辛巳，君督漕税，使竣，比庐而太安人赴焉。君跣归，将启圹奉太安人合葬，以状乞予铭。

嗟乎！知予孰与公，又孰铭俞予当公也？公讳珏，字天禄，有祖纲者生文，文生三子，长琏，次即公，次珂。公少时，父诬之旁郡逮卒人，孺子之夫安能以其尸来顾百里也者。公愤泣："吾不扡豪白父冤状，暴骨莽，焉令甘心，我以尸为解也。"徒跣之父所，以舆衬返而里中壮之矣。乃伯兄殁逆旅，公泣曰："夫不宁赫然原隰，吾脟之而吾收之不人，无乃挟口舌不弟畜我衔，以其兄为怼乎？"已与之孤，产废，辄复予产，藐诸之谓何？令操质行游，博偿数负进，犹之攘产耳。邑豪相矜以窌粟，比凶，息什之。属岁侵，公窌粟数千斛，诸乞籴来者意幸不腾跳取直，财阔狭，受粟不屑，概为赢而已。公慨然曰："而属将榆粑□淖不膏鍑，幸时诎贾厚直，犹然操鼓，不以衡丐人，谁谓乃翁长者？吾义指窌所粟贷乡人之急者矣。"众喜，请要期，曰："而孰一偿我？"已辄举籍焚之，曰："吾特哀其穷，收之更戛焉。数齿期入粟我，此指市困家，贾好为名施耳，吾不用也。"盖活几千人云。

公友爱，与弟居且老，属从子分异，公让产取敝恶具。柄家数十年，所无私钱。弟夜以帑亡，人谓公："而子椎不尝繇事，此独其计亡，女亡若跳身反挈产售里中豪，不乃子博逋租数十，不阙产，将焉取之？"公泣谓："弟老而亡，赖子揆之。亡我在也，而人不藉吾弟。若夕亡之，计吾必朝亡之，弟必不然。"乃代入租县官田焉。往谓弟："何累累者硕乎？趣归，刈尔禾。"归，句锬在涂，瓯窭满篝，讫不亡一秉也。里习公急人，不以亡为解，乃墒不任耜田，辄要取左券去，人微言，公曰:“籍第令穷归，我不周之，即派离犹是任也，不以愈乎？”公时钞麦禾，亡其兽，微得贼磋，语侵公。公曰：“吾不能窘女，第怜而壮士活女。”辄去其贼，贼亦感泣，不忍犯。尝行禾，见绝塍穿田间，详为不瞥也者而过之。有坏畋跞封树驰者，第曰:“荏不絓女邪？”其为长者如此。先是，公食贫，而太安人尹氏归公，属姑瞢为揣旨所意，好洁炊进，姑餍然。它叔姒其姑不尝食，太安人更具进姑，又未尝不饱也。计部君以事使戒之曰:“人踣黠，何得出一型？亡问所当罪，冯怒而挞之，血殷于堂。若燥楚溽肉何，而无奘威以挤人于死哉？”

公生弘治庚戌十月十二日，卒嘉靖丁巳十月十八日。太安人生弘治甲寅十二月十三日，卒万历辛已八月初七日。子三人，曰政，省祭官，娶毕氏;曰敬，娶张氏;曰教，即计部君，娶许氏，封安人，继娶李氏。女三人，其适魏进忠、梁一性，出太安人，适袁巍则别一赵氏出也。孙男十人，所任，娶赵氏;所贤、所士，邑诸生，贤娶刘氏，士娶苗氏；所序，娶国氏；所懋，聘尚氏；所予，聘丘氏；所乐，娶沈氏；所命，幼未聘，敬出；所明，娶韩氏；所俊，幼未聘，教出。孙女二人，一适彭氏，一幼未字，敬出。曾孙男五人，霈、霁、霄、霡、霨。曾孙女七人。予惟偷儿微耳，亡麦禾，已复侵之恶语，至穿田拥树，驰莫敢谁何，若荼人然。一僮子重茧趋百里，收其父与捐数千斛粟，乡人不难折券弃去，又何偶傥健丈夫也。弟亡不即我，我则何有于弟？而倾产偿若租以自折其计，能孰禁焉？即饿殍出诸沟壑，乃攘弟使糊其口于四方，非夫也，安在身见苦为生难重弃财哉？醉酗诟辱，子攘臂往，人情孰不雄其子？太安人则谓:“而父尺箠不及奴竖，若之何健斗也？”及振施，务从臾佐子，处其厚，不悍于斗，悍于义。悍于斗则亡，悍于义则强。卒用季子将漕最，被之荣命，有德司契，盖自今记之矣。为铭。铭曰：

孰是棘而收之？而父之尸是僥。孰是推而哺之？而夫之受是隍。不偷之基，而贯是便；不亡于感，而斸是田。乃奕其阡，有怀二人。

（见明张敌《仪部张先生文集》卷下，明万历四十三年张至发刻本，国家图书馆藏）

祭王太恭人刘母文

张敌

嗟呼！予以太恭人庄抚有王氏昌而室见，谓胡天钟之美，乃太恭人德，俾克祚家，胡为乎淹数之度，乃造化亦攔之，不能自慭于恭人邪？王公郎比部，恭人操苦佐之，劚曹务，时令甲狱疑谳有司，有司文致罪于人，心不厌，郎从中复之，盖平反亡虑百数十章矣。比行囚中州，太恭人谓："刑惟恤，非乃益淫。若之何不服念要囚，俾五丈夫号梧台之下为也。"公临河湛焉，曰：予所不抉微文巧诋，囚乃来货家私狱两辞，宁惟简书污蔑，将夫人是辱，所活人以万数。时侍御君午角娭戏，谁能攫去？儿好弄从，嚄唶师塾上下，恭人不谓昵也者，督就学，用能第进士，入直台中。往视鹾，訾商橐行万金请河盐，侍御君令一切眂中第，掣诸豪贵，抵不受也。则何异母手絙起数十百家，折券自废矣。浙故劫，匿文自扞，豪右数□弄直指抵罪去，乃抗法绝造请，吏民重足一迹也。盖严母氏兢兢无惰。《官箴》云：嘻！床笫是狃，何能以夫争法。挺囚而列其名，则胡以称妇狎？成势怠骜，将豸是蝚戏，则胡取号母？以其子柱后惠文行殿中也。恭人相夫夫显，学子子遂，其以匹敌古今，其谁能二之？比者以侍御君得晋秩二千石，如夫封号之曰恭。夫庄淑婉听，重之以恪勤，赫赫王氏俾簪韨世及，不替前人，可不谓恭乎？夫令名载而行之，恭人其何朽之有？

先是恭人病，君引疾杜门不朝请，恭人强饭，遣季子之邸趣君："予何恙？不已堕军实而长寇，若王命何？"君乃出行营。亡何，讣至。君脱右髦投地，呼曰："天乎！吾安得阿母而生之而语之！"予若属与，有葭莩之戚，哀恭人之亡，悲怆歔欷而不能已于情也。有不腆之币，敢藉手献御者，非襚袭是称，惟绞不纽是摄。呜呼！恭人庶几其鉴之哉！

（见明张敬《仪部张先生文集》卷下，明万历四十三年张至发刻本，国家图书馆藏）

祭王太恭人刘母文

张敬

呜呼！太恭人眂予何异侍御君，予何以报太恭人而哭吾私也？予与君戊午劝驾上，不第落魄，亡异狂生。侍御君见，谓非狂生。数过君，君投辖与饮，日夜仰榷商雅，下薄汉魏皇坟竹冢之奇，谈洞发倾四筵。已，命意探奇为句，穿天心月胁，极力恣所穷搜，得浮白大欢，犹攫夜光、抉骊龙之吻然。连浃旬日，太恭人戒令婢供具数击鲜，不谓狂生厌也者。乃侍御君不丐归予，以予穿大壑、步溪、抵谾谷，怪石蹲伏，泉潺湲出石空间，岩花夹水澮澮也。君跖石距跃三百射予，予明瑗、张仲檐两鱼而笑。太恭人趣异酒迤之，佐两人欢，终不以生狂醉剧游，令侍御君泽剑首视日也。辛未，君再上，予怂恿从君。太恭人使遗酒糒邸中，予坐而食太母之赐，犹子也。君如曰橥床龟簏，浮景而跐万里；予辟于驹蔑，蒙踊腾而狂趡。君如清角降物，玄鹤集乎廊门；予丁宁淳于，戛然鸣蠼豸，蠕动纡余而不能去也。

君辛未第，予丁丑乃厕名南宫，太恭人欢谓：“生与侍史如一局，子往随儿游，豪杰相命。乃者挟鹿卢床，并马燕市，宁惟大志推吾儿邪？”予眂太恭人如母氏，太恭人字予逾骨肉，无异子。予何以报太恭人哉！

嘻！掭足昵鸽，孤忠表烈，娱宾揃鬌，绥乱降戎，古贤母之以其子显也。然侍御君名烈烈著台中，叔氏擷英苞雅，批百氏将哜其胾。季氏渊渟混霤，如赤日射承露掌，光旭而有曜，玑圆而注荡不可御。群孙颖秀卓荦，出愈益奇。王氏滋日大，太恭人泽世世未艾也。固天所以报太恭人哉！

日者卜新兆封，有曰：予儿至发实惟孙婿，行以日不给，不获供蜃车之役，堇束帛遣一介奠太恭人。呜乎！尚其飨之哉。

（见明张敬《仪部张先生文集》卷下，明万历四十三年张至发刻本，国家图书馆藏）

著录提要

《中国古籍总目》著录

集 20207781

铨部王先生文集二卷诗集一卷修县志小序一卷　明王教撰　明王所明编　明万历四十四年张至发刻本　国图　北大

集 20207782

秋澄诗集一卷　明王教撰　清蓝格抄本　山东博

（见中国古籍总目编纂委员会编《中国古籍总目·集部》，中华书局 2012 年版，第 658 页）

《山东文献书目》著录

王绍曾

铨部王先生文集一卷诗集一卷　（明）王教撰　明万历四十四年刻本（山艺作铨部王先生诗文集，不分卷，善本提要著录美国国会图书馆藏明万历间刻本铨部王先生诗集一卷修县志小序一卷）　山艺　省图　善本提要

秋澄诗集一卷　（明）王教撰　清抄本　善目　省博

（见王绍曾主编，张长华等编辑《山东文献书目》，齐鲁书社 1993 年版，第 351 页）

《山东通志艺文志订补》著录

徐泳

铨部王先生诗文集三册

王教撰。教有《淄川县志》，见史部地理类。《笔谏堂书目》载是集云："万历丙辰刊《县志》载张延登《秋澄王公祠记》云，国朝作者，自北地李献吉后，气格渐以委靡。嘉隆间，历下李于鳞大揭旗鼓，属辞比事，非先秦两汉语，只字不入口吻。后生小学至不能句读，则相率以为怪，而实未尝见其书也。公自为诸生时师同邑大儒仪部松石张公，相与追慕于鳞之为人。今试取其作窜入《白雪楼集》中悬国门，有能办其非一手者乎？'诗声响风骨'，亦骎骎大历以前佳者。'峨眉天半雪'，不减济南奇绝处。其师友渊源，学问该博，有如此者。"

［订补］现存：①明万历四十四年河南巡按张至发刻本（作《铨部王先生文集》一卷《诗集》一卷附《修县志小序》一卷），山东图、青岛图、台图藏，见《山东名录一》《国善志》。②清光绪刊本（作《铨部王先生文集》二卷《诗集》一卷，三册），见《求恕斋书目》。《续提要》著录《铨部王先生集》二卷，提要略云："此编凡诗文各一卷，均以体类次。首有万历四十年同邑毕自严及西极文翔凤序文，后有万历丙辰巡按河南监察御史张至发后序。卷前题'王所明汇辑，甥张至发校梓'。今集中多载序、记、祭文、志、传，皆酬应不经意之作；而于出处经纬、疏草奏章，独不见收。文集后《附修县志小序》三十三则，盖教晚岁居乡里时，尝佐邑令朱万春重修邑乘，慷慨论列，颇多直笔，凡所部居，具详引言。今万历刊《淄川志》世无完本，得此亦足觇其大要矣。"

补《秋澄诗集》一卷

王教撰。现存：明钞本，山东博藏；《山东文献集成》影印。

（见徐泳著《山东通志艺文志订补·集部》第 1 册，山东人民出版社 2016 年版，第 229 页）

《明代版刻综录》著录

杜信孚

张至发，字圣鹄，淄川县人，万历二十九年进士，玉田县令，河南巡抚。

铨部王先生集不分卷修县志小序一卷，明王教撰，明万历四十四年张至发刊。

（见杜信孚纂辑《明代版刻综录》第 5 册，江苏广陵古籍刻印社 1983 年版，第 19 页）

《河南省图书馆古籍善本书目》著录

刘中朝

铨部王先生文集二卷诗集一卷 （明）王教撰
明万历四十四年张至发刻本
五册
九行二十字，白口，四周单边，单黑鱼尾

（见刘中朝主编《河南省图书馆古籍善本书目》，吉林文史出版社 2009 年版，第 247 页）

淄川县志提要

民国《山东通志》

《淄川县志》，王教撰。教，字子修，号秋澄，淄川人。隆庆辛未进士，官吏部郎中。泰昌初，赠太常少卿。乾隆丙申《淄川志》载毕际有旧志序云："三修于万历癸卯，执笔者为邑王选君秋澄先生。"或谓先生止作各卷小序，余则多仍旧贯也。

（见民国《山东通志》卷一百三十三《艺文志十》）

铨部王先生集提要

赵万里

铨部王先生集二卷，明万历刻本。

明王教撰，教字子修，号秋澄，淄川人。隆庆辛未进士，授户部主事，改考功，寻谢病归。后起考功郎，选文选司郎中，卒赠太常寺少卿。事迹具详河南监察御史高举撰传，见本集卷首。

此编凡诗文各一卷，均以体类次。首有万历四十年同邑毕自严及西极文翔凤序文，后有万历丙辰巡按河南监察御史张至发后序。卷前题"男王所明汇辑，甥张至发校梓"。教以清介著称，佐计曹，榷崇文、浒墅税务，曰冰檗无染。转铨衡，正直端亮。及补考功，历选郎，剔蠹稽实。曾上疏起废谏官，负谤罢官，有古直臣循吏风。今集中多载序、记、祭文、志、传，皆酬应不经意之作，而于出处经纬，疏草奏章，独不见收，何耶？诗宗少陵、昌黎，毕自严谓教服膺李于鳞，其诗高者凌太虚，秀者夺万色，未免阿其所好矣。七言古风如《觅石南山堕马》《和崔学博登黉山》《观韩克从射》《题召侄围屏》《止讼者》诸什，疏俊有致，托体尚高。至近体五七言，则轻荡庸俗，了无新意，未足以语于大雅也。文集后附《修县志小序》三十三则，盖教晚岁居乡里时，尝佐邑令朱万春重修邑乘，慷慨论列，颇多直笔。凡所部居，具详引言。今万历刊《淄川志》，世无完本，得此亦足觇其大要矣。

（见中国科学院图书馆整理《续修四库全书总目提要（稿本）》第25册，齐鲁书社1996年版，第102页）

袁藩集

前　言

一、生平概述

袁藩（1627—1685），字宣四，号松篱，淄川（今淄博市淄川区）人，与好友蒲松龄、王士禛均为一时作手。袁藩身处明末清初，历经时代巨变，加之仕途多艰，命运多舛，其诗词可谓穷而后工。因现存可供考证的材料不多，我们只能借助袁藩《敦好堂诗集》（残存四卷）、友人毕际有的题词与《袁孝廉传》（残存片段）、《淄川县志·袁藩传》以及蒲松龄等人的唱和诗词，对袁藩的生平和心路历程得以概要的了解和大致的勾勒。

（一）家庭巨变

天启七年（1627），袁藩出生于一户富裕人家。少时就读于周村崇祯进士、陕西巡抚、降清后官至刑部尚书的李化熙家中私塾（魏传来《"镜友"袁藩》）。乾隆《淄川县志·袁藩传》云，袁藩"工翰墨，善谈笑。少时辄为宋元词曲，读书精于搜讨，名山石室之藏，购求装潢不遗余力"。大致可知袁藩年轻时喜爱词曲，钟情收藏书画古玩，表现出浓郁的文人趣味，与孜孜于时文、一意谋求功名、专注于仕宦者颇不同。这既是其后袁藩科举之路多艰的一个重要原因，也是其自少至老浸淫于诗词而取得较高成就的重要条件。袁藩的诗词既是其心路历程的艺术化写照，也是其人生境遇和社会事件的忠实记录。

顺治十六年（1659）七月，爱子不幸夭折，袁藩悲恸难抑，作《哭子》诗以志哀，其末四句"骨肉无缘野土尽，死生有觉梦魂痴。他年我若寻儿去，地下儿多地上儿"，可谓句句是泪、字字如血，读来尤令人伤痛。

丧子之痛未愈，又遭丧妻之痛。康熙元年（1662）六月，其妻离世，袁藩和泪作《立秋夜写怀三章》《悼亡六首》《妻亡后无以为奠，搜得储醽一瓶，是亡妻手藏者，已三年矣。味甚醇列，乃成一诗，侑而酹之》《志感》《亡妻五七成咏》，长歌当哭，字字带血，喷涌而出，痛彻心扉。功业杳渺无成，而子女、妻子先后病逝，天地无情，人生之痛，孰大于是！

接二连三的生死离别的打击，使袁藩身心俱疲，憔悴不堪。康熙二年（1663）春，梅花盛开，一派生机。而袁藩情绪低落，心中无限伤感，其《春日》

云:“惆怅春风事可哀,旧时帘幕掩尘埃。幽窗尽日无人到,多恐梅花不忍开。”一怀惆怅，满腔伤感，颇有“感时花溅泪，恨别鸟惊心”之感。《梅花盛开有感》亦云：“寒食梅花大纷放，主人对此增惆怅。”花正盛放，人倍惆怅，以乐景反衬哀情。在此心境下，即便端午佳节，亦令人伤感。《五日》云：“须知薄命丝难续，总为离忧鬓已霜。佳节自怜情黯黯，几思投赋托潇湘。”六月，又至亡妻周年忌日，悲恸莫名，作《亡荆忌日作》:“今朝与汝一年别,为鬼为人两不知。无梦肯来成暂语,伤心瞥去已周期。遗儿三岁迎坟拜,潦水千层绕岸悲。回首几年销病骨，泉台翻幸得如斯。”身乃伤心人，诗为伤心语，身世诗词两俱悲，无声凝咽唯泪飞。

（二）考中举人

康熙二年（1663）秋，袁藩已三十七岁，年将不惑方考中举人。这应是在子亡妻逝的悲惨岁月里颇可宽慰的一件快事。然而，在其诗集中竟无一语道及，这其中的原因及况味令人沉思。会试高中得官，是古代文人的普遍梦想，袁藩亦概莫能外，其作于顺治十六年（1659）的《送友人会试》云“大孝当于此，及时报所生”，即将会试高中作为报答父母之大孝。然而造化弄人，才丰遇啬，康熙三年（1664）春，袁藩首次参加会试不幸落第。此后多次参加会试，均名落孙山。

（三）家居及应试

袁藩带着怀才不遇的失意离京返乡。时至端午，袁藩至章丘，借游览百脉泉以散抑郁。此时心绪悲伤落寞，面对胜景反更黯然神伤，乃以“被发行吟泽畔，颜色憔悴，形容枯槁”（《史记·屈原贾生列传》）的三闾大夫屈原自况，其《五日宿明水镇游百脉泉六首》序云：“余潦倒支离，正不减三闾大夫憔悴江潭，岂不悲哉！”

返乡后，孟冬时节，袁藩续娶。除夕，回顾本年，袁藩百感交集，作《余数年来，除夕率皆有诗。终岁攘攘，此夕闭目回观，一自参想，为悲为喜，各有妙处，未可言传。故嬉怒皆可存，而纯疵不必删也。既岁幸有室家，而悲闷似不堪语。独念两大人双寿古稀，弄孙为乐，是可喜也，乃识之以诗》，对此年行踪及心态做了较为概括的描写，诗中有“嗟予失志人，对尊不可泻”“忆自春官罢”“潦倒客中辔”“贫者士之常”“古研守空斋”等语，其失意之情，溢于纸上。

康熙四年（1665）春，袁藩居家，整理家园，栽植花木，有《谢李思燕惠柏栽》《觅芙蓉栽》《觅菊栽》等诗记此。夏，出游福山西北之风山。重阳节，过似懒园，因主人孙琰龄外出，于是至泷水宿孙玉协家。除夕，感慨年届不惑，复作《除夕》诗以志感，自注云："杜诗云：'四十明朝过，飞腾暮景斜。'予年适如之矣。"时不我待而功业无成之憾，深蕴其中。

康熙五年（1666），袁藩出游安徽、江苏、济南，《再游采江饮谪仙楼》《登万寿寺昆卢阁》《泊舟慈姥矶》《登燕子矶》《济南赠安静子》《游莱州神山洞》等诗记其游踪。重阳节秋雨潇潇，袁藩独坐小斋，检阅数年来友朋投赠之诗，兼加汇集修订。

康熙六年（1667）春，袁藩赴京参加会试，又不第。

康熙七年（1668）春，幼子四月夭折。袁藩作《哭子》二首，情悲意痛，淋漓而出，如"桃花开渐满，终觉不曾春""壮年悲失志，幼子复凋零""掩涕愁开镜，知添两鬓星"，诗人之悲恸心境与坎坷命运令人唏嘘。又作《忆子》，痛定思痛，悲从中来：

> 晚岁惊心失幼儿，临风一恸血凝丝。哀孙忍下双亲泪，哭弟能禁稚子悲。已弃余魂归野土，犹疑未死卧空帷。无缘何必生相结，嬉笑窗前得几时。

此年夏，淄川发生大地震，乾隆《淄川县志》卷三对此有详细记载："七年六月十七日，地大震，裂城墙八丈，摇落垛口一千三百九十一，城内坏官民房五百五十七，乡村坏房屋无算，压伤人畜死者四人。"袁藩作长诗《纪异》记此，以诗代史，与蒲松龄《地震》并列为中国文学史上描写地震的佳作。

秋，族兄美公去世，袁藩作《哭族兄美公》吊之，中云："薄命文章拙，中年骨肉亲。"人至中年哀痛多，自伤不已泪滂沱。面对亲人相继离世，袁藩伤痛不已，对生命的消逝有着刻骨铭心的记忆。彼时所养金鱼死亡，袁藩又增痛苦，作《葬金鱼梅树下》。不久，噩耗又至，同学暨好友苏若佩离世，袁藩作《哭苏若佩同学十六首》以吊之，其五云："自是人间有不平，十年鏖战未成名。泉台莫更谈文字，只恐雄文鬼亦惊。"其十云："造物何悭四十春，卒年三十九，韶光转眼即成尘。可怜年少称才子，空作黄泉下第人。"其十六云："半生忧患苦相煎，好友别离更惨然。今日苦君无觅处，谁穷碧落与黄泉。"可谓伤人更自伤，俱是世间失意人。

（四）羁旅漂泊

康熙九年（1670）五月，表兄韩贯四以中翰出任潞安郡丞，请袁藩前去帮忙。袁藩因母老子幼、违制远游，内心伤悲，作《鸰音》组诗（《敦好堂诗集》卷三》）以记其心曲及羁旅所见。“终年成扰扰，除夕暗神惊”（《除夕》），是对此年心境的最好概括。

康熙十年（1671），中秋，为其亡父忌日，作《中秋是日先君忌辰》，中云：“万古中秋月，今宵独可怜。无心看素影，有泪洒黄泉。”倏至除夕，回顾本年，袁藩感慨良多，所作《除夕》三首最能表现其内心况味。

康熙十一年（1672），三月，袁藩客居济南。自康熙二年（1663）秋考中举人至今，忽已十年。十年间，功业无成，四处漂泊。袁藩作《秋日写怀用安素中韵》四首极尽抒写这一心情。失意落寞，愁肠百结，读来令人怅然若失。除夕，袁藩回想本年，企盼明年会试成功，作《除夕》以表心志。

康熙十二年（1673），袁藩赴吏部参加官员选拔考试，考取候补知县，实际上一生都未得实职（郭大均《袁藩》）。再次参加会试，又不第。久考不中，心绪低落，从其归乡后所作《长歌送王生入都》可略窥一斑。家居期间，心情仍久久未能平静。其《秋日感怀次毕载积先生韵四首》淋漓尽致地表现了落寞凄凉之心境。其一云：“此生端合老渔樵，感慨春明忆旧僚。寂寞一灯迟夜月，艰难双泪滴清宵。”其二云：“惜将文字全成错，笑把功名太认真。意义千秋空我辈，漂零十载复谁论。”其三云：“我已灰心同槁木，谁能洗耳枕名泉。”其四云：“年来傲骨全消折，手拄双颐望远山。”

（五）修订县志

此年夏，因朝廷命各省续修省志，山东布政司命各县修县志以备采录。当时谢疾家居的刑部侍郎高珩与翰林院检讨唐梦赉商议，由唐梦赉董其成，礼请罢官家居的毕际有与举人袁藩修订县志。这是继前次万历三十一年（1603）王教修订县志七十年来的一次新修订，为慎重起见，毕际有、袁藩、唐梦赉共集于高珩的候仙园，仔细商谈了十日。袁藩有诗《候仙园》《留别念东先生次原韵》记此事。随后，袁藩至毕际有家，在其石隐园开始共同修订《淄川县志》。毕际有，字载积，顺治乙酉拔贡，历任山西稷山知县、江南通州知州，有善政。康熙二年（1663），因解运漕粮积欠，罢官归里。所著有《存吾草》《淄乘征》行世，而纂修郡邑两志，其援据之功尤多（乾隆《淄川县志》卷六《毕际有传》）。修订《淄川县志》历时近半年，至冬完成。毕际有《县志旧序》详记此事。

在石隐园修志期间，袁藩作诗多首，如《石隐园雨中》《石隐园夜坐》《秋日感怀次毕载积先生韵四首》《陆砚歌为载积先生赋》《奉怀石隐园主人四首》《赠毕孝先先辈》《述怀时客石隐园修邑乘》《修邑志成别载积先生东还》《戏成二绝再呈载积先生》，俱见《敦好堂诗集》卷三。

（六）出游及应试

修订县志结束后，袁藩入莱州，经胶东，过平度，历景州，入京，寓金鱼池侧寺中。在京，梦友人毕际有（《寓中梦毕载积先生》）、送长兄袁绰早朝（《送裕如大兄早朝时补临淮令》）。此期，身虽在京，心常思归，心绪颇不宁，所作《自警》颇能揭示其心曲："长叹百忧集，悔作浪游子。……如何燕云道，迫人来帝里。……乾坤忧震荡，官海迷生死。……归思未有涯，泪落不可止。出处莫轻谈，达人须穷理。"

据袁藩《敦好堂诗集》卷三、卷六，可推知卷四、卷五当记载其康熙十三年（1674）至二十年（1681）八年间行踪。惜今本《敦好堂诗集》卷四、卷五缺失，故袁藩此段具体行踪暂付阙如。大致可知，康熙十五年（1676）及康熙十八年（1679），袁藩两次赴会试不第。又据《蒲松龄年谱》，康熙十六年（1677），袁藩偶得秦镜，遂作《咏镜》，遍示同人，请求唱和，"一时和者累累，刻《古镜诗》行世"（王培荀《乡园忆旧录》卷一）。今见存王士禛《秦镜词为袁松篱作》、高珩《秦镜为袁松篱作三首》、唐梦赉《袁松篱秦镜歌》、张笃庆《秦镜歌为袁松篱赋其镜得自海上》，一时唱和盛况，可窥一斑。

康熙二十一年（1682）春，袁藩再次赴京会试，不中。前后历时近二十年，屡战屡败，壮志难酬，回首前尘往事，不禁感慨万千，悲从中来。王士禛《池北偶谈》卷十八《谈艺八》云："淄川袁孝廉松篱藩，名士也。以康熙癸卯冠礼经，壬戌尚困公车。闱中赋诗云：'二十年前古战场，卧听谯鼓夜茫茫。三条画烛连心爇，一径寒风透骨凉。苦向缁尘埋鬓发，凭谁青眼托文章？明宵别后长安月，偏照河桥柳万行。'武康陈孝廉兴公之群吟之，至泣下。是科袁竟下第。"

（七）家遭水灾，客居天津

袁藩落第归乡后，意兴阑珊。祸不单行，六月二十二日夜暴雨，袁藩屋庐竟为洪水所淹，藏书亦被冲走。袁藩作长诗《水难》状其情貌。友人蒲松龄作《袁宣四水没居庐戏而吊之》："万卷漂流一舍孤，断垣荒址尽榛芜。

文君自有春山恨，况并当年四壁无。”（盛伟编《聊斋诗集》卷二乙丑）以戏谑之语表宽慰之情，读来别有意味。

家中因水灾毁坏严重，八月，袁藩遂赴天津谋生(《至天津》)。功业无成，家园难居，寄寓他乡，怎不生悲！浓重的悲凉，充溢于此期诗作中。如《杂感》其二云：“壮志几曾酬马革，穷愁偏是泣牛衣”“失意半生甘落寞，可怜弹铗竟无归。”其三云：“人同老骥思千里，身比鹪鹩愧一枝。莫向高原怀故国，惊涛处处不胜悲。”

康熙二十二年(1683)，袁藩仍居天津。自去年来津，倏已二载。作《除夕》，感慨“两度天津守岁人，数茎白发又惊新”，又故作达观之语，以自我慰藉。

康熙二十三年（1684）春，袁藩离开天津，作《留别天津诸友》。返乡，至高珩、唐梦赉于城西傅家湾所立之放生矶，作《放生矶八首》，充满还乡之欢欣悠然。

（八）赴石隐园校订文集，与蒲松龄交游

康熙二十四年（1685），出访友人孙树百，拜访高珩候仙园。又应毕际有邀请，带病赴石隐园校订其父毕自严《石隐园集》。袁藩诗集卷六《重寓石隐园作》《园中第二首》《石隐园对月二首》《李义山集中有〈赠稷山驿吏王全〉诗“绛台驿吏老风尘，耽酒成仙九十春。过客不劳询甲子，惟书亥字与时人”。原注“全为驿吏五十六年，人称有道术，皆赠以诗”云。载绩先生前为稷山令，近得一古钱，背铸“亥”字，与此诗有合，因用其韵奉赠》《石隐园苦雨步载绩先生韵二首》《病起有感再用西仲韵二首》《新秋过毕信步先辈斋中看古镜，作歌识之》《石隐园杂咏五首》《中秋前二日晚坐石隐园拟明日暂归二首》《赠毕公权西行》《石隐园壁上唐太史题诗三绝，余客园中者累月，未及属和，病甚东归，肩舆喘息，深思不复再登此园，用韵率成志感。时，主人手植桂花盛开，末缀一章，盖自惜也》诸诗作于这一时期，记事志感。毕际有《编次袁孝廉敦好堂集题词》亦回忆道：“忆当乙丑（1685）夏，余方有校刻先集之役，松篱力疾来践宿诺。时往时来，茶铛药鼎，声相杂也。”与家人共度中秋后，袁藩带病又至石隐园，一天后即病体不支。毕际有急忙派人抬肩舆送归。临别之际，袁藩呻吟呜咽同时并作，嘱托毕际有录存其诗。回家月余，含恨离世。

值得一提的是，袁藩在毕家石隐园校订文集的几个月内，与自康熙十八年（1679）起设馆于毕际有家的蒲松龄朝夕相处，诗词酬唱，结下了深厚友情（邹宗良《蒲松龄年谱汇考》山东大学博士学位论文，2015年）。

二人遭际相似，志趣相投，又兼富文才，遂频频诗词唱和，留下了一段淄川文坛佳话。

袁藩集中今存《谢蒲留仙问病》《水龙吟·雨甚慰蒲留仙即步元韵》《临江仙·奉和蒲留仙韵》三首唱和词，蒲松龄集中则今存《苦雨柬袁宣四孝廉》《登千佛山眺远同宣四作》《袁宣四得古瓶诗以艳之有序》《花朝同宣四联句》《木兰花曼·早春听雨和袁松篱》《木兰花曼·新月和松篱》《木兰花曼·残月再和松篱》《大江东·新秋月夜病中感赋呈袁宣四》《贺新凉·喜宣四兄扶病能至挑灯伏枕吟成四阕用秋水轩唱秋韵》《贺新凉·读宣四兄见和之作复叠前韵》《贺新凉·喜雨并寄赠宣四》《一剪梅·戏简宣四》《临江仙·送宣四东归》《绿意·咏芭蕉和宣四作》《钗头凤·中秋前雨阻宣四不得归戏作此将寄之闻已冒雨行矣》《瑞鹧鸪·中秋怀宣四》《蝶恋花·涉石隐园怀宣四》《沁园春·闻宣四病笃》《念奴娇·挽宣四》《哭宣四兄》等多达二十七首唱和诗词，其中词作达二十首。另外，蒲松龄《聊斋志异》卷二《龙》、卷十二《古瓶》所记奇事异闻俱与袁藩有关，卷七《商妇》《阎罗宴》二则注明为袁藩讲述的故事。在袁藩生命的终点，与才士蒲松龄的人生产生密切的交集，成为袁藩落魄人生的高光时刻。知己酬唱，乐何如之！

二、诗集编订及诗歌成就

康熙二十四年（1685）九月，袁藩去世。逝后三周年，毕际有遵照袁藩遗嘱，为其编订遗稿，结成《敦好堂集》六卷。毕际有《编次袁孝廉敦好堂集题词》云：“延至丁卯（1687）春，始取而详阅之，则松篱之自为铨定者未尝不厘然秩然也。其曰《锦研斋诗》者，自戊戌（1658）迄癸丑（1673），而壬寅（1662）有《涵烟草》，丙午（1666）有《纪游诗》，庚戌（1670）有《鸰音》，即《潞游草》也，皆各有专本，未入其中。其曰《敦好堂诗》者，盖起于甲寅（1674），云是年有《游东莱诗》，乙卯（1675）有《南游杂咏》，庚申（1680）有《远游草》，甲子（1684）、乙丑（1685）诸篇则皆以片纸脱稿，颇经点窜，未有缮本耳。余乃挨年编次，一一为清出，凡得诗一千五百，亦云夥矣。又诗余二十七、杂体古文词仅十六篇附焉，共录为六卷，其他捉刀之作尚多，则未遑概录。《锦研》《敦好》皆不著，所谓故从其后者，统以‘敦好堂’名集云，诸原稿则仍椟而归诸其冢君。”

袁世硕先生指出：“《敦好堂集》后来未能刊行，今仅见一部基本完好的旧钞本。”（袁世硕《蒲松龄事迹著述新考·蒲松龄与袁藩》，齐鲁书社1988年版，第177页）袁世硕先生曾借阅袁藩《敦好堂集》原钞本，悉心收藏，待局势稳定，图书馆业务恢复正常后，他将书籍全部‘完璧归赵’”（周雁翔编著《名人与图书馆的不解之缘》，山西高校联合出版社1995年版，第187页）。不知何故，今所见山东省图书馆藏清三十六砚居钞本袁藩《敦好堂诗集》，已残缺，仅存卷一、卷二、卷三、卷六及诗余。该钞本2007年已由《山东文献集成》第二辑影印出版。经核查，卷一有诗264首，卷二有诗169首，卷三有诗140首，卷六有诗140诗，合计873首。诗余部分有词26首。以毕际有编次时六卷共1500首诗来推算，则卷四、卷五应有诗600余首。含诗600余首的卷四、卷五，是否存于天壤间，今竟不得而知，令人叹惜。另，毕际有提及的杂体古文词十六篇亦未见。作者袁藩、编者毕际有若泉下有知，不知作何感慨。

毕际有编次《敦好堂诗集》，云“凡得诗一千五百，亦云夥矣”。袁藩实际创作诗歌数目，当不止此。尽管袁藩自谦“余不娴韵语，间一为之，不可存，亦不欲存也”（《敦好堂诗集》卷一），其实长于诗歌，“凡山川所历，无不托之歌咏，抒其胸臆”（毕际有《袁孝廉传》），至以诗歌为精神寄托，视诗歌为生命。这可从其生命垂危之际仍叮咛毕际有录存其诗略窥一斑。

袁藩诚为淄川一代作手，其诗颇得乡贤赞誉。如高珩对其诗颇为推崇，认为得王维、刘长卿之长：“松篱新作，如将代兴，回环讽咏，左把维摩之袂，右拍随州之肩，有余裕焉。”（《题袁松篱敦好堂近诗》）唐梦赉亦多有赞语：“宣四词兄早擅文名，凡濡笔而成，便为妍丽娟秀之章，盖其天性然矣。岁庚申（1680），所赋《远游》诸什，兴发神王，更得助于江山。”（《题袁松篱敦好堂近诗》）吴枌亦谓袁藩诗神似王维、孟浩然、钱起、刘长卿之诗：“王、孟、钱、刘皆以清和淡雅为宗，故昔人谓其得陶、谢之遗，读松篱先生《远游》近稿，一何神似也。”（《题袁松篱敦好堂近诗》）吴枌所评，概本毕际有《袁孝廉传》所云：“读者谓其诗清和淡雅，得摩诘、随州之神。”诸人以上所评，多有揄扬，袁藩诗作乃典型文人之诗，清和淡雅乃其为人为文之底色。又因科考之途多艰、人生遭际多舛，故其诗歌亦以情感真挚、悲伤哀婉为主要风貌（参见前文《生平概述》）。

三、整理说明

本次整理，以仅存的山东省图书馆藏清三十六砚居钞本《敦好堂诗集》四卷《诗余》一卷（《山东文献集成》第二辑第30册据此影印）为底本，参校如下清代总集、地方志所收录袁藩零星诗歌：

1. 清冯继照辑《般阳诗萃》（清道光二十七年柳波馆刻本）卷七收录

袁藩诗100首。

2.清孙锡嘏编《般阳诗钞》（山东省博物馆藏淄川孙氏稿本，《山东文献集成》第三辑第39册据此影印）收录袁藩《敦好堂诗集》一卷凡80首。

3.清卢见曾《国朝山左诗钞》（清乾隆二十三年刻本）卷三十一收录袁藩诗13首。

4.清陆次云辑《皇清诗选》卷二十二《七言律》收录袁藩诗1首。

5.徐世昌辑《晚晴簃诗汇》卷三十五收录袁藩诗5首，其中2首不见于《敦好堂诗集》本。

6.康熙《当涂县志》卷三十一《艺文》收录袁藩诗4首，均不见于《敦好堂诗集》本。

7.康熙《长山县志》卷十收录袁藩诗1首。

8.康熙《邹平县志》卷六收录袁藩诗3首。

9.乾隆《淄川县志》卷七下收录袁藩诗10首，其中2首不见于《敦好堂诗集》本。

10.道光重修《平度州志》卷十四收录袁藩诗1首。

为存原貌，整理者尽量一依其旧。对目录与正文题目不对应者，则酌情稍作调整，以俾一致。

底本上可确定之讹、脱、衍、倒径改，并出校记说明。校记详列异文，以反映各本面貌，并略定是非。为便于阅读，异体字及“己、已、巳”“戍、戌”“母、毋”“大、太”“淅、浙”“啇、商”“梁、粱”等混用者径改，不出校记。凡残缺之字则用□替代。

本次整理标点用新式符号，引文先用双引号，后用单引号，此外用逗号、句号、分号、书名号、感叹号、问号等。

《附录》补遗袁藩诗文53篇，搜录史传3篇、交游题赠杂记59篇、著录提要5则，借以知人论世。

本次整理《袁藩集》前后历时三年，得益于上海交通大学人文学院古代文学学科带头人朱丽霞教授的引荐与教正，又幸得重庆师范大学文学院阮爱东教授、山东理工大学齐文化研究院王志民院长细心审阅书稿及“前言”，复得济南韩克刚老师慷慨提供《淄川韩氏世谱》，因缘殊胜，何幸如之，在此一并致谢。颜之推《颜氏家训·勉学》云：“校定书籍，亦何容易！”限于学识，错谬难免，幸祈方家教正。

陆岩军

2023年3月

袁藩集目录

敦好堂诗集

附 录

敦好堂诗集

编次袁孝廉敦好堂集题词

余安忍次吾亡友松篱之诗哉！忆当乙丑夏，余方有校刻先集之役，松篱力疾来践宿诺。时往时来，茶铛药鼎，声相杂也。逾中秋，来甫一日而病不可复支，遂以肩舆送归。临别之顷，呻吟呜咽同时并作，便以录存其诗为嘱，似已作诀语矣。别才逾月，遽赴修文。余往哭之日，其冢君家棐复以为言。既而，收其遗编残稿，椟以归余，曰："此先子之遗命也。"余启椟而泪涔涔下，姑藏诸。再启又然。

延至丁卯春，始取而详阅之，则松篱之自为铨定者未尝不厘然秩然也。其曰《锦研斋诗》者，自戊戌迄癸丑，而壬寅有《涵烟草》，丙午有《纪游诗》，庚戌有《鸰音》，即《潞游草》也，皆各有专本，未入其中。其曰《敦好堂诗》者，盖起于甲寅，云是年有《游东莱诗》，乙卯有《南游杂咏》，庚申有《远游草》，甲子、乙丑诸篇则皆以片纸脱稿，颇经点窜，未有缮本耳。余乃挨年编次，一一为清出，凡得诗一千五百，亦云夥矣。又诗余二十七、杂体古文词仅十六篇附焉，共录为六[1]卷，其他捉刀之作尚多，则未遑概录。《锦研》《敦好》皆不著，所谓故从其后者，统以"敦好堂"名集云，诸原稿则仍椟而归诸其冢君。

嗟乎！松篱丰于才而啬于遇，宜乎多悲凉慷慨之音，何期复啬于年也。每叹古今才鬼无灵，沉于寒烟、没于覆瓮者不知其几千百人矣。幸留此残本，在异日者或有读松篱之诗若文，而因以得松篱之生平者乎。今又安忍不次松篱之诗哉！忆余妹倩王子下与松篱，皆生于天启[2]丁卯，小余四岁。子下卒于乙巳，不四十也。余曾为次其《息轩草》，藏于家。已而，故人李敬兹为刻于京师，未备也。其从兄雪因为之再刻，则收余藏本为多，可无遗憾矣。

松篱卒于康熙乙丑，不六十也。余虽为次其诗，顾无能为刊布，则有愧于敬兹良多。顾此千五百首中，不无应酬率意之篇。夫镕金必汰其滓，治玉先攻其璞，安得高明详为选订，以永其传耶。余则目迷五色，罔克任此已。松篱交游最广，多为海内名流所称许，邓孝威谓其风味恬雅，格调纯正，宗定九曰："晴

---

① "六"上，原衍"艾"字。

② "天启"，原作"崇祯"，据丁卯为天启七年及袁藩生年改。

雪满竹，隔溪渔舟，此司空表圣《诗品》句也，鼎取以为先生赞。”他如高、王、唐、吴之评跋，不啻详哉其言之矣。余曷能目松篱之诗，请即以诸名宿之赞为赞，可矣。故备录于左方。

松篱，袁姓，藩名，字宣四，松篱其别号。顺治甲□□副□□康熙癸卯举于乡，般阳之萌水人也。

丁卯七月中浣邑同学毕际有题

题袁松篱敦好堂近诗

屈大夫嗜芰，当有独喻。适志者欲以五侯鲭、九鼎俎进而夺之，腹虽腴而神弗善也。惟诗亦然。人高李杜，我爱王刘，彼云衣霓裳，艺圃飞仙，电掣雷轰，词坛上将，此固人人之所趋走恐后，愿奉牛耳无异词者。然至于萧然自远，怡然自得，若道人人意中事，了无斧凿之痕，则吾心醉于二子多矣。松篱新作，如将代兴，回环讽咏，左把维摩之袂，右拍随州之肩，有余裕焉。载绩评骘，字字不爽，是妙别淄渑者，晋人云"已经平子"，吾无间然。阿宏《咏史》，不得独有千秋矣。

高珩漫题

史称袁彦[①]伯于牛渚租舫中咏诗，声既清会，词又藻拔。谢镇西闻之，遂迎升舟，与之谈论，申旦不寐。彼《咏史》一篇，能令仁祖倾倒如此，使睹松篱先生《远游集》，又当何如耶？三复叹绝，不得不以此事推袁。

同学弟王士禛题

宣四词兄早擅文名，凡濡笔而成，便为妍丽娟秀之章，盖其天性然矣。岁庚申，所赋《远游》诸什，兴发神王，更得助于江山。余时获把卷披诵，一似布帆彩鹢之间，无非其和风惠雨、林花献笑时也。是岁余亦有武林之役，每从旗亭画壁、戢山题扇处，得其零珠碎璧，以为珍玩。独恨不及并舫联吟称快耳。然关东大汉，铜琶铁板，一闻柳屯田晓风杨柳之音，那能不退避三舍耶？

辛酉立春前二日同邑同学弟唐梦赉题

王、孟、钱、刘皆以清和淡雅为宗，故昔人谓其得陶[②]谢之遗。读松篱先生《远游》近稿，一何神似也。予尝读屈子《远游》，妙绝骚坛，特寄托之辞耳。今松篱三千里之行，亦以远游自书其过。予固无俟卒读，已不胜同调之感。然则松篱之诗，岂行吟憔悴者同日而论耶？

辛酉冬尽日延陵吴枌海木氏题

---

① "彦"，原阙，据《晋书·袁宏传》补。

② "陶"，原阙，据文义补。

敦好堂诗集卷一

余不娴韵语，间一为之，不可存，亦不欲存也。岁甲午，客济上，得数十首，因刻其一二，既复刓去。乙未，入都，得六十余首，今亦无留者。戊戌、己亥间，余在梁邹，同人竞相称诗，率尔答和，积一百七十首，气体卑靡，颇知自厌。念半生碌碌，无句可传，此段蛙吟不妨存之，以纪岁月。庚子，得十首而止。辛丑春，和张心友《咏美人诗》五十首。继而读书古城，受友人教，又作诗九十首。迄于壬寅之夏，云及余有腹悲之变，复作六十首，名《涵烟草》，后亦不复为。两岁来，偶拈数首，又皆佚散。暇□□□，并旧稿删□□如于首役，或作诗以为此验。甲辰夏日识。

古意以下戊戌稿

长空积浮云，庭物闲清昼。淡泊造化心，屏气为潜守。方春荣草木，夜雨伏檐溜。有怀不自知，所虑如波皱。揽衣起彷徨，砌竹阶前瘦。剪烛对瓶花，仰啸复垂首。家山入梦遥，好语经时旧。夙昔惨淡谋，今日同残饾。开箧见初心，忧来等决霤。独行思故人，深兵利速斗。况言愿同心，晨夕为左右。共期千载事，忍作因人陋。谁云麟与凤，与世争飞走。

忆昔遐景、翠微二亭，元安处士旧迹，在邹平黄山之麓徐明府命题

别岫春阴郁未开，昔贤名迹久蒿莱。山腰残雪藏枯树，城上孤云接废台。无复衡门锁薜荔，只余石磴老莓苔。幽探此地堪怀古，敢谓登高作赋才。

又三绝句次元人韵

其一

春山窈窕白云开，一径清风咏玉台。旧迹何年生返照，翠微春色渡江来。

其二

万壑千峰落照开，锦芊草树似平台。不堪怅望昔贤处，云影空山自去来。

其三

满城春色镜中开，草没高原见废台。几处樵歌烟雨寂，平芜犹送好风来。

春雪

正月晦日彤云作，余寒肃肃生帘幕。黄昏人寂一风鸣，重阴□□□檐落。乍听淅沥雨疏棂，却忆惊飞下危阁。天地□□静欲忘，神清梦熟晨光薄。童子狂呼千树玉，玲珑高下临冰壑。半醉竹枝倒玉堆，全铺琼砌眠孤鹤。清光朗朗照人明，对此无言春意廓。西园昨日试东风，簇簇红英生绿萼。不知银浪涌山窗，多少冰饥斗绰约。欲上峰头望白云，领取寒香伴赤脚。俗骨泠泠尘气消，梅花一把寒空嚼。

雪中闻雁和张定庵韵二首

其一

闻道雁门多雨雪，经春北向且徐徐。比来空忆云中信，惆怅鸿都未见书。

其二

衔芦似欲催归急，凌雪翻怜寄语徐。总使长空排雁字，春风撩乱不成书。

所见

晓风犹带雪漫漫，歧路惊逢玉一团。春色那堪驮细马，输情我欲化香鞍。

咏古交堂垂丝海棠、二色丁香二首

其一

裁雪垂云各露枝，暗闻香气月明时。春来风雨原无定，处处花开系客思。

其二

红丝紫蒂已全抽，风送花香入远楼。留待主人成一醉，十分春色恋枝头。

张锡公赠诗依韵奉答二首

其一

垂垂浓绿发柔条，诗思从君借一瓢。好梦暂依江上柳，离人莫听雨中蕉。

欲来鸟语云窥户，才罢香禅月满寮。残醉空庭吟丽句，孤城沉柝夜潇潇。

其二

清兴□□寄远条，山人无复旧诗瓢。感君投句堪题竹，顾我□□似覆蕉。绿秀千峰横鸟道，白云一径接僧寮。幽探胜地谁知己，平子归田夜雨潇。

药圃宴集用前韵呈同学诸子

石潭风急漫长条，与子重寻泛泛瓢。黄雪有时穿绿笋，碧苔无意点红蕉。已从酒社推中圣，更向诗坛拜下寮。城角孤云悬落日，危楼一望水潇潇。

夏夜张宾公携酒来饮

只此空庭客到稀，阴浓夏木一莺飞。柳因张绪辞春瘦，杯为袁绍避暑肥。醉里片云拥月出，座中银烛带风微。荒城鼓角黄山下，愁见星芒照客衣。

同友人分韵得阮字

浮雪迢递横空晚，对酒雄谈清漏远。一吐风云似应刘，全浇垒块如嵇阮。星河坐久当檐垂，花露凌虚知夜返。自是忘机醉不归，莫言狂啸予骄蹇。

黄石

当阶叠危石，山色来松下。峭仄岂人谋，鬼神何能假。溜雨土花碧，风过鸣空罅。虬柯荫微凉，垂绿分云架。倚此听流泉，神清如可泻。恍疑虎豹蹲，月出空庭怕。此足尽黄山，咫尺峰峦亚。岂似初平羊，况乃圯桥化。时一命袍笏，醉后尤堪把。静对佛螺青，灵光从此借。

桔槔

转毂窥深井，流泉到药栏。玉龙飞尺木，银浪赴高滩。留客投双辖，倾珠跳一盘。忘机听不厌，诗思夜生寒。

张□□先生命题文官果

宝树离离擎碧拳，明珠几颗出层绵。世间好果知多少，谁是如君不爱钱。

古砚限韵

为题佳砚各分笺，紫玉涵星覆翠钿。溪水久藏松磬古，空山巧斫栗冈坚。光生寒月清无际，墨滴春波绿欲穿。伴我一窗惟石友，那能对此不拳拳。

药圃蕉雨廊成志喜为张定庵赋用原韵得四首

其一

为爱园林静，寻幽处处深。几年成幻梦，定庵即梦景为廊扁，曰梦亦同趣。一日惬初心。转路生殊境，回廊抱远岑。坐听蕉夜雨，长此伴龙吟。

其二

去山不在远，云宿一庭深。不屑同人好，居然避世心。隔窗引曲径，接院出遥岑。莫惜长松下，朝朝费朗吟。

其三

不殊华胥意，似入桃源深。竹细抽青发，蕉肥展绿心。一樽留嵇阮，五字厌高岑。最惬幽人想，新蝉隔叶吟。

其四

路折林烟湿，帘开野色深。泉声分石齿，鸟语入云心。树底收黄雪，杯中看绿岑。簟凉回午梦，棋罢复行吟。

山行

岩壑千重路不分，客来踏破一溪云。傍崖茅屋垂瓜蔓，倚树村僮看犊群。雨过余青随涧落，鸟鸣深绿隔溪闻。斜阳不为催归去，还立危桥数石纹。

新秋药圃观雨二首[①]

其一

西风连蓟北，一夜入乡愁。雨暗千峰急，云深万木秋。空亭垂柳幔，平沼起鱼沤。我欲怜蕉叶，声声逐水流。

其二

一叶迎风坠[②]，南山雨又来。竹香应堕粉，石润自生苔。远岫横烟鸟，残棋阁酒杯。浮云无定泊，花外引[③]惊雷。

夜宿蕉雨廊听雨[④]

雨雨皆宜听，况逢蕉叶秋。石泉[⑤]别有意，竹树自成幽。绿破垂云湿，涛惊入夜流。客怀清不寐，湘水下帘钩。

秋夜吟

肃肃啾啾逼夜永，桐梢月落悬高影。孤城砧杵响山根，深巷无人流素景。坐对寒棂君莫悲，多少闻人双泪冷。离离木叶意憔悴，相逢辗转临金井。衣到秋来不耐寒，人到秋来不耐欢。那堪露堕乌啼处，满庭秋气拂雕阑。

七夕

吴江木叶一惊秋，是处寒生蓟北愁。乌鹊为桥通汉曲，明河垂露湿帘钩。摽衣我自如南阮，乞巧谁应似柳州。月色满庭流静夜，好乘清兴作良游。

又绝句

双星迢递隔云间，一夜相逢去复还。只恐天孙无限巧，匆匆不及与人间。

---

① 此篇二首又见民国《邹平县志》卷十袁藩《蕉雨廊听雨三首》其一和其二。

② “坠”，民国《邹平县志》本作“堕”。

③ “引”，民国《邹平县志》本作“听”。

④ 此篇又见民国《邹平县志》卷十袁藩《蕉雨廊听雨三首》其三。

⑤ “泉”，民国《邹平县志》本作“苔”。

古鸾镜

一泓秋水碧沉沉，翠滴青浮识汉金。愁过洞庭风浪起，双鸾映月出江心。

方镜赞

厥体维方，厥用维良。拟悬仁寿，似出咸阳。藏之千年，绣碧文于古水。启之一朝，发绛气于寒光。为君子之所珍，乃借照而偕臧。

忧甚

此生无计可如何，处处随地哭也歌。未了一经愁负债，才荒百亩苦催科。空庭乍嗽人疑鬼，梦句熟吟醒亦讹。总使天公能见惜，那容我辈不蹉跎。

归路

归路试秋风，平原绿未穷。晨烟浮宿鸟，哀螀响幽虫。寒暑何当易，悲欢古不同。故园深树里，惆怅有丹枫。

送吕桐皋之淮安

河上西风雁字分，骊歌欲断不堪闻。壮游应作江南赋，归梦还依渭北云。淮水城边秋寂寂，宴花楼下月纷纷。临歧剩有消魂泪，只是无言可赠君。

忧甚

无复为云可认真，日中如鬼梦中人。枕前落泪魂千里，道上尘埋病一身。忍死功名愁马角，余生忧患等蛇神。寒空霜老独搔发，未识明年何处春。

秋夜[①]

皎月临虚堂，凉风吹我裳。入夜不能寐，揽衣起彷徨。天高露重如飞雨，

① 此诗又见冯继照辑《般阳诗萃·袁藩诗》、孙锡嘏编《般阳诗钞·敦好堂诗集》。

寒空廖廓星芒聚。意静无人一放观，蛩音切切听如诉。炎夜逐凉能几时，流光冉冉今霄度。美人团扇掩轻罗，荡子雕鞍愁远戍。秦楼汉塞几经秋，年来年去人非故。珍重西风又赠别，迷离早辨归时路。更阑促织响空床，深巷鸣鸡振双羽。枕簟微凉白发生，独影徘徊惊四顾。投杵谁家理旧衣，银河坐断双星渡。恨不乘云蹑月到十洲，缥缈天风汗漫游。稽首帝傍除我烦忧，何羡乎花发之为春[①]，何悲乎落叶之为秋。左手携赤松，右手握丹丘。瑶琴绿醑散清讴，不起茫茫万古愁。

不寐

更阑无梦到匡床，卧看疏棂一线光。柝急风高声断续，星寒云没意苍凉。鸣鸡喔喔闻深巷，梵鼓沉沉出上方。不为秋来衾枕冷，比年萧索逅重阳。

雨中望长白山

以此知山大，云中势更尊。空蒙连野湿，出没觉天昏。泰岳分灵气，华峰同化根。谁能游物外，摩顶一推论。

游湖十二首有序

浒山泊去邹平十里而遥，长白诸山绵亘其南。北眺湖波，可周数十里。莲花既放，则一望锦川矣。菱芡芦荻，又居人所以代谷薪也。踞邑之胜且甚近，游者鲜焉，驿路星车未识，有左盼者否也。秋日张彝公权伯具舟招游，轻霭微风，流连竟日。归途狂醉，骑马犹似乘船。及火炬连城，则又张氏桃源深处矣。静述清游，为诗若干首以志之。同事者赵嵘伸、苏铭三、马端思。

其一

原上西风驿路长，携尊相共说沧浪。多情似欲牵人去，遥指云隈一水央。

其二

古柳丝丝瘦碧湾，晴空烟鸟自飞还。比来城市催人老，十里荷香尽日闲。

其三

树底扁舟一叶轻，湖光无际水空明。采莲莫唱江南曲，只恐江南浪得名。

---

① 冯继照辑《般阳诗萃》本“春”下有“兮”。

其四

舟掉轻波翻紫菱，藕花红白远层层。乡心尽逐秋风起，何必思归是季鹰。

其五

绿镜窥人粉靥香，亭亭秋水浸斜阳。谁将一幅西川锦，远近平铺十里塘。

其六

山绕清波波影圆，秋风长日足沦涟。放舟青草湖边去，只恐随波入远天。

其七

湖君原自厌繁华，何事笙歌似报衙。携得一尊拼好友，饮时清啸醉时茶。

其八

菱花芡叶匝清流，处处生香恋客舟。莫道鸱夷能去越，何人不爱五湖游。

其九

相逢款语一渔翁，特饷金鳞荐碧筩。日暮忘归烟水阔，船头坐对蓼①花红。

其十

藕花断处是清波，半醉湖光啸后歌。倒影涵虚清彻骨，欲凭流水荡尘疴。

其十一

晚来秋色落平湖，一浸芦花望有无。返棹芙蓉香去水，山头回眺绣云铺。

其十二

水色花香取次收，近城灯火接平畴。沙溪一曲归来路，重入桃源岸上舟。

雨阻

厌听三更雨，潇潇又彻明。阴云垂栋合，秋草没阶生。响滴寒花泪，流分落叶声。谁怜长白道，有客滞荒城。

赏桂和古交堂韵四首

其一

清香与秀色，惟此足兼之。秋渐不如旧，花开正及时。真堪饮十日，岂得赞单辞。还忆淮南赋，连蜷系客思。

其二

一树分秋色，开尊恰对之。香生明月夜，蕊堕晓风时。怀满情偏适，庭虚冷不辞。更宜书卷罢，旖旎发幽思。

---

① “蓼”，原作“廖”，据文义改。

其三

自解攀援意，何妨再赋之。湘云窥栋日，岭月入檐时。我酌青尊酒，君成《白纻辞》。过从常不厌，此足寄秋思。

其四

移来金粟种，秋色更何之。四出别群卉，三开正尔时。婆娑香入梦，偃蹇客留辞。莫作人间玩，高天一系思。

赋得菊花渐开新酿初熟次彝公韵

佳节未经风雨至，菊花先傍酒罂开。幽香醇意原为友，篱下樽中迭作媒。洗露渐舒龙脑蕊，凌寒新试郁金醅。欲知秋色方浓处，醉把金英取次栽。

喜雨小饮

老龙懒却几经旬，忽发甘霖四野新。散入寒柯青滴滴，流通古涧响粼粼。麦占南亩春应喜，菊放东篱秋更亲。若使把杯无好雨，可能容易一沾唇。

定庵以病困即事诗见示，倚韵奉答

病里成新句，清空字字奇。休教传俗耳，留此润诗脾。红叶寒方妙，黄花晚更宜。只今喜勿药，切莫怅非时。

秋梦梦诗张锡公命体得四首①

其一

秋梦梦从军，千骑气若云。弯弓截去鸟，磨戟试新文。月没黄榆岭，旗翻黑水渍。功成还自笑，血染玉轳殷。

其二

秋梦梦离居，空庭落照余。长吟应自解，短鬓不堪梳。寒逼孤衾入，风摧病叶疏。谁家歌舞夜，双影醉蟾蜍。

---

① 此诗其三、其四又见孙锡嘏编《般阳诗钞·敦好堂诗集》(题作“秋梦梦诗张锡公命体”)、冯继照辑《般阳诗萃·袁藩诗》。

其三

秋梦梦轻舟，烟波倚钓钩。江天分竹树，水岸涌珠楼。作意怜萧鼓，无心泛鹭鸥。相逢桃叶渡，画舫转双眸。

其四

秋梦梦乘云，飘风曳练裙。朝参广成子，暮谒武夷君。天乐翻空细，银河湿路分。下看尘世渺，飞雾自氤氲。

偶成

繁花渐尽觉秋深，细雨微云度夕阴。聊折一枝红慰意，尚余几树绿关心。翛翛鸿雁偎人语，肃肃清风入叶吟。高踞石苔搔短发，离忧原不为霜侵。

张锡公夜索王太平诗集即赠

自是胸中化意深，况逢王子足探寻。片言久矣无唐宋，一夜居然辨古今。最喜开函镫蕊落，肯教读罢梦来侵。剑南解者应无几，君与斯人可共论。王诗全宗放公。

九日，偕王宜雨、张思祖、述公、彝公、权伯宴集河湄园。是日，送徐谦生赴梓 新任，各赋古体一章

微阴荡城隅，景物媚深秋。良会宜长久，胜地恣奇搜。驾言适近郊，名园一何幽。寄兴涵清旷，数亩成林丘。昔贤觞咏地，一一墨痕留。家声尚书旧，群从无与俦。问尊对湖山，染翰如云流。好友集佳节，为乐复何求。老树秋阴碧，菊英渐已抽。竹烟迷古洞，枝叶自绸缪。登临诚云乐，岂叹别离愁。徐君前致词，驱车赋远游。不知蜀道难，何以解我忧。我起为君酌，君当我为酬。丈夫志功名，万里不辞修。卑栖匪鸾凤，敛迹岂骅骝。我闻潼川好，山水甲阆州。风物既以淳，弦歌发清讴。君宰如是邑，宁复见全牛。当问毛义喜，一使王阳羞。满座闻余言，壮心不可收。浩歌更长叹，茱萸泛绿瓯。芦荻花芒芒，对此泣下周。行行勿复道，白云天际头。

又

志士急荣名，努力苦不早。丈夫志四方，岂复畏远道。九月霜正来，处处皆秋草。游子赋行役，莫惜清樽倒。太华何茫茫，江流日浩浩。登临一以悲，异乡令人老。山水有朝昏，离忧不可扫。但道无复念，同心永相保。

又七言近体一章

不禁秋又到重阳，胜地离樽水一方。老树倚庭分落照，孤云随客上河梁。潼关九月惊沙屡，长白千峰忆故乡。独感壮游多意气，且将黄绶绾萸囊。

长山道中

深林寒雨又西风，四望浵浵客路中。云下远山石磴没，雁回平野暮烟空。丝丝陇麦全成绿，瑟瑟霜枝半欲红。独往疏林人迹少，隔溪闲老一蓑翁。

夜雨

寥廓山城入夜秋，半床风雨五更愁。檐虚雏蝠飞还堕，苔冷哀蛩响更幽。奔电惊雷围病枕，乡心旅梦阁寒裯。谁家醉度双鬟曲，犹听潇潇泛玉瓯。

游山诗十四首各有序

长白日挂屋角，飞青送碧，梦魂俱焉。秋杪，苏铭三兄弟及家天倪偕颜继文来观药圃。余与张彝公约之，便道入山。

其一

枕上奇峰看未休，芒鞋重系结良游。黄花尽被千岩锦，青女初来万叶秋。山意迎人如旧识，云心翻鸟拟清讴。登临且莫期前路，背指孤城处处幽。

其二

至象山庄，张氏别野也。四围山色而壤沃势廓，殊垲爽焉。徜徉树下，观彝公与家天倪着棋，张述公亦至，乃徐步而西。

入山不数里，村垣丽深麓。门绝车马尘，高人有茅屋。群峰列翠屏，微霜谢荣木。老树一何闲，因风时簌簌。楸枰对落晖，长啸鸣空谷。山气深逾佳，何当放远目。

其三

定庵所云古木清流，一村之胜，全在北麓者，惜余未及见也。

才试山游未尽谙，中多佳处不曾探。寒梢古涧应奇绝，空卧白云对碧岚。

其四

西不半里，入生生庵，余十年旧游地也。佛宇僧房不异畴昔，回想已如隔世，不禁兴慨云。

十年浪迹拟吹萍，竹院悲来此再经。泉啮石根生旧绿，山悬云末滴新青。僧雏礼具茶供客，佛阁香闻水在瓶。日夕烟峦深树杳，杖藜还欲访仙扃。

其五

乃骑入西南谷，断流飘叶，时供游人盼睐矣。望之如绿绣被山者，槲林也。可百亩者二三处，附山之半无罅焉，其下即柳家庵。

逶迤入深谷，烟霭何凄凄。樵声起绝壑，石径折复西。古树被岩阿，秃干如削圭。微霜侵柿叶，火齐万颗低。同心恰数人，良友为招携。何异从赤松，啸咏渡前溪。乱流伏危石，上接青云梯。转面回峰出，槲林山腰齐。青翠入云表，狷鸟何能栖。兰若依林麓，高深尽一溪。此中无岁月，应使渔人迷。

其六

过石桥，立寺门间，而雨作矣。

山意恣灵幻，浅深未可求。流云增气象，携客探奇幽。苔净石桥稳，烟寒暮雨浮。萧疏知此地，能不赋悲秋。

其七

礼佛。

稽首空王竹径遮，斋坛幢影静无哗。似因法雨分山雨，不见昙花惟菊花。何处名根消净业，几时清梦属仙家。逃禅懒作生公石，庭树时开已去鸦。无住禅师事。

其八

已而设饮，云气雨声连空无际。乘高一望，不复似山中也。因赋得“山气浑如海气深”之句。

灏气蒙蒙涌翠盘，全惊雪浪护秋寒。千林灭没深无际，一阁微茫势未安。乍听潮音知叶落，旋疑风信似奔湍。危阑徙倚凭青啸，浩荡烟渡入夜看。

其九

梵音歇，酒筹错矣。伏枕听雨，终夜有声。彝公得二律，予次韵焉。

暗夜闻秋雨，清歌正不妨。钟沉云影黑，水没叶堆黄。满酌新醐酒，重吟古锦囊。归田平子赋，读罢意苍凉。

其十

见说秋山好，邀朋冒雨来。一龛佛火寂，半夜客吟回。鸿语穿云叶，钟声落酒杯。还思别涧菊，萧飒向谁开。

其十一

晨起促归，朝旭新晴，山容如洗，北望书堂有如天上，以雨泞不获攀跻，遂寓目过之。

山雨初晴洗佛螺，凌晨残醉出云窝。昔贤剩有读书处，古塔经秋挂薜萝。

其十二

观古栗树，树可几百年物，大数十围，干皮如铁，盘奇离屈，中虚可受人，而岁结子不减年少者。昔张忠定公刻石而旌之曰“古栗老友”。迷公为余言，公遇重九日，必具酒酌祭，对觞久之，于今遵行不衰也。予展拜其下，若见昔贤遗意焉。

红叶寒柯雨渐凋，亭亭古栗识前朝。千秋元老推中甫，独对名山似午桥。空谷幽兰能作佩，小山丛桂漫相招。何如石骨凌霜雪，仰止高风正未遥。

其十三

又至生生庵，而诸人别矣。快游之后复重离忧，未免有情，能无感耶？

断壑平遮古梵林，客思渺渺落秋阴。总当歧路休言别，一曲临风潭水深。

其十四

客里重逢送客秋，山云汀雁眇予愁。相思遥忆君归去，还指晴烟话旧游。

观药圃同江南纪伯紫和梅杓司扇头韵即以赠纪四首

其一

不意逢君处，霜风入客园。岚光凭啸咏，尘气息亭轩。未觉冬容寂，依然秋思繁。坐惊池上叶，如雨落黄昏。

其二

万物与时变，及兹一一清。云迎新度雁，柳谢旧藏莺。是解归兮意，非求隐者名。高台秋沼下，客啸此间生。

其三

药圃行应晚，归帘月渐升。开尊对篱菊，泼墨染溪藤。幽兴来何极，清言解未曾。相期醉不厌，切莫学黄丞。

其四

北望燕云路，红尘非所堪。何如十日饮，对此一林酣。疏竹肥泉脉，寒苔瘦石龛。此中有佳处，应不羡终南。

夜听隔邻作佛事

茫茫苦乐转车轮，世上原无久住人。虚拟杨枝能起死，徒劳贝叶欲通神。钟声响落岩城月，佛号哀翻冥路春。若解本来空色相，朱颜白骨总非真。

晓行

旭日临城郭，微阴落远村。不堪拥短褐，长此驱平原。陇麦经霜伏，山云带雪翻。频年过此地，水咽石无言。

冬至日寿张锡公

仲冬天欲雪，层阴落庭户。独坐临虚窗，万物为俦伍。百忧逼岁晏，纷来如蚁聚。昔我升兹堂，寒梅英未吐。倏忽惊岁序，春风复秋雨。其中有高人，隔篱挥玉麈。时而启我聪，拔之于兰谱。有酒共斟酌，得句为歌舞。我辅更我辙，我斤亦我斧。交道自兹长，文章进千古。披君花萼集，形神托肺腑。秋尽徂冬来，驰逐翻倦羽。常自忆玄言，醉我如醇醹。时迁云气变，雁度绝南浦。烛帐夜荧荧，凌寒不可拒。反似雪中春，孤云暗深堵。以此重怀君，具陈恒缕缕。君自为茂先，百城据玄圃。小语错珠玑，大言如钟鼓。况逢长至日，景物媚衡宇。文曜映南极，环佩响圭组。拟将五纹线，并与添寿数。

腊月雨雪有感

昨夜朔风驱海云，雪在片片隔帘闻。今夜如有鬼神怒，未倾瑞雪先霖雨。枯枝寒冻甲声杂，高阁浮空玄鹤舞。仲冬已尽雨雪稀，阴阳错杂群生欷。连宵黯黯雰雰至，仁气偏能回杀机。野人草野迷休咎，赏罚常祝君王寿。不知今日何张弛，乃致甘霖遍穷亩。汉家欲烹桑弘羊，东海如赦含冤妇。此中感召原非虚，喜对空明进浊酒。

冬杪雪中游药圃三首

其一

名园终岁惬幽寻，雪压梅枝腊又深。最是此中清景绝，寒烟一抹即云林。

其二

石古松寒静有声，望中晴雪入帘明。微阴落尽千峰出，坐对空林一系情。

其三

时序惊心各不侔，傍山虚阁对寒流。若逢客问桃源渡，门掩沙溪岸上舟。

岸上舟阁名颜曰“桃花源里人家”，曾征联。余题之曰：“山雨飞银瀑，桃花照锦帆。”

除夕 有小引

劳劳终岁，此日一暂息时也。心迹交并，剧更甚焉。古人比之定慧，亦大难事。赋此，殊自恧耳。

风波浩荡失中流，此夕樯帆一暂收。伏枕怕迷身世梦，衔杯且破古今愁。炉中有火煨松木，陌上无金侈马裘。三十二年弹指过，孤灯忍泪看吴钩。

赋得山高水长为张彝公寿，上元前一日 以下己亥稿

名山高不极，泰岱古所宗。流水发长源，沧海何鸿溶。天地储灵闷，于兹各厚种。异人一朝出，乃与气机迎。张君轶世材，秀矗长白峰。家世自欲然，佩履何玐瑢。芝兰照庭砌，玉树覆乔松。德辉一以照，眉宇春云封。跌宕酒中禅，纵横笔下峰。如山列威凤，如水奋蛟龙。才大难为敌，道高若不容。玄言翳何丽，名誉冠三雍。帷下天人就，庭趋诗礼恭。学书过欧阳，旷怀失戴颙。斯人见斯世，空谷足音蛩。我往为执鞭，逸轨无留踪。梅花荫两屋，香落墨池浓。已见春秋洽，篝火递残冬。不才如短线，岂得云长缝。岁月复不厌，投契以疏慵。巨源与叔夜，常此惬深悰。相知自此久，金石义可共。献节条风至，郊原雪路松。西望长庚吐，宝气恒奔冲。生申正此际，灯月媚春秾。星桥连海屋，火树化仙筇。云璈奏无疆，流响激华钟。山川为改色，紫气复重重。君名在琳札，偃骨伏心胸。仙才为世重，海岳表英丰。一蹩致青云，宝镜第芙蓉。若随赤松去，欣然愿相从。

过西园二首

其一

为爱西园日日过，酒缘花事入春多。醉来拜石题新句，云挂长松月上萝。

其二

绝胜幽奇谁许过，黄山西去白云多。石苔雪尽松涛壮，满壁春风长绿萝。

二友诗为定庵题松石也

松石高分世外踪，并来好友远相从。欲遗香饭仙人杳，为待传书弟子恭。霜老枝蟠苍色合，雪消花遍绿苔封。乍逢却认天台路，知在云烟第几重。

答友人用来韵

雨雪空庭昼已昏，晚钟迢递罢盘飧。君方药里题新句，我自奚囊落钝根。忍冻早梅全入幕，欲消残酒半倾盆。寒窗风急春衾薄，有梦还愁到故园。

友人赠盆梅

数枝无俗意，宛尔备仙姿。寒雪消难尽，春风冷不辞。陇头逢客赠，笛里带香吹。清绝须真赏，花前忍赋诗。

药圃次韵二首

其一

近郭园林散步逢，泥松残雪鸟留踪。春生溪水波如绣，暖放梅花香渐浓。堪入画中一片石，最宜人处几株松。东君化意原无尽，取次韶光为改容。

其二

桃源每向画图逢，药圃幽深与比踪。绿滴平林春雨细，青分远岫暮烟浓。流泉活活添新沼，大石岩岩傲古松。总使荆关能着笔，也应奇绝费形容。

再叠前韵赠伏庵先生

佛迹仙踪不易逢，惊言河汉敢追踪。全贻白傅夺真旷，岂貌黄初较淡浓。缈缈逸姿缑氏鹤，泠泠奇响泰山松。一时元季难方驾，况复君家有仲容。

二月晦前大雪连日，病中率成二诗

其一

寒威向晚逼春衾，卷幕流风带雪侵。气接千峰因冻合，浪堆三尺没阶深。城头暂歇鸡人箭，市上新增兽炭金。总有当年孟处士，梅花迷漫恐难寻。

其二

飞霰穿窗满冻衾，病来愁绪复相侵。欲烧银烛风无定，才放梅花雪又深。积照一庭铺砌玉，凌寒双袖拭炉金。明朝莫上高楼望，万叠春山未可寻。

春已过半，雨雪五日夜不止，诗以忧之

空庭寒积雪中春，衮丈阴凝恐浃旬。黄竹有歌怀帝子，青山无路问归人。晨光照幕成高卧，夜气翻风等幻尘。杲日几时临屋角，映将红萼一朝新。

喜晴诗三月三日

此日云开天气新，空明阶下净无尘。晴檐溜雪成新雨，斜照临窗似故人。修禊何曾虚上巳，桃花犹喜见初旬。相逢却忆西园路，处处飞香伴客春。

清明前二日归斋中

径草无人绿自肥，暂披尘土检书衣。瓶花春尽开复落，蛛网风翻密又稀。佳节最怜听野哭，恨人偏是惜春归。泥松不敢循阶过，独立空庭看晚晖。

游营子寺观会

孝水溪边古梵林，快逢佳节一登临。三分春色禅房杳，十里花香客袖侵。歌榭风回闻断响，秋千影落见遗簪。青堤多少游人迹，怕有痴僧作意寻。

赠别卓云石广文归范县

人生为百年，交游天下得。奈此百年中，萍影无定色。马迹与车轮，东西复南北。我从般水来，遇君长白侧。把苦如夙昔，绛帐星雯逼。诸生尽受经，门可名通德。高吟众山响，为隐道存直。屐齿遍名胜，烟云飞腕墨。谓可久相欢，傲骨憎逼仄。挂冠意洒然，鹍鹏暂一息。自有幽人乐，岂屑贪鸡肋。挥手忍言别，无如归思亟。宦海见津梁，举世为矜式。萱闱春昼长，莱[①]衣正可饰。所嗟二纪中，去住非人力。君去何翩翩，我留增恻恻。洒泪有停云，骊歌迟玉勒。怅望君还来，

---

① “莱”，原作“莱”，据文义改。

黄山寻旧识。

雪夜观定庵作画

造化有灵气，如君得已全。衔杯对雨雪，落笔生云烟。此理岂常解，人情不易缘。莫云千载事，只此正堪传。

绝句

林花处处明，不耐东君薄。春色似江潮，随风高下落。

初夏游药圃

松阴徙倚远尘埃，从竹抽芽破绿苔。池水全清凭雨阔，庭蕉乍放怯风裁。暗闻花气人应醉，惯听棋声鸟不猜。莫惜比来无事事，阶前红药掌中杯

邹平道中

陇麦披披四月风，川原沵望郁葱珑。晚云欲下千峰黑，返照微穿一树红。梅子渐肥妨鸟啄，桑枝已尽识蚕功。岚光百里遥相忆，多在黄山霁雨中。

彝公宿瑞禾庄有诗，是昔年招饮处也，忆而和之

村居负郭对晴峦，曾向桐阴入坐看。秀叠一峰石可语，香清六月竹生寒。輈辀鸟任支颐听，昏晓山宜拄杖观。却忆晚凉秋露下，天风飒飒觉衣宽。

和彝公晓行诗

宿鸟破残梦，晨光应渐稀。不知山月落，却问树烟肥。雨后沙根合，朝来雉子飞。最宜探妙句，逸响自依依。

五日

麦浪风残四野秋，缫车处处响蚕绸。火龙乘势方薰骨，艾虎因时欲上头。

从俗不妨包黍角，涤烦还忆借蒲瓯。何人令节凭高咏，坐对荆山百尺楼。

五日大雨

云气飞飞远树生，千山银竹野波明。高原水落平原溢，大麦涛翻小麦倾。臂上湿丝方系虎，林中深叶见藏莺。多因逐客思无极，赋罢湘君两泪横。

雨阻不能赴友人约

令节偏宜雨，随风生夏寒。蝉声隔叶细，梅子落枝酸。空忆千春乐，翻成一笑难。前村溪水阔，独坐对惊湍。

连雨

连雨错朝昏，虚窗海气屯。流云栖野树，潦水没山村。湿鸟愁无语，欹花尽倚樊。老农方获麦，拄杖望晴暾。

赠王来用大梁大参由中丞左迁

久开宪府填雄疆，建节重临古大梁。棨戟天中新武库，文章河北旧青箱。荣分家乘风云气，名近君恩日月光。朝野望悬霖雨意，伫看丹凤下铜阳。

芭蕉

嫩绿冰丝几卷清，露擎风飐叶盈盈。最宜枕上微凉候，添得窗前雨数声。

夹谷山怀古二首[①]

其一

泰岳东分灵气殊，千岩秀出一峰孤。云连碧海光如接，星摘天门峪名势可呼。鸟道通时悬日月，石屏断处见榛芜。当年盟会今安在，齐鲁遗风入画图。

---

① 此诗其一又见乾隆《淄川县志》卷七下《袁藩诗》、孙锡嘏编《般阳诗钞·敦好堂诗集》。

其二

名山何处试雄游，突兀奇峰古贝丘。风雨连空通岳麓，芙蓉倒影入淄流。千年旌羽霾榛草，百里荒烟起暮秋。悬壁余青劳望眼，寒云无际迴生愁。

茉莉三首①

其一

白云凉生晚，香风满户庭。百花皆寂寂，此夜独荧荧。不惜沾微露，犹如印晓星。苍苔凝立处，高下玉雕玲。

其二

名卉来西域，秾芬列北窗。繁花悔有艳，静对觉无双。入鬓晨光薄，因风夜气降。神清人不寐，梦即到珠江。

其三

香妙能蠲暑，花生月满窗。绿深云叶叶，蕊破玉双双。夜永偏能□，诗思未可降。羊城极目处，晴雪遍寒江。

新秋和彝公韵

残暑秋侵幕，疏棂月印圭。卧怜长夜寂，坐见晓云霎。伏末炎将薄，天空鸟不啼。凉生人意爽，何事赋凄凄。

送友人会试

圣朝贤路辟，非子莫为荣。大孝当于此，及时报所生。道存知己贵，榜借得人名。一近承明后，还期赋帝京。

和王阮亭《秋柳》四诗用徐东痴韵②

萧条秋意压林端，几缕扶疏委画阑。玉塞无情闻旧笛，金城有泪滴征鞍。丝丝垂绿香魂乱，叶叶飞黄舞袖残。莫上长堤更极目，晚来风起楚江寒。

---

① 此诗其二又见冯继照辑《般阳诗萃·袁藩诗》。

② 此诗又见冯继照辑《般阳诗萃·袁藩诗》、孙锡嘏编《般阳诗钞·敦好堂诗集》，题俱无“四”。

灵和争羡得如伊，憔悴风流入画师。暮雨不堪消翠黛，晓霜无那困柔肢。赤栏桥上别时梦，黄鸟声中去日思。惆怅曲江宫殿里，寒鸦点点噪空枝。

徒倚西风意悄然，摇空寒影荡愁天。白门蝉咽擎朝露，青琐[①]人归起暮烟。莫向小蛮歌尽日，只教张绪忆当年。谁怜月夜平桥寂，犹以纤腰舞镜前。

离亭昨夜试微霜，袅袅风催万叶黄。怨入琴音思革子，翠凋眉史伴莹娘。高楼系马岂无客，结带乞诗亦有倡。不见台城花似雪，残烟古月绾愁长。

药圃大石歌[②]

黄山大石如龙首，西望长白拟立叟。千年[③]岩壑卧云根，一朝怒携风雨走。药圃来寻高人居，便与八松为好友。涛寒骨瘦意转亲，巨灵仿佛来相守。绝壁土花面面生，拔空突兀精神厚。独存太古浑沌形，入妙争奇无不有。孤峰雪积拟峨嵋[④]，分岐雨滴涵清浏。群石傍列似儿孙，大者揖前小者后。此石昂藏意峭然，岩岩杰立松阴久。为山若使非天成，凿削徒劳一何丑。始知造物閟奇奥，生来不入俗人手。张君爱尔复题诗，沃以醇醪日五斗。显晦因人信有时，尤物得所原非偶。秋深绿净月明中，坐对无言静者寿。谷城山下若相逢，还忆当年孺子否？

有感二首

其一

离索偏伤客夜中，床头无绪聒秋虫。枕戈何处惊鼙鼓，剪烛今宵落墨筒。欲雨愁云连朔漠，随风残叶下遥空。总期载酒西湖上，明月相看未易同。

其二

苔砌经秋长绿丛，独来四顾转飘蓬。庭柯雨滴征人泪，羽檄星驰塞雁风。几载烽烟魂未定，一时文字苦尤穷。此生燕颔应无分，漫说从军谁与雄。

---

① “琐”，冯继照辑《般阳诗萃》本、孙锡嘏编《般阳诗钞》本俱作“锁”。

② 此诗又见冯继照辑《般阳诗萃·袁藩诗》、孙锡嘏编《般阳诗钞·敦好堂诗集》。

③ “年”，孙锡嘏编《般阳诗钞》本作“里”。

④ “嵋”，冯继照辑《般阳诗萃》本、孙锡嘏编《般阳诗钞》本俱作“眉”。

秋杪过古城，李燕思、茎甫、又何留饮浃日，赠五言古体三章

其一

高秋登古城，凉风散广野。李子读书堂，窈窕青云下。入门古木深，松雨当空泻。天虚石苔净，酤酒正可把。问君有佳句，咳唾珠玑洒。阳春世所希，莫惜知音寡。

其二

所言尽夙昔，乃觉别时久。露坐天气清，明月生窗牖。兄弟一一佳，顾我为好友。忆昔论文岁，驰逐风雨走。萍踪五六霜，良会岂云偶。季子最年少，今踞群雄首。愿言心未忘，惆怅金城柳。

其三

欲志忍言别，秋风原野多。握手望长白，浮云生岩阿。前村复叩门，索酒重酣歌。惊风驱骤雨，助我醉颜酡。忘形语言误，不为俗礼苛。晚晴逐马去，愁思当如何？

短歌行赠友

流风飞云，去来缤纷。人劳天地，日月交熏。欲不可长，心则难忘。山有秋冬，水有一方。美人迢迢，我心遥遥。沉吟往日，精神坐消。东临大海，北渡滹沱。欲往从之，谗言孔多。维忧用老，高天浩浩。思子如云，何时可扫。采诼浉天，虎翼欢然。邹阳上书，骆子鸣蝉。杵急月明，浊醪未倾。干将在匣，床头自鸣。怨不在多，机不在深。浮云一散，千里盍簪。

哭子 十月晦日

七月空留处处悲，黄泉稚子竟何之。自离母抱饥难问，一卧荒原冷不知。骨肉无缘野土尽，死生有觉梦魂痴。他年我若寻儿去，地下儿多地上儿。

答彝公见慰

那堪好友久成别，千里秋风返蓟门。何处青山客恸哭，望君为我一招魂。

宿似懒园

梦断迷离残醉中，梅花窗外月朣朣。忍将两眼西河泪，卧听松间一夜风。

忏炉 有序

余蓄一小铜炉，盖作三螭盘云状，可五六年矣。糖结角沉，贫不可常具；山木野枣，亦朝夕供之。藉以暖手烘衣，不敢云好也。用之不倦，有往必偕。此数年中，积烟如纯漆，中坚外溢，垂垂然悬乳矣。或谓久熏所致，虽火不投香而味自郁然。一日，友人剔而去之，烟蕊一时都尽，铜质露矣。夫炉则不佳，欲借烟以为文，不必也。去之良是，以试香且疏畅无碍，何恙乎其去哉？感念前误，忏之以诗。

名者祸之根，誉者毁之薮。况乃借人力，岂得云长久？雕琢失天真，自名为蚴蟉。胸中本空洞，藏灰为火母。薰香与膏名，乃促龚生寿。厚泽不自涤，或者嗤其垢。总使爇龙涎，密意如好友。火尽而烟消，热势复何有。高人剔积薰，漆蕊同摧朽。扫除本质清，勿曰空颜丑。凡物贵及时，入园无委韭。凡人贵识几，弃妇不回首。以此犹堪拥，寒云携冻手。戕贼不再来，无誉亦无咎。翛然清净身，达人与为偶。

冬杪自感

愧我今年三十三，常将独影对秋潭。寒风忍下孤亭叶，泪雨愁侵壮士镡。雪后白争双鬓老，病中黄照一灯惭。春光渐透梅花萼，总杖青藜不耐探。

除夕

一逢除夕一伤神，仍守枯贫愧老亲。四壁肃然书在榻，千家爆尔竹喧邻。孤灯自照悲残腊，浊酒微倾待早春。须信东皇应见惜，肯教我辈久风尘。

雨中过鲍山 以下庚子稿

雨洗鲍山分外清，客尘十里眼初明。空闻白雪思前辈，几见黄金重友生。流水依然环不注，浮云犹自下孤城。最怜堤上丝丝柳，日为行人拂去旌。

观赵伯绒画青云寺即赠寺中上人

几年闻说青云寺，忽向高人笔下逢。一漫寒云烟澹澹，数湾绝壁水淙淙。石留客句苍苔合，月照僧龛薜荔封。静观觉来无事事，空斋突兀见千峰。

敦善堂桃花

共饮桃花下，桃花能几时。春风从此别，无日不相思。

山丁香歌赠张宾公

十七年前山中宿，野人床头花一簇。夜半酒醒月正高，空山无言香满屋。此时丧乱少安栖，喜得惊魂醉浓郁。晨光照户花亭亭，紫蒂缤纷缀如粟。谁其识者名丁香，寒壑高岩春正馥。自避秦人种此山，年年花发媚深谷。卉木遍争世上名，寒芳谁辨依山麓。梁邹张子多好奇，盆中手植媚幽独。数枝萧飒有别姿，娟然自倚石阑曲。我来对此久彷徨，如逢故友堪歌哭。樽前赠我花颜酡，紫蕤乍浸杯底绿。临风一曲舞山香，旖旎依人映初旭。从知不结雨中愁，只恐相思又相续。

客济上作

晓角秋吟明月孤，荒城浊酒不盈壶。芙蓉开尽相逢处，一浸寒烟望北湖。

九日

无复登高兴，空斋九日闲。砧声满曲巷，云气下秋山。卧病茶偏苦，畏人诗自删。却嗔黄菊傲，不解慰愁颜。是年菊花未开。令节催人老，寒花且未妍。那堪对九日，所恨此三年。昼暝初鸿过，苔枯暮雨穿。如何不虚度，闭户水沉烟。东坡云：人生惟寒食、重九不可虚度。

过梁邹有感

回首东风燕子飞，梦中犹醉杏花围。只今秋草黄山道，孤雁一声泪满衣。

送苏若佩读书山中以下辛丑稿

空山沉冥雪初来，有客携书上古台。乱后旌旗犹在眼，春前花鸟欲停杯。东南王气层阴出，西北浮云落照开。若向高峰凭眺望，莫因骚雅荡雄材。

送苏铭三之乐昌

所欲赠君意，都无言可传。山川悲乱后，笔札慎人前。驿柳丝丝绿，春风处处妍①。一杯非惜别，忍唱《渭城篇》。

古体一章送苏铭三

驱马向南乐，游子意独真。行行来旷野，河水何粼粼。挽弓望飞鸟，欲射先悲辛。匹翼自哀鸣，相顾求其邻。丈夫未得志，所恃在一身。在家虽贫贱，骨肉一何亲。回首望庭闱，所悲难具陈。去年秋冬尽，雨雪如飞尘。昔时肥美田，化为莽与榛。十室九空穷，犹逢长吏嗔。催科云奉令，不暇哀我贫。况此忧旱霾，倏忽又经春。太息出门去，祈念在仁人。别时送我客，不语意逡巡。夙昔富贵交，心转如车轮。行矣慎道路，龙性及时驯。

忆昔行赠张定庵，时张颂系者四年矣

忆昔丁酉长安道，与君相逢犹草草。谈言对坐古松寒，素心真气萦怀抱。过从从此错朝昏，蓟北秋风惊浩浩。我时罢哭黄金台，闻君亦念莼鲈好。一别茫茫秋水深，潞河归棹何其早。更欲读书长白山，尘榻烦君为我扫。古交堂上珍珠红，银河半泻金尊倒。上穷千古下今人，奇文妙理恣搜讨。霁雪西园驱马来，寓目忽惊天地开。梅蕊柳丝春浩荡，水亭草阁云徘徊。良夜烛销城未闭，晴朝花发又登台。春光递尽听蕉雨，秋月常圆照酒杯。君家刑部归来早，池塘花萼争雄材。今世重逢文字饮，群从分笺叶叶裁。醉后青萍启宝匣，芙蓉照耀鬼神猜。鼎彝三代见法物，古玉璆鸣音可哀。座客对局髯而皙，精神静朗如临敌。花香夜散醉不归，更飞杯斝挥余沥。缥缃万卷玉签横，观者色飞悬素壁。不恨今逢无古人，古人与我原非逖。香篆入帷空袅袅，花气上阶清滴滴。画禅酒圣杂清讴，商弦一发声霹雳。此时为乐歌未央，忽放豪吟音何激。三尺鱼肠鸣向人，风雨

① “妍”，原作“研”，据文义改。

夜凉鬼辟易。谁知造物不相容，无复酣歌石也松。狐狸磨牙虎狼喜，桃源黑浪翻云春。只闻嵇阮敦三雅，几见巢由戮四凶。风霾沉冥日月暗，罔良得意如群蜂。卢生作赋非难就，晏子脱骖岂易逢。读君近诗坐君屋，真交自有神相从。西园经岁雪中闭，画阁春来苍苔封。不道浮云蔽白日，空教午夜拭青萍。去年腊尽来双鲤，欲开未开泪满纸。君逢患难我穷途，不得相援更相倚。寄情花鸟笔墨精，婉转顾向有深理。自古斯文穷益工，肯使幽忧困吾子。祸福倚伏非偶然，不虞之誉求全毁。世人欲杀天欲生，如我与君何可死。见说金鸡下九天，待君重醉芳园里。鸿鹄冥冥飞白云，谗人谗人等蝼蚁。

赠南乐令代友人作

金堤西望白云高，循吏声名亚汉曹。已识雄文尊海岱，伫看仙令下旌旄。印床香细闻清咏，东阁梅开数彩毫。若得征书随入计，春生繁水忆绨袍。

赠王鹿瞻

崆峒去后鲍山没，不意千秋见杜陵。古屋欲留三日响[①]，尘心难破一宵灯。怕闻鬼哭惊寒夜，疑有神来入梦称。笔砚欲焚埋旧草，何当下士说苍蝇。

偶成

浮云万里奈愁何，放眼乾坤一醉歌。七子雄文惊浩荡，千年沉戟怨消磨。孤城返照横林出，驿柳春风入恨多。欲向东南瞻胜概，摩空丹嶂自巍峨。

二月晦日忧旱

二月已尽悲萧索，四野濯濯春风干。陇麦如丝向人死，黄埃蔽日吹风寒。滇南战士枵腹立，直北流民羸骨攒。叹息老龙懒不起，故人书莫劝加餐。

---

① “响”，疑作“饷”。参见林宗源：《蒲松龄生平研究新编》，科学技术文献出版社2020年版，第201页。

春晚

春归何处路漫漫，又见新莺出上阑。故园烟花迷远塞，离亭飞絮下征鞍。黄尘日落青山老，红袖风催绿树残。不断愁思来旷野，浮云西北是长安。

春尽行长山道中

何处离思吊客春，天涯芳草一归人。空山落日荒平野，古陌飞花卷路尘。西子魂消香水梦，明妃愁绝汉宫身。总教莫惜千金买，翻愧榆钱满地贫。

咏美人诗五十首有序①

天下无益事，惟有作诗。饰浮长伪，于《三百篇》何当乎？无已，则咏史耳。上下古今，贞淫成败，兴亡之故，忽焉感怀，旷然情生，旁见侧出，谈言微中，与劝惩之意，或有合焉。则诗又乌可已已？咏史者，古不一家，近世弇州百篇尚矣。陆处实为百绝句，而人各一咏，事鲜旁证，似于史未尽焉。张心友作《咏美人诗》五十绝句，余亦如数效之。但张诗颇采明媛，余隘于耳目，恐成挂漏，概不敢登，以俟续成。即前代间有增删，各从所见也。张诗自咏美人，余以咏美人者咏史，所谓长声硬字，仍吾伧耳，形秽之叹，其何免焉。

其一

九疑南望似烟鬟，一驾苍梧竟不还。千载泪痕留苦竹，至今风雨暗湘山。

湘妃

其二

苎萝山下负薪妇，乍入吴宫飘舞衣。载去扁舟香水阔，五湖烟月照时晖。

西施

其三

气结三年宛颈歌，黄垆犹自忆张罗。明珠赠后音尘绝，不及鸳鸯栖并柯。

紫玉，何氏附见

其四

吹箫跨凤去秦台，下望人寰亦可哀。争似桃花千万树，招将刘阮住天台。

美玉

① 本组诗实为五十一首，云“五十首”者，盖取整数。

其五
和歌垓下烈如霜，不分人间有汉王。舞草千秋应化碧，娥姁陵上牧牛羊。

虞美人

其六
爱子如何付木强，楚歌楚舞恨君王。当年留得韩彭在，产禄何由入未央。

戚姬

其七
倏来倏去美婵娟，别馆承恩已数年。梦里蘅芜香未歇，通灵台又筑甘泉。

李夫人

其八
明离宝帐不生尘，才唱回风一曲新。莫使延年重和曲，倾城又进李夫人。

丽娟

其九
车骑当垆任去来，英雄不避俗人猜。茂陵未娶还消渴，始信文君是爱才。

卓文君

其十
玉阶愁老绿芜长，柘馆增成处处霜。尽日秋风掩团扇，夜深歌舞起昭阳。

班婕妤

其十一
远条馆畔起瀛洲，公子涎涎击玉瓯。若是随风果吹去，免教祸水汉宫流。

赵飞燕、合德

其十二
高楼春晓切浮云，陌上直词谢使君。杲日东南照桑叶，莫教微露湿湘裙。

秦罗敷

其十三
蛾眉数载怨秋风，便嫁单于出汉宫。一曲琵琶青海月，滞林腊火远山红。

王嫱

其十四
今年破邺为阿奴，失意翻嗟塘上蒲。子建漫留《神女赋》，令人千载怨模糊。

甄后

其十五
清风辇路起香尘，百子铃车照夜春。宋腊歌残接绛树，一时宠爱失针神。

薛夜来

其十六

百战风流霸业消，神亭赤壁落江潮。东风依旧迷铜雀，谁向巴陵吊二乔。

二乔冢在巴陵

其十七

秣陵春色片帆开，笑指乌衣巷口来。斜日渡头风浪急，待君同上凤凰台。

桃叶

其十八

珠帘锦障红珊瑚，清水台边碧玉铺。肠断笛声殉卫尉，千秋人忆坠楼图。

绿珠

其十九

别玉观金二十年，寒蛩新褥可人怜。若非群少排胡女，金谷楼中化杜鹃。

翔风

其二十

乐苑平明宫市开，梁兵已报上江来。金莲玉寿知何处，秋雨年年长碧苔。

潘淑妃

其二十一

流黄明月织璇图，为寄襄阳问故夫。自是佳人怜锦字，莫吟山上采蘼芜。

苏若兰

其二十二

相思无路啼幽兰，松柏西陵吊月残。惟有小青能爱惜，双坟常伴落梅寒。

苏小小，小青附见

其二十三

江南谁唱《后庭花》，结绮香风散彩霞。若使青溪逢阮籍，胜怜才色苦兵家。

张丽华

其二十四

石城门外莫愁湖，黛歇香消任客呼。风起夜来波浪阔，却愁寒雨没平芜。

卢莫愁

其二十五

香消玉辇几曾游，命薄黄泉只自羞。不见青磷烧玉骨，何须忍死望迷楼。

侯夫人

其二十六

苍鳞夹岸柳丝高，殿脚佳人露锦袍。一斛青螺描不尽，雷塘暮雨咽江涛。

吴绛仙

其二十七

画衣执拂洗双瞳，邂逅惊心李卫公。自是今人悲落拓，古来女子识英雄。

红拂伎

其二十八

钳诏斜封拜主恩，画眉宝镜碎宫门。空传光艳惊天下，莫说私池号定昆。

安乐公主

其二十九

昆明沈宋决雄雌，天遣称才入梦奇。一代文衡推女子，令人愧煞是男儿。

上官婉儿

其三十

好句将迎仗御河，宫中流水也情多。内园从此拾红叶，个个题诗付绿波。

韩夫人

其三十一

花露朦胧竹树间，古梅绵袖葬红颜。从教弃掷军中死，不洗胡儿安禄山。

江采蘋

其三十二

洗罢温泉舞上阳，马嵬肠断旧霓裳。他年云海逢仙阙，还擘金钗献上皇。

杨太真

其三十三

虢国承恩更有名，骈骑宝马出华清。须知凝血陈仓狱，不为君王为弟兄。

虢国夫人

其三十四

绣岭宫前试舞衣，红蕖罗袖彩云飞。还生信有真人力，月下良缘松露微。

张云容，杨贵妃侍儿

其三十五

美人家住百花潭，花发菖蒲照锦函。不见彩笺旧时样，蛾眉山半望晴岚。

薛洪度

其三十六

三年好约头陀寺，七载愆期鹦鹉洲。死别感恩还作妾，可怜小玉却成仇。

玉箫

其三十七

十载游丝网镜奁，霓裳红袖泪痕兼。舍人莫漫题新句，燕子楼空不下帘。

关盼盼

其三十八

萧寺残春处处愁，垂鬟凝睇尚含羞。当时不遇元才子，闲杀桃花映小楼。

双文

其三十九

绣户云屏隐翠珰，无端手语误崔郎。当时不借昆仑力，总说神仙枉断肠。

红绡

其四十

樱桃也唱永丰词，杨柳还应舞柘枝。兜率宫中人已去，西湖歌舞尽相思。

小蛮、樊素

其四十一

恩断红颜薄幸人，乌丝有誓总非真。谁怜旧日王家女，化作秋原陌上尘。

霍小玉

其四十二

锦瑟银筝列绮筵，姓名惊问杜樊川。美人莫惜为黄土，博得分司一笑传。

紫云

其四十三

绣幕花明午夜缸，玉人聊影照红窗。他年相送蜀州道，不负当时弃曲江。

李娃

其四十四

暮雨清歌锁寂寥，满庭春色艳心骄。咸宜观里浑无奈，更赋鸳鸯杀绿翘。

鱼幼微

其四十五

新声别奏古凉州，玉响金环足赠酬。此后休歌《河满子》，君王双泪几时收。

沈阿翘

其四十六

百尺楼前整玉钗，沉沉宫漏下香阶。不知素袜如新月，何似偎人金缕鞋。

小周后，窅娘附见

其四十七

灌郎潜拜涕潸然，无复宫词续旧笺。今日蜀亡翰李妹，将军宠爱主犹怜。

花蕊夫人，桓姬附

其四十八

一代填词漱玉函，奇文金石费幽探。乱离悔载扁舟去，老却江南望济南。

李清照

其四十九

歌喉才转泪荧荧，顿悟禅心冷画屏。夜叩金山皈净业，梨花梦断月中庭。

朝云

其五十

染笔天工出慧心，王孙风雅重知音。今生不用和泥塑，春日独弹松雪琴。

管道昇

其五十一

妆楼叠翠起层岩，香枕金铺尽日缄。啼鸟夜深悲旧迹，前朝风雨老松杉。

辽萧后

至邹平赠张宾公，时坐会景园夜雨

白云渺渺黄山麓，忆尔吟诗坐草堂。帘卷松风吹暮雨，帙开花气伴焚香。青衫自下当年泪，红烛新倾此夜觞。浩荡烟云愁极目，几时重与对胡床。

晓雨

檐牙向晓泻寒流，庭院风来霭似秋。绿树有花摇砌水，石阑无语倚高楼。霏霏云气窥窗入，皛皛溪光接涧收。怅望西山烟欲湿，余青飞送到林丘。

雨后叠前韵

雨后苔光拂砌流，满庭新绿碧于秋。微云夜卷垂银汉，杲日初临入画楼。杯底峰阴天外湿，林端莺语座中收。登临更忆南山下，麦浪增波第几丘。

喜晴和李又何

一夜凉生处处苔，雨余三径足徘徊。雕阑榴火当轩照，平野山光拂袖来。向晓幽人时独往，微寒新燕自飞回。登临切莫矜绮思，郢雪谁过邺下才。

赠李水樵侍御

峈湖晓色近何如，闻道函山得异书。香满印床青桂发，凉生石壁绿萝虚。官闲但著南山赋，兴到应寻北渚居。最是金舆遥望处，扑天青翠滴芙蕖。

麦浪

郊原五月锦如秋，万里惊涛大地收。高下黄云生远渚，浅深绿浪卷奔流。因风涌翠潮声寂，微雨增波夜气浮。莫以襄襄嗟粒食，天恩浩荡溢平畴。

五日，同苏若佩饮家，裕如。抵暮，闻苏铭三归自山右，雨中过晤，话别即赠

当轩榴火媚芳辰，菖歜樽开旧事新。星鬓几年惊艾叶，龙舟何处赛蛮神。漫怜北极更新主，且望西山来故人。匹马过君逢暮雨，萧萧别绪一镫亲。

代赠歌者五首

其一

荼蘼着雨夜生寒，散入歌声绕画阑。风动落红沾舞袖，何人不作掌中看。

其二

别院春归玉树新，绮筵惊见失佳人。青溪莫唱小姑曲，误煞陈思赋洛神。

其三

罗縠春风隐意裁，碧桃花下玉笙哀。双眸羡尔如秋水，那得临波照影来。

其四

一曲新歌百感兴，舞腰稳称旧文绫。堂前未下葳蕤锁，自向西原学按鹰。

其五

霜韝宝马跨珠鞍，风起长林罗袖寒。彩燕花间追去鸟，王孙不复爱金丸。

古体

五月二十日，登楼南风来。平楚肆无垠，浮云真可哀。古城十万家，丹甍列天开。日月不可度，夹道生青槐。渺渺尘中人，四顾惊裴怀。少年既已失，傲骨磨黄埃。平生矜壮志，所向无前摧。谁知造物意，不如人所裁。大息感鬼神，泪下如春醅。西望长白山，绿岫悬青苔。瞥见古仙人，含笑凌层嵬。顺风揖我前，颜色如婴孩。告我以大道，委曲尽根荄。形动精不守，浮名非真才。龌龊斯世间，勿为俗子猜。拓此万古胸，游神于九垓。他年携手去，白云在天台。

新秋途中口占

渐觉西风至，薄寒动客衣。鸣蝉因雨急，草树带山肥。旅思愁无定，孤云去不归。还期对高阁，绿野照熹微。

喜雨

空山银竹几千尺，卷碧飞青送绿波。自是天心能爱物，顿教野色起枯禾。声连远水秋无际，凉入寒窗梦不讹。闻道催科今又缓，西风把酒意如何。

秋夜闻笳

虚阁初凉夜，清笳我独闻。哀音何处发，愁绪此中纷。帘下知风劲，寒来忆雁群。凭高不可望，草树尽连云。

登楼

直上岧峣俯碧空，阑干独倚望西风。万家烟火秋云上，十里松原暮雨中。笛里微寒生蓟北，尊前感旧忆江东。诸峰突兀凭探索，散发高吟也自雄。

夜雨

滴滴檐间一夜鸣，空床起听百愁生。云连古戍伤心地，气接寒江逐客情。耕火歇时明绩火，蛩声停处辨鸡声。推窗暗识荆山道，感慨烟深远树平。

晓起观雨

凭阑真见水平阶，拂拂山云雾阵排。平楚何人过孤树，莎根还忆发空崖。似闻瀑布声填壑，却望秋阴绿满街。松柏茫茫池上雨，夜来行处不堪怀。

雨中

枕簟凉生一夜秋，关山风雨眇予愁。欲凭长白看云气，不见於陵尽古丘。青女未来愁落木，苍烟如新接寒流。无人尽日悲萧索，怕有笳声入远楼。

闰月七夕，时久雨初晴，见月[①]

晴云照纤月，七夕重此[②]过。未必昔时鹊，还填今日河。停梭[③]劳久望，乞巧愧无多。独有幽人意，空庭立素波。

促织自书中出

残编纷不理，数卷澹秋思。愧我枯吟日，逢君振羽时。雕虫嗟已久，脉望恐非宜。愁向寒窗夜，长鸣似咏诗。

邹平道中

长白峰头云叶青，碧天秋老芙蓉屏。又逢七月黄山雨，忽忆三年聚客星。烟外钟声闻别涧，桥边树色起孤亭。垂垂古驿伤心处，高柳归鸦自堕翎。

中秋

此生快意惟秋月，况是清晖正满时。万里寒星光尽逼，千林华露叶空垂。深江自照鱼龙夜，苔径全铺翡翠枝。处处喧歌箫鼓发，狂夫独坐学吟诗。

梦砚破

好月明秋夜，此时非梦讹。惊心看砚破，幽恨惜情多。石古窥人意，文穷长物魔。还将炼五色，洗尔向天河。

秋望

群峰断处暮烟升，潦水全收入曲塍。南望浮云连岳麓，西来秋色满於陵。天涯木落伤为客，野碛沙明见按鹰。惆怅千里兴废地，东皋如旧几人登。

---

① 此诗又见冯继照辑《般阳诗萃·袁藩诗》、孙锡嘏编《般阳诗钞·敦好堂诗集》。

② “重此”，冯继照辑《般阳诗萃》本、孙锡嘏编《般阳诗钞》本俱乙作“此重”。

③ “梭”，孙锡嘏编《般阳诗钞》本作“槎”。

不寐赠友

长夜愁多梦，翻成不寐愁。虚窗生暗白，老树鸣深秋。卧铁怀征戍，忘机失海鸥。黑甜应羡尔，短榻自齁齁。

山行九日

高低云树接岩阿，十里寒沙渡古河。马道遮红交柿叶，山腰垂绿滴烟萝。风前怕堕参军帽，篱下还听处士歌。却忆故人行采菊，遗《骚》读罢酌银螺。

九日有感

摇摇红叶凤凰山，斜日西风匹马还。重九自伤篱下菊，三秋谁驻客中颜。石田荒尽愁增税，虫帙雕余未破关。惆怅几年魂梦老，暮云空自袅烟鬟。

秋晚赠别朱古任之京二首①

其一

秋色行将尽，离樽此地逢。朔风来雁字，寒雨下芙蓉。客梦笳声急，归怀秋兴浓。滹沱几日渡，北望暮云封。

其二

百粤游应倦，三秋此渐过。浮云生易水，匹马度②交河。王粲《登楼赋》，梁鸿《出塞歌》。还将投笔意，相待皓③湖波。朱④有诘岁还济南之约。

送应儿为白衣庵其心上人弟子

旭日照琳宫，缈缈佛光度。平原多秋风，梵籁空中布。阁静慧灯明，落叶如花雨。我来叩祥云，五浊涤甘露。年三十五岁，七月婴儿足。愿借杨枝水，永除灾难怖。投志依法门，不受俗缘污。是儿多智慧，栽培成道树。我佛驾慈航，

---

① 此诗又见冯继照辑《般阳诗萃·袁藩诗》、孙锡嘏编《般阳诗钞·敦好堂诗集》。

② “度”，冯继照辑《般阳诗萃》本、孙锡嘏编《般阳诗钞》本俱作“渡”。

③ “皓”，冯继照辑《般阳诗萃》本、孙锡嘏编《般阳诗钞》本俱作“鹄”。

④ 冯继照辑《般阳诗萃》本、孙锡嘏编《般阳诗钞》本俱无“朱”。

咫尺金绳路。欲识静中音，此心无所住。

李燕思赠菊赋此志谢

经年种菊主人力，借我窗前颜一欢。雪蕊金英香在榻，清言苦茗夜生寒。秋容九月疑临桂，静意十分欲胜兰。对此坐卧耽幽句，晚风吹落何能餐。

有感

菊花尽放秋将老，日暮空庭有所思。霜到芙蓉湘水阔，风来杨柳渭城悲。清笳猎骑黄云戍，浊酒山村黄叶帷。四海一身愁白发，石龛长啸斸灵芝。

愁望

高秋宜远望，斜日乱峰寒。野阔鸿初宿，天空绿未残。浮云飞大壑，芦荻没深滩。不见村东树，溪流叶叶丹。

城中行赠赵汉思兄弟

驱马前渡河，渡河见城邑。城中人居少，道路行且泣。下马逢君君正悲，握手无言心自知。九月寒风吹短褐，黄沙烈烈走狐狸。甲兴以来二十载，干戈水旱非昔时。小丑大猾须战斗，东连倭海南滇池。西北款塞贡驼马，黄金百万赏文绮。自此中原民力竭，羽书犹自驰星月。君王旰食宰相忧，用兵兵连何时歇。破家为国谁无心，所嗟家计久消沉。一亩之田二斗粟，卖粟买钱重买金。粟尽嗷嗷向沟壑，部符如雨来更深。官漕秋税兼逋税，练饷新增定新制。期过一月铁银珰，冰天瀚海何能贳。六年优免一朝催，书生面面如寒灰。片时同语倏同戍，异域游魂正可哀。昨日公文县中下，济南官军来养马。百万豆茎连宵输，大车小车声哑哑。居民无食复无薪，官家犹怒吏又嗔。不知尽逐幕南去，明年国课征何人。

夜雨

入夜层阴合，庭柯滴滴生。虚窗繁客思，高阁自秋声。鸿语逼孤枕，灯花度暗口。开帘云叶黑，空见水波明。

秋暮，用安素中韵述怀，即呈燕思兄弟二首

其一

到门黄叶掩西流，霜净寒沙处处幽。一日可无袁粲竹，十年重御李膺舟。秋深抱病无新语，世乱依人感旧游。鼙鼓多方惊醉眼，忘机争羡水中鸥。

其二

白云陇上去还归，徙倚石阑看落晖。谈《易》几年学管辂，《说难》犹自误韩非。风摧晚箨如闻雨，霜下寒砧正捣衣。最是比来萧索意，重阳已过雨霏霏。

凤凰山东麓门①

向晚登临四望开，白云东去水西回。叶凋远树天方阔，霜洗寒空雁正来。抱岸孤城无睥睨，依山落日出楼台。却愁故里萧条甚，立马遥闻画角哀。

初冬古城道中大风

烈烈黄沙白昼昏，西陵松柏接云屯。空山落木全无色，远浦依城澹有村。是处饥乌啼旧垒，何人猎马驱平原。寒流古寺桥边路，日暮僧归自闭门。

赠鲍素园兵备西宁

朔云窈窕挂行旌，建节遥临古浪城。玉塞久知班定远，湟州今见赵营平。搴帷雪尽龙堆暗，揽辔风高雁阵横。到日柳条愁绝域，一闻羌笛带春生。

晓雾

山城殊未雪，杳霭似江天。平楚寒光逼，空林水气悬。静来闻独鸟，坐久忆重绵。玉塞人何处，闺中惜去年。

雪望

一夜朔风千里雪，光分岩壑玉零荧。浮云今见连沙漠，塞雁何时过洞庭。

---

① 此诗又见康熙《长山县志》卷十《袁藩诗》，题作“凤凰山”。

官舍梅花将破蕊，野桥柳色未含青。此时正忆高阳侣，围火寒窗注《酒经》。

石燕翼以雪中即事诗见投，依韵率答二首

其一

庭雪留残照，开尊散别愁。绮思矜上客，香篆涌寒裯。避世惟金马，逃名付玉瓯。醉来重洗足，应脱紫貂裘。

其二

明烛照寒席，空庭回朔飙。古今成幻聚，天地此虚侨。紫蟹来千里，清酤尽一宵。邻家酒正熟，还待雪中招。

王师

十万王师发禁城，朔云漠漠暗尘惊。旌旗影照扶桑树，鼓角声严细柳营。已道将军齐解甲，却愁野老尽呼庚。欲凭长白山头望，几处吹烟惨不生。

腊归，有怀斋园，漫成七绝，简燕思兄弟

其一

萧条岁晏感离忧，竹径松林一系愁。溪水回风人不见，西来山色闭高楼。

其二

羽书千里暗龙沙，底事匆匆改岁华。还忆青灯才罢饮，共君兄弟看梅花。

其三

日日南园不厌过，古松奇石长藤萝。夜来梦到黄梅树，开遍檀心唤奈何。

其四

竹西亭子暮烟孤，平望山云淡有无。庭树应知春意早，常将绿影上阶铺。

其五

偷春柳色似鹅黄，半倚墙阴半拂塘。陇首寒云沙月白，夜深空照一林霜。

其六

登楼古寺树寒烟，寺里青槐不记年。古道人归知市晚，乍闻清磬自悠然。

其七

明灯高阁夜阑时，沉水香消似缕丝。几日别来尘梦老，清游两地一相思。

正月三日对雪二首以下壬寅稿

东风喜见发柔条，好雪乘春尽一宵。不断寒云连紫塞，乍闻归雁出青宵。山樱满意根先活，梅萼还愁冻未消。却忆郊原快侠少，呼鹰走马上平桥。

对雪自忘天地阔，娟娟云物静含芳。临风怕着春衣湿，煮茗还余腊味香。鸟宿枯枝巢已没，檐垂冰箸榻空凉。明朝携友一尝酒，南亩行看麦叶长。

雪甚，念东征将士二首

其一

惨惨云生古战场，朔风寒劲马毛僵。貂围锦帐将军暖，粟挽层□道路长。北望峰烟□九塞，南来樯橹接三湘。潢池怪尔抒螳臂，天下于今□富强。

其二

东去阴凝接大荒，昆仑杀气日飞扬。三山亭上旌旗暗，万里沙中鼓角长。戎马夜呼归战垒，饥鸟晚宿傍宫墙。只愁浴铁寒冰夜，春梦何堪到朔方。昆仑，山名。三山亭、万里沙，地名。

人日夜梦又何，晨起客至谈雪状，乃纪一诗

春风暗入窥衣薄，花胜遗来不耐寒。梦觉一诗怀李白，雪深三尺卧袁安。幸无鼙鼓惊村夜，可有余樽酌冻盘。客子冲泥涉范水，松林见说玉霮䨴。

雪中望长白山用日损堂旧韵

连朝积雪掩柴关，长白云间一破颜。岂是醉看雪浪石，却疑梦到点苍山。流泉响处愁先豁，妙语收来兴不悭。扑面寒光清澈骨，总成狂呓未须删。

过长白山二首

其一

冉冉云生落日斜，谷中流水漱谽谺。欲寻白兔仙人去，百里烟岚护杏花。

其二

山色披连似绿波，白云深处长藤萝。行人但向峰头立，平眺湖光足啸歌。

游斋园看梅，同又何、子常、贞子[1]

古城大道起春风，垂杨十里青蒙茸。朝烟绮接西山里，斜日香飞上苑东。西山上苑连高阁，云母屏开映珠箔。赵女新妆拂素笺，吴姬旧恨吟[2]红药。素笺红药重生辉，处处香尘乱扑衣。玉关柳色黄河外，金谷桃花锦障围。玉关金谷埋荒草，胜地寻春春未老。名园野竹撩青云，古涧寒松森翠葆。我来下马系[3]前楹，烟霭迷离最有情。千树梅花纷绿萼，半池春水照[4]红英。中有一株更奇绝，幽芬横斜如冰雪。驿使书中恨渺茫，江城笛里声呜咽。同心恰对两三人，拾得飞花铺绣茵。鹦鹉杯中看落照，蒲萄醉里恋芳晨[5]。干戈满眼春无极，忍对名花负春色。只恐明朝风雨催，欲去攀条三叹息。

赠燕思兄弟阳丘赴试

百里春光别，多君重此行。黉堂花照雪，绣水夜侵城。千载论文字，一时推弟兄。雨中动离思，西望暮云生。

窗前桃花

独树桃花发，临窗足艳观。赤霞蒸晓日，红晕躲轻寒。幽意逢渔父，多情寄所欢。只嗟连夜雨，不向月明看。

---

① 此诗又见冯继照辑《般阳诗萃·袁藩诗》。

② “吟”，冯继照辑《般阳诗萃》本作“笺”。

③ “系”，原缺，据冯继照辑《般阳诗萃》本补。

④ “照”，原缺，据冯继照辑《般阳诗萃》本补。

⑤ “晨”，冯继照辑《般阳诗萃》本作“辰”。

敦好堂诗集卷二①

立秋夜写怀三章

其一

夜凉不能寐，顿觉秋气来。蟋蟀鸣空床，音响一何哀。浮云撩四壁，素幔生尘埃。侧身骋极望，意尽难为开。呼嗟帷中人，魂去无时回。

其二

相从十九年，恩爱两不移。中多经丧乱，生死几参差。不得两相守，谓可两相知。构言起身后，谁当为辨之？泉路自茫茫，鬼神不可欺。持此皎皎心，永言以相诒。

其三

留我掌上珠，气骨好男儿。如何夺所恃，念此使人悲。长日啼向我，索乳与之糜。登堂叩房门，挑灯卷素帷。徘徊室中哭，仰天魂为痴。我生冰铁肠，意惨不能持。念汝十九载，只身无附枝。子女昔六人，一一秋兰衰。生人意已尽，槁容销肤肌。去年育此婴，病中为开眉。喜甚翻多虑，食息不曾离。冀及见成立，慰汝生平思。一朝弃此去，魂灵痛不支。冥福如可祈，愿以保多禧。

悼亡六首

其一

死去忧难释，生前苦自知。家贫颜易槁，儿病泪如丝。骨肉缘空尽，灵魂梦不移。可怜十九载，无事惬心期。

其二

非关儿女意，门户苦崩衰。望七双亲哭，周年一子悲。终朝垂素幔，永夜闭深窥。又到薄寒候，黄泉恐未知。

其三

腊尽已沾病，经春复夏徂。堪怜一息在，犹计百年图。岂暇安床簟，空嗟守药炉。逝魂今杳杳，谁为抚遗孤？

---

① 下注“涵烟草壬寅六月二十日至中秋作”。

其四

鬼神如有觉，汝去置何之。半载壶中血，三年鬓上丝。但能延病喘，差可护佳儿。岂意中庭月，偏当照别离。

其五

忍死为生计，艰难哭自吞。蛾眉凋病后，鸡骨怅空存。凉雨时侵榻，秋风自闭门。向来拮据意，太息听黄昏。

其六

百忧攒病骨，抱子一开颜。入梦惊啼笑，临窗望去还。暂离犹恻恻，长弃任潸潸。廿载艰辛业，书香意颇关。

绝句

秋来草色没青洼，露滴香生雨更加。行到后园人不见，可怜开尽玉簪花。

题镜

几载临窗对玉颜，惊心忧喜镇相关。只今明月悬秋水，无复钩云写远山。感旧自怜常寂寂，窥予何事恨班班。前楹绿霭摇空树，错忍人来印晓鬟。

七夕

一庭凉月静娟娟，天上相逢有旧缘。莫为长离悲令节，但能重会即神仙。谁家乞巧陈金缕，我自招魂擘翠钿。盘里蛛丝难续命，愁听深树聒秋蝉。

妻亡后无以为奠，搜得储醽一瓶，是亡妻手藏者，已三年矣。味甚醇洌，乃成一诗，侑而酹之

藏来斗酒已三年，到此开罂倍怆然。不似昔人携赤壁，却令今日奠黄泉。郁金香老鱼灯暗，琥珀红生竹叶鲜。还忆当时耐冰雪，糟床夜注不成眠。

雨中，手为应儿浣衣

谁教汝无母，衣衫积垢多。异时尤好洁，今日竟如何。浣旧添新泪，悲秋正雨沱。哀虫晚更急，切切助幽哦。

寄怀斋中南园简李燕思窗兄昆弟

闻道南园秋更嘉，古松亭畔结青霞。临风怕是凋桐叶，有客来应看菊花。奇石月明还射虎，老藤云宿半藏蛇。西山尽日延清眺，莫遣离思赋夜笳。

夜雨二首

其一

一夜西风卷怒云，庭柯声劲隔帘闻。半窗雷击光明灭，三径波翻影聚分。原上稼禾愁尽湿，溪边鸥鹭想成群。关心篱菊妨摧折，无复幽香得似君。

其二

一雨终夜听不彻，空床撼起独徘徊。窗间疑有黑龙斗，天上谁扶苍江来。泪送鲛人愁木叶，梦为神女泣阳台。洛妃乘雾知何处，望尽长空真可哀。

大雨，孟德符兄弟来，愧不能留，感而赋此

冲泥客到门，烟火闭荒村。空湿南州絮，难留北海樽。水光浮树杪，云叶度高原。西望於陵道，愁思逐雨翻。

续唐

冥漠黄泉哭不闻，浊醪奠罢泪纷纷。尘生架上盘螭镜，香减匣中旧蝶裙。望断西风连暮雨，愁来落叶裹寒云。窗前草长昔游处，无复苔光敛印纹。

志感

一死空嗟去路长，杨枝贝叶亦茫茫。纸钱地下如堪用，只此能焚数十张。

亡妻五七成咏

五七今宵过，天人路更遥。随云悲冉冉，疑竹听潇潇。潘岳愁能赋，庄生歌且谣。夜深搔短发，无梦渐相邀。

题又何窗兄赠扇有序

又何工楷书，夏日以诗见遗。予继有[①]内子之变，又何亦哭其进士伯兄。天地无情，伤心两处。披玩之际，挥泪成诗，非徒感恩于箧中也。

携来赠扇如冰雪，笔意娟好凌亭云。凉风当暑亲怀袖，素影摇秋怨离群。知君鹡鸰不忍见，顾我琴瑟岂堪闻。空令对此坐清晓，怅望西山岚气分。

晓望

微雨莺添滑，荒村角自哀。秋天正白露，空地满青苔。寥廓愁无语，登临意不开。西风看又急，多是蓟门来。“寥廓”用《美人赋》中语。

山行赠居者

策马乱流中，斜阳几树红。云腰凭古壑，石齿响哀虫。亦有篱边菊，时闻松外风。到来迷出处，真不愧为农。

雨中

病骨支离怯夜残，黄泉一别路漫漫。西风尽日飞凉雨，只恐罗衣不耐寒。

秋日过环山有感三首有序

甲申之岁，大人携家自寇中逃出，半夜遂抵此山。凭石少憩，举家幸无恙也。不数年，殇我弟，今又丧吾妻矣。秋日过此，叠石依然，一一能识其处。仓皇窜伏之状，如在目前。惊悸未平，半登鬼箓。赋此以代痛哭，不暇计工拙也。

---

① “有”下，原衍一“有”字。

其一

秋日矫首一登[1]临，石径荒凉怅独寻。铁马金戈当日泪，黄泉碧落此时心。三峰突兀云中出，万木萧条溪外阴。何处野歌凄欲绝，随飞袅袅下空林。

其二

匹马山河白日昏，悬崖古寺不开门。愁来向忆千村火，乱后难招九逝魂。几处樵歌闻痛哭，异时华屋见荒垣。自怜身世真如梦，生死茫茫岂易论。

其三

空山黄落带烧痕，犹是昔年避寇村。涧底寒泉流剩泪，草中苔石贴惊魂。一身徒老全无补，八口为家半不存。欲向峰头重问讯，可怜白骨旧乾坤。

不寐[2]

皎月入帘明，诗思向夜清。砧闻才一处，蝉剩只三声。露重流萤湿，风翻宿鸟惊。明河望不极，寒意怯桃笙。

自伤用古韵

萧条数椽[3]屋，托根野水湄。出门临大野，旷莽愁云飞。十年经丧乱，骨肉秋风衰。前堂我父愁，后堂我母悲。中夜天廖阔，四望层阴来。木叶下高枝，西北雁声哀。稚子当怀抱，哭母夜阑时。家有十载妪，一旦入泉台。空房阒无人，半为鬼听窥。徘徊起长叹，秋虫泣莓苔。

中秋夜雨二首

其一

团圞空忆月明时，总对清流亦足悲。明月不来看又雨，人间天上尽相思。

其二

惨惨愁云月不生，萧萧木落草虫鸣。孤灯自照千行泪，和雨和风滴到明。

---

① "登"，原作"灯"，据文义改。

② 此诗又见冯继照辑《般阳诗萃·袁藩诗》。

③ "椽"，原作"缘"，据文义改。

登李家庄元帝阁赠巍然和尚

古道垂杨已十围，岸边高阁对斜晖。秋来瀑水朝金阙，静夜山云拂衲衣。万壑钟音时杳杳，一庭香露自霏霏。野僧别有安禅地，常对溪光坐翠微。

赠阳丘主人

黉堂西望郁嵯峨，百里春阴雨后多。云抱郎山衔落日，城临绣水映清波。何妨大隐居城市，自得长生足啸歌。庑下定交千古绝，冲门不厌客常过。

赠别阳丘李氏兄弟三首

其一

兄弟皆无敌，璠林几树看。乾坤留数子，风雅定宗坛。驿柳迟征旆，春云护晓寒。遥知别后梦，暮雨向更阑。

其二

独客逢寒食，春城乐事繁。暝花低照水，野竹半藏垣。不倦东山屐，重开北海樽。故园应更好，谁为启蓬门。

其三

灯火骄元夜，清明今又过。春光犹若此，别后复如何。云下郎山静，花临绣水多。东归长白道，离恨积银螺。

赠王予征

少年骀宕自春风，转眼豪华残醉中。画得沧州人不识，夜来独唱大江东。

除夜二首

其一

忍将浊酒对残灯，为惜年华不暂凭。霜角乍闻如野哭，铁衾愁卧似冰凌。团圞漫下昔时泪，寥廓空摧此夜膺。欲候春来惟两鬓，明朝一任雪毫增。

其二

年年除夕为伤神，此夜迢迢只病身。未老乾坤悲故我，如波岁月逐征人。寒风着意侵虚幌，残雪空留待晓春。腊意何能邀再住，独浇浊酒自逡巡。

春日 以下癸卯稿

惆怅春风事可哀，旧时帘幕掩尘埃。幽窗尽日无人到，多恐梅花不忍开。

梅花盛开有感[①]

寒食梅花大纷放，主人对此增惆怅。前楹细雨湿春云，幽谷[②]婉转涵清旷。悬雪雕冰面面生，碧须绿萼精神上。此花种奇来更奇，当年衡国旧花师。偷剪宫梅[③]向人卖，犹带倾城倾国姿。梁邹总宪张公子，举盆赠我索题诗。蹉跎于今四五载，几枝凌竞翻增态。忽发琼英片片香，珍珠迸散雪光碎。骨傲神寒天趣真，冷翠空香羞粉黛。花本无心唤客愁，暗思往事徒啾啾。二十年中变朝市，王宫台榭成荒丘。花魂无主归何处，伤心不见望春楼。茅檐昼永悲萧索，何似当时映珠箔。花落花开旧复新，人歌人哭今非昨。白头宫监说开元，青冢明妃怨沙漠。从此梅花据草亭，一尊倾倒玉雕[④]玲。梦回应照罗浮月，愁里休吹玉笛听。淡香疏影忘言处，长伴孤山处士星。

病中

十分春色病如斯，手拄寒颐困自支。欲向南国问消息，伶仃忍与任风吹。

五日

今朝全不似端阳，密树风翻暗古墙。更有何人遗艾虎，漫同逐客引蒲觞。须知薄命丝难续，总为离忧鬓已霜。佳节自怜情黯黯，几思投赋托潇湘。

亡荆忌日作

今朝与汝一年别，为鬼为人两不知。无梦肯来成暂语，伤心瞥去已周期。遗儿三岁迎坟拜，潦水千层绕岸悲。回首几年销病骨，泉台翻幸得如斯。

---

① 此诗又见冯继照辑《般阳诗萃·袁藩诗》、孙锡嘏编《般阳诗钞·敦好堂诗集》。

② “谷”，孙锡嘏编《般阳诗钞》本作“芬”。

③ “梅”，孙锡嘏编《般阳诗钞》本作“花”。

④ “雕”，孙锡嘏编《般阳诗钞》本作“珑”。

明湖

湖南湖北水朝天，何处扁舟唱采莲。香远路深人不见，嵖华桥上望晴烟。

登东馆故城有感二首束晰读书处，一名烟市

其一

独上荒城振客衣，萧萧芦荻朔风微。东连莘野看云树，西望铜台有落晖。百代名高书泽远，数篇诗废古音希。浮云矫首愁天末，霜逼寒空一雁飞。

其二

昔贤避地此中开，独客登临亦壮哉。窈窕千林余晚照，苍茫平楚尽蒿莱。空留庙貌题烟市，谁向征途吊古台。肃肃寒风搔短发，诗思应寄白云隈。

烟市闻钟

客来向晚息征尘，乍听孤钟出废阛。往代消沉摧雉堞，长途昏晓辨凫人。似因风定闻声远，转觉霜清入梦真。此去金堤更回首，遥遥烟市独伤神。

赠齐革之先生，时令南乐

人生重交游，意气如浮烟。然诺托平生，中心或不然。以兹天下士，裹足王公前。客来自南乐，娓娓使君贤。君有高世心，不与俗周旋。闻君治南乐，四野纷鸣弦。讼庭栖双鹤，焚香手一编。或过元道州，岂逊黄颍川。我来升兹堂，瑶草映几筵。夙昔文字好，悠悠已十年。携手一以笑，浩歌落飞泉。愿以餐流霞，长年伴偓佺。

谒仓帝陵

空山鸟迹草茂茂，匹马西来谒帝宫。自有奇文惊鬼夜，至今遗庙压天雄。黄河沙照明千里，岱岳云开接二东。万古斯文尊此地，危楼伫望起悲风。

天雄旧城怀古

当年锁钥郁崔嵬，河北风烟晚照开。漠漠漳流通狄庙，荒荒白日下铜台。

留京殿阙鱼龙没，城为水废。故国旌旗草木堆。欲向高原寻旧迹，雄关无复寇公才。

东昌道中

客心逼岁暮，归路武阳东。野旷芦花白，霜干木叶空。荒台无燧火，古道有悲风。旧恨兼新别，劳人残梦中。

题赵雪江画为周栎园司农先生

绿染修眉晓镜中，年年花柳照春城。夜来枕上看图画，梦到江南江上行。

除夕

枯冬寒梦逼空帷，却爱今宵玉漏迟。数卷残书围故我，一时愁绪寄阿谁。浮名未必邀亲喜，远别翻多重子悲。北望金台春漠漠，可能攀得上林枝。时拟开岁即上公车。

元旦 以下甲辰稿

此际春应入，炉烟细细分。和风吹自好，佳气静如闻。对酒看微篆，挑灯忆旧文。高堂介双寿，游子意更殷。

平陵道中雪望

积雪空明界，微烟澹有村。鸡鸣平野渡，树老古城门。不辨青山色，应消赤日痕。长途惊晓梦，愁听马蹄翻。

都门赠孙启苞二首

其一

飞雪依违满禁城，御河官柳带春生。逢人燕市仍呼酒，避世金门欲变名。二月莺花愁远塞，八年霜鬓见交情。与君携手长安道，未话昔时泪已倾。

其二

蓟门春昼自漫漫，对酒逢君不忍欢。别后离思成九曲，愁来风雪过三韩。

重裘漫滴征人泪，短发还冲壮士冠。却忆边城劳望远，金微鼓角听更阑。

送家兄信我先归

长安同作客，兄弟倍觉亲。岂意联床梦，先翻去路尘。柳丝明淀海，花雨涨钩津。好慰门庭望，皇都处处春。

偶成

浮名不自惜，何事促征轮。塞雨三春路，天风一夜尘。诗成多感遇，梦觉重怀人。只恐南溪柳，飞花满旧春。

青州道中

雨余新夏引微凉，揽辔登临俯大荒。云度山腰空翠滴，水交石齿落红香。茫茫草没牛山麓，杳杳霞栖古佛场。表海雄风犹未歇，徒留霸业付斜阳。

登云门山

岹峣石磴出云巅，十二河山倚槛前。绝壁望来余晚照，平芜眺尽有寒烟。花林下列千村锦，山下即花村疃，为青州八景之一。古洞中间一线天。我欲临风被薜荔，待过凉雨听飞泉。

云门山观乔司马篆书三大字有序

抵青山之夜，梦人持一录见示，上有名乔宇者，余曰："此大司马白岩先生也。"及寤，登云门山，见先生篆书三大字在石上矣。瞻拜惊异，乃纪以诗。

先生名字传闻久，客舍狂夫入梦奇。忽踏白云穿石洞，却瞻玉箸留丰碑。力遒屹屹芙蓉削，秀拔翩翩龙凤姿。为忆骑鲸人醉后，千年重与一题诗。青莲降乩为公作寿歌长篇甚奇。

陈希夷洞

一从高卧白云端，石洞泠泠彻骨寒。愿与先生同抵足，不须重问大还丹。

周栎园先生席上赠桐城方与三

昨朝携客登云门，下望城邑纷寥廓。欲探仙窟不可入，怀人天末风萧索。广固城南春草深，十二河山悲寂寞。入城却登夫子堂，逢君真气相喷薄。揽衣共坐发清商，漏尽终宵无算爵。自读君诗十载余，一朝相见欢如昨。披诵新文百感兴，离忧骚屑檐花落。忆昔桐城盛海内，玉映金闺斗绰约。家有赐书趋鲤庭，世掌丝纶归凤阁。自是雄文鬼夜惊，青蝇乍点然疑作。愁来出塞没黄云，归后谈诗胜白雪。几载悲欣马角生，千秋聚散龙沙幕。剧谈皎月平虚棂，中筵起舞掺挝咢。潦倒胸中五岳横，凭陵大叫意磅礴。坐客惨听思不禁，酒人相对恣欢谑。迢迢良夜玉绳低，倒泻金罍如赴壑。蜀桐吴石会有时，意气干云任挥霍。文子之饮今所无，况逢宗匠凭斤削。最怜人散月西归，遥望千峰照城郭。

寄赠许尔咨白雪同社

来鹤亭边秋水深，与君携手共登临。青山啸咏存风雅，白雪文章自古今。感遇每怜双鬓改，怀人空赋四愁吟。得交小阮称同辈，日望除书寄好音。时许谒选都门。

四月二十三日纪异

天心不嗜杀，四月竟飞霜。陇麦千村白，桑枝一树黄。严威乘夏令，萧索近秋光。调燮非吾事，空余泪几行。

和秦淮难女四诗同余姚朱纬章赋[①]

其一

滚滚征尘扑面催，马蹄千里阵云开。可怜红粉倾南国，又惹黄沙向北来。

其二

六朝宫[②]树半藏鸦，惨淡红颜感岁华。不见石头城下水，夜深呜咽和鸣笳。

---

① 此诗又见冯继照辑《般阳诗萃·袁藩诗》、孙锡嘏编《般阳诗钞·敦好堂诗集》，“诗”，俱作“首”。

② “宫”，原作“空”，据冯继照辑《般阳诗萃》本、孙锡嘏编《般阳诗钞》本改。

其三

临春结绮化寒烟，无复鸳鸯照水眠，回首金陵歌舞地，黄云漠漠正连天。

其四

长途还忆合欢初，有梦应难返旧庐。题罢新诗魂断绝，黄金何处觅文姝。

五日，宿明水镇，游百脉泉六首有序

百脉泉在阳丘城东南三十里，余往来济上，道必经此。记乙酉春，同友人游寺中。时干戈甫静，景物萧条，旅况凄凉，田畴未垦。及入寺门，春波漾绿，新柳增妍，顾而乐之。再十年，同苏若佩重游，则佛宇倾圮，石甃陷泥淖中矣。时正季秋，霜净波明，一池如镜。读壁间李太常先生诗，步其韵得二首。及今不觉又复十年，端阳自祝阿还，日晡憩此，则庙貌重新者四年矣。宏敞虽复旧观，而垂杨辄已老丑，石阑渐就剥落，凭吊畴昔，意惝恍不能自持。出凭石上，卧听流泉，远望长白诸峰，湛湛浮水面，爽气逼人。因念客况无聊，佳节犹旅食也。听隔垣竹树中倚坐浮白，为欢此日。而余潦倒支离，正不减三闾大夫憔悴江潭，岂不悲哉！因随笔识之如左。

其一

溪光浩渺暗泉通，廿载重来谒梵宫。古柳垂烟明晚照，平池漾碧泻残红。伏从济渎云根湿，香散佛龛月印空。客绪茫茫还令节，一时幽意许谁同。

其二

莎岸青青接寺门，石床高下没苔痕。名泉初地今犹在，胜事重来半不存。别圃薰风摇绿玉，荒台新月照黄昏。坐余自觉尘思涤，忍听孤钟一断魂。

其三

阳丘选胜此无双，窈窕林泉接绣江。隔院筱烟青杳杳，空阶石罅水淙淙。有时树影交禅榻，无那山容入夜窗。多少题诗寄清兴，天风幻眇起云幢。

其四

高阁凭虚对落晖，佛灯深殿闭霏微。空林杳霭泉声细，水槛招摇燕子飞。万颗明珠穿地轴，六时花雨散天衣。年年胜日悲摇落，欲把长竿守钓矶。

其五

才过山雨麦初黄，波涨畦田露稻秧。是处鹫峰留盛迹，何年龙窟驾飞梁。深林五月云衣湿，远岫千层水面凉。欲赋灵均人不见，《离骚》读罢咏沧浪。

其六

胜地寻来兴渺茫，惊心客里又重阳。池边艾叶窥丝鬓，野外薰风度薄裳。静夜鲛人珠泪冷，晓天神女舞衣凉。莓苔满径无人到，明月空留薜荔房。

寄赠葛谦斋当涂令

西风湖上送君还，仙令今称第一班。雅有新诗题白纻，多因旧迹访青山。三秋桂子生金屋，葛未有子，闻其将置妾，故云。几树梅花对玉颜。勾漏丹砂知在否，寒烟遥接五云间。当涂有陶弘景宅，丹灶寒烟，为景中之盛。

夏夜为友人作

夏夜雨初凉，暝花香近床。梦随云叶度，欢看玉河长。罢茗添新篆，偎人理旧妆。连朝苔径合，相对惜清光。

又绝句

丝丝凉雨过回廊，梦引微风入药房。解道人如双燕子，肯教独自守雕梁。

秋晓有怀

微云连曙色，憺荡早秋天。树影交檐外，鸡声落枕边。玉关乡梦断，金井露珠圆。摇落人空老，明湖忆旧年。

闰六月七夕戏作

屈指金风入柳条，争知暑令未全消。黄杨运厄愁今岁，青鸟缘空负此宵。珍重蛛丝虚就果，丁宁鹊驾未成桥。微茫珠露涓涓滴，倍觉银梭一夜遥。

七夕

夜残凉风发，双星出林樾。当轩坐清露，遥望如银阙。静极意若存，爽气生毛发。何年好事人，荒唐乌鹊筏。乞巧或曝衣，纷纭不可讦。愚夫繁跪拜，儿女瓜盘崒。吁嗟千载人，得失谁能越。我生憺无营，悠悠恃拙讷。不乞亦不辞，坦怀忘岁月。好节付流萤，笑指天河没。危栏倚长啸，恍惚有仙骨。

七月十五日

早秋凉露更销魂，此夕人天岂易论。本学农家葵枣馔，聊参佛法盂兰盆。到窗明月闻蛩语，远寺孤钟度酒樽。独坐空庭浑是客，夜深老树掩柴门。

上张受庵夫子出守东莱

除书朝拜领专城，北斗遥看挂玉京。自有朱幡拥五马，应知白鹿夹双旌。郡重股肱新帝简，经传齐鲁旧诸生。蒲轮渤海寻常事，带草于今更几茎。

过灰埠驿次施愚山先生韵二首①

其一

沙落随风转，秋蝉静夕亭。雨连村尽黑，山近海偏青。古木悲残照，秋光点鬓星。可能留一憩，归梦不为醒。

其二

草深苔滑驿亭幽，暂解征衣晚欲留。落日寒蝉同作客，高轩老树自悲秋。云来灰埠烟初起，雨过沙汀水不流。只此空庭兴废地，茫茫阅尽古今愁。

莱城野望

此地更萧疏，林烟澹有无。佛钟知夜浅，山月向人孤。近海鱼腥杂，浸城水径纡。秋原一独眺，草树接平芜。

观海次毛文简公韵

颢气涵虚天地同，凿开万古浴鸿蒙。遥看作岸云光碧，乍对穿波日影红。浪蹴蛟龙时上下，机忘鸥鹭任西东。移情欲访连成②去，何事尘劳此域中。

---

① 此篇其一又见冯继照辑《般阳诗萃·袁藩诗》、孙锡嘏编《般阳诗钞·敦好堂诗集》、卢见曾《国朝山左诗钞》卷三十一《袁藩诗》、徐世昌《晚晴簃诗汇》卷三十五《袁藩诗》、道光重修《平度州志》卷十四《艺文志中》（题作“过灰埠驿和施愚山先生诗”）。

② “成”下，原衍“连”字。

过伯夷待清处

纡曲盘石磴，秋空自萧索。平原多秋风，耕夫各阡陌。崒嵂薄秋霄，稜层孤山碧。云是墨郃君，此中曾遁迹。天伦苟可全，弃国如脱屣。高蹈来海隅，清风何奕奕。山寒草木枯，下视尘中客。待清避商纣，就养归西伯。去住一不滓，翱翔非有择。扣马见夙心，忠义彻金石。至今遗庙崇，白云自朝夕。

禹城郊望

落日荒城接寒阴，朔风撩客倦登临。秋生泺水浮云满，路入平原蔓草深。几处征人驱暮马，谁家少妇急寒砧。岸边丛菊今何似，搔首重来怅独寻。

夜雨

微雨当秋夜，空床客思惊。枕前方堕泪，窗外几时明。城柝因风急，寒砧入梦清。自知秋渐老，处处故园情。

怀朱及先入济南

余方为客祝阿道，君更萧萧向泺源。此去征云看度雁，夜来凉雨落孤樽。峼华桥上芦烟寂，月老祠前柳浪翻。几日东归能暂住，明湖秋色许重论。月老故迹在禹城，有祠。

秋夜梦孙五粒先生，时谴盛京赐环二首

其一

秋风漂荡祝阿城，梦里逢君客思惊。几载孤臣辽海泪，三更游子故乡情。穹庐望断寒云色，塞雁愁闻夜雨声。魂去枫林悲落寞，关山豹虎正纵横。

其二

忽梦君从此地过，依然当日老维摩。梦公僧帽儒服观剧。相逢还忆杨枝舞，觉后空悲出塞歌。寒雨一灯新涕泪，秋风万里古山河。归来五柏青如旧，莫向樽前唤奈何。公家读书庵以五柏名。

紫箫为朱禹宗赋①

紫玉林中按谱裁，碧桃花下佐深杯。一声幽籁穿云入，真见秦楼引凤来。

九日禹城署中作

荒原木落正高秋，佳节何堪赋远游。篱外黄花羞短鬓，樽前白雁失清讴。寒沙射日嘶征马，残照伤心暗戍楼。总把茱萸不成醉，异乡归思梦刀头。

别许恕庵二首

其一

独客怀人经九月，逢君异地转相亲。半床寒雨孤衾薄，十日青樽好句新。香借菊花秋色老，梦随云叶雁声频。谁知一别城南路，野阔风酸促去轮。

其二

远眺孤城夕，惟君意可通。哀猿听暮雨，匹马去秋风。别惜重阳后，人悲客路中。莫忘长白道，霜叶正交红。

留别朱子遇禹宗君胤邵淑圣诸子

友朋聚处全忘客，渐尽秋光赋式微。乍见菊花惊岁晚，还思明月旧时非。予以中秋至禹，过九日始还。故乡因梦来长夜，别泪成丝上旅衣。若过济南重回首，寒云无际掩斜晖。

药圃迟许恕庵不至

沙溪秋水净，晚眺独伤神。黄菊无知己，疏松久待人。岸凋霜后叶，愁集病中身。何计邀元度，芳兰得共纫。

---

① “箫”，原作“萧”，据文义改。

灵壁石台成，为孙道宣作二首

其一

翠色虚堂佛座来，对君三径足徘徊。全收海气成螺化，乍吐晴烟倚镜台。韵胜临风歌白雪，骨寒长日卧苍苔。桐阴泠泠敲如玉，清响知从逸思开。

其二

奇石为君自远来，堂前嘉树佐徘徊。苍凉古水涵灵气，窈窕微云照晚台。静掩柴门增傲骨，闲施细雨结寒苔。比年高外耽幽事，平取峰峦榻上开。

济上送周栎园先生入觐

金兴晓色护行旌，千里寒烟绕禁城。圣主久烦天下计，老臣新奏泰阶平。西山雪后开春仗，北阙云中识圣情。此际若承前席问，艰难为代说苍生。

题周司农先生画册三首①

其一

草阁无人望夕曛，高岩古壑尽苔纹②。不知篱外何年树，自在空山老白云。

叶荣木

其二

科头长日对空林，门外苍苔满径深。风雨夜来吹客梦，匡床抱膝听龙吟。

盛伯含

其三

绝壑倚高岩，松风散如雨。摊书对白云，泉声落何处。邵僧弥

腊尽风雪晚霁得二首

其一

微雪窥帘向夜清，晓风骤发复纵横。数行归雁遥天绝，几树寒柯乱壑撑。入手余杯空岁暮，傍担花萼自含情。萧条庭畔层冰结，能得春光此际生。

---

① 此诗其一和其二又见冯继照辑《般阳诗萃·袁藩诗》、孙锡嘏编《般阳诗钞·敦好堂诗集》，俱题作“题周栎园先生画册”。

② “纹”，原作“绞”，据文义改。

其二

独掩虚堂听朔风，萧萧万木泣征鸿。微阴尽落溪云外，薄雪新晴返照中。多病只愁双鬓白，余尊且酌半炉红。梅花胜有寒芳在，潦倒休教感岁终。

余数年来，除夕率皆有诗。终岁攘攘，此夕闭目回观，一自参想，为悲为喜，各有妙处，未可言传。故嬉怒皆可存，而纯疵不必删也。既岁幸有室家，而悲闷似不堪语。独念两大人双寿古稀，弄孙为乐，是可喜也，乃识之以诗

年往诚可惜，迢迢又除夜。嗟予失志人，对尊不可泻。弱龄交海内，浮名为世咤。天荣人自摈，妄得文章价。转侧恐惧深，笔墨为变化。谦谦遵圣训，骨傲心愈下。回首终岁间，忆自春官罢。问字云门山，负笈祝阿舍。观海得奇情，长白憩深夏。及予秋风凉，潦倒客中罫。不逢醉尉嗔，宁闻灌夫骂。孟冬正佳期，再饰亲迎驾。须眉一可羞，对镜无良暇。贫者士之常，嚅唲何能假。笑傲得天真，班衣娱亭榭。有儿才四岁，拜向高堂迓。双介古稀年，弄孙负朝罅。此岁得如斯，素心或不差。更深爆竹静，忍对灯花谢。古研守空斋，寒光数星射。

题叶欣画以下己巳稿

公年八十耽绘事，幽窗缈缈对石屏。老眼饱看烟霞色，奇怀远寄长林青。最喜寥廓空色相，却愁笔墨太精灵。此中殊有桃源在，活活流泉正可听。

红桥旅梦诗五首，为山阴吕黍字赋①

其一

春风骀宕蒜山云，梦里幽香得似君。潮落寒江愁独夜，屋梁空见月纷纷。

其二

邗沟明月古红桥，隋苑流风尚可招。此地果然堪入梦，黄粱难解是情苗。

其三

夜凉憔悴竹西亭，驿柳垂丝入鬓青。江上数峰人不见，愁看楼角没春星。

---

① 此诗其二、其三、其四、其五又见冯继照辑《般阳诗萃·袁藩诗》，题作“红桥吕梦诗为山阴吕黍字赋”。

其四

夹道蘼芜春又生，炉烟长日冷楸枰。夜来几点空阶雨，仿佛窗前落子声。

其五

檀板金尊夜未阑，高楼一曲洞箫[①]寒。情知无赖扬州月，博得芳容入梦看。

送苏若佩之宁远兼讯吕黍字惠诗三首

其一

春风千里路漫漫，二月莺花两处看。到日趋庭凭寄语，征车早晚下长安。

其二

青青驿柳覆长堤，折赠行人们陇西。莫似杨花无定泊，可怜黄鸟上枝啼。

其三

为问山阴吕黍字，那闻济水袁松篱。寄来窈窕清明曲，绝胜黄河远上诗。

上朱虞祥夫子迁户部郎[②]

三年报政首[③]循良，新拜除书粉署香。圣主重烦《盐铁论》，老臣先领度支章。北辰夜迥连奎[④]宿，南极星辉引曙光。环映乔松多秀色，及时桃李正芬芳。

送王履吉节推顺庆新任二首

其一

春风吹雪照行旌，遥指巴西万里程。树色空随云栈远，桐花应傍锦江生。吏因学术存风雅，人籍山川符大名。不必雄文传谕蜀，年来益部尽销兵。

其二

送君南浦柳含烟，征旆遥临景物妍。雪尽黄河天上落，云开华岳镜中悬。讼庭昼永驯双鹤，官舍香生抚五弦。若向琴台寻旧迹，好留词赋重山川。

---

① “箫”，原作“萧”，据文义改。

② 此诗又见冯继照辑《般阳诗萃·袁藩诗》、孙锡嘏编《般阳诗钞·敦好堂诗集》。

③ “首”，原作“守”，据冯继照辑《般阳诗萃》本、孙锡嘏编《般阳诗钞》本改。

④ “奎”，冯继照辑《般阳诗萃》本、孙锡嘏编《般阳诗钞》本作“魁”。

谢李燕思惠柏栽

道人种柏几千株，翠色东园照长白。晓云欲滴畦头青，春雨平遮沙岸黑。有时屐齿印蓬门，霭霭依人映苔石。乞得余清伴白杨，几株栽向村南陌。我时为客去长安，烈日柔枝任枯瘠。归来叹息黄垆傍，坐对溪云少光泽。君闻此意重相怜，再赠数株不待索。为感殷勤手自栽，沃以清泉壅埴赤。连朝生意渐相亲，旋从旧绿抽新碧。物理精微有如斯，生生死死情堪绎。二三憔悴岂无因，肤腠经霜原格格。若待明春重补移，君当许我高数尺。他年风雨会阴森，就此堪营万古宅。谁能解诵杜陵诗，树木犹为人爱惜。

觅芙蓉栽

春去方无计，预图秋意看。谁能擎晓露，不怯夜来寒。微晕临风软，轻红带月阑。数枝从乞得，木落且为欢。

觅菊栽

几年书幌集佳英，玉罼风前细细倾。今日茅斋重植此，好将秋色寄离情。

和孙道宣绪园六首

其一

曳杖寻佳胜，名园近水隈。溪流当径合，云影过山开。此日凭吟眺，何年辟草莱。暂游邀梦住，时向月中回。

其二

夹岸垂深柳，柔条日渐长。人皆萦别思，我亦爱清光。明月愁羌笛，春阴护女墙。君家兄弟好，新句在池塘。

其三

西山微雨后，杳霭入空林。不尽萧疏意，能生出世心。岸高疑列幛，泉响似鸣琴。清听当良夜，谁能惜露沉。

其四

弱柳垂新碧，敷阴接岸横。石蹲野水伏，树老暮烟平。渭曲空留赋，灵和欲借名。风流正追赏，莺语忆初成。

其五

郭外临溪水，清幽媚作园。寒梢浮积翠，石罅泻潺湲。凉月贮新酌，山云过短垣。到来多逸兴，长啸足忘言。

其六

孝水萦山麓，中藏处士家。桥边增柳色，谷口满桃花。物外有真意，樽前感岁华。忘机看野鸟，斜日立平沙。

赠张幼量先生二首[①]

其一

离忧几载黄山道，秋雨重来坐草亭。多难对看双鬓白，晚凉独眺乱峰青。半窗蕉叶愁中老，满坐松风雨后听。莫忆昔游不成醉，沙溪依旧水泠泠。

其二

一庭松竹待君还，飞送余青是旧山。过眼烟云收妙语，荡胸醽醁慰愁颜。秋风扫石安棋局，夜向留人入梦阑。池上经行异时路，坐看鸟迹破苔斑。

题樊会公画二首

其一

野风芦荻秋，斜日孤城下。烟水何茫茫，离忧从此泻。波浪去无边，帆影遥空卸。何处问归人，云光自相射。

其二

空庭留夕照，木叶脱寒风。此际凭谁语，烟波一望中。

月夜行风山涧中

山深明月多，浩荡天无际。层峦出纡途，杳冥更奇丽。疲马当夜临，心魂自悚厉。俯窥肆无景，远村鸡犬闭。恍惚海水阔，万丈开霜霁。杂树自撑仗，如荇复如荠。投身下竦岸，骨寒毛发细。无乃水晶宫，暂与蛟龙憩。

---

① 此诗其一又见卢见曾《国朝山左诗钞》卷三十一《袁藩诗》、徐世昌《晚晴簃诗汇》卷三十五《袁藩诗》。

赋得流风渐不亲鲍照句

天旷物多变，孤云自遐举。披衣临前楹，密叶已忘暑。摊书坐清昼，静言念俦侣。微寒在北牖，萧条难与语。常恐阶下荣，憔悴感时序。徘徊顾庭砌，栖神寄远渚。

笼水道中忆似懒园作

过雨天增旷，孤城望夕阴。湿云归别岫，返照出空林。多为名花约，徒劳去客心。西园飞盖后，还欲惬幽寻。

登楼

节近重阳菊渐开，秋客野圃足徘徊。孤城落日烟初暝，独客登楼雁正来。漠漠寒云飞大麓，亭亭古树倚荒台。愁余尚忆昔年约，细雨移花佐酒杯。

九日过似懒园，值孙禹年先生会饮平渡沟

客路逢佳节，悲秋两地看。山云将送雨，渚柳欲生寒。远意迟今约，离情惜古欢。怀君归径好，野菊上危冠。

是日至笼水，宿孙玉协斋中

百里行将尽，登高且未能。黄花闲客路，村酒惜孤灯。城角秋阴薄，空阶露气升。茱萸何处问，霜雁镇相仍。

秋尽①

霜风徙倚正深秋，萧瑟平原忆旧游。万里寒云天欲雨，数行归雁客登楼。西山落木红应尽，南浦怀人绿已收。惟有余花劳望远，荒烟断处接林邱。

① 此诗又见冯继照辑《般阳诗萃·袁藩诗》、孙锡嘏编《般阳诗钞·敦好堂诗集》。

李征君八十寿言有跋

长白吐朝霞，浩荡黄山阿。李君村名黄山前。闻中有隐士，怡年养天和。秋风自萧瑟，达人恒啸歌。曳杖蹑层岩，石磴生青萝。仿佛古仙人，白鷁归云窝。岂不念浮荣，所虑失者多。倦言尘中客，生理日婆娑。徒伤太古醇，反为俗礼苛。以此自愉悦，挥弦对嵯峨。幽晖滴空翠，嘉树映清波。况兹重阳节，红叶点青螺。素心共晨夕，菊花照颜酡。不衰真地仙，此语良非讹。

"旧事仙人白兔翁，掉头归去又乘风。"此韩翃《送齐山人归长白》诗也，而齐山人不传。非不传也，真山人故不欲传耳。而传齐山人者，乃在韩公一诗，诗传则山人传矣。余曰：不然。古今酬唱尘纷雾积，而此诗独传，传以山人，以山人归长白之故。何以知之？知之以祉延先生之寿，而素中、友生诸君子之赓诗以赠也。诸君子岂无所用其心哉？而独于一山阿隐士惓惓不啻口出，则知归长白者，岂易云然乎？先生之得信于诸君子，与诸君子之亟称于先生，非偶然也。先生传矣，诸君子之诗亦传矣。先生家长先生家长白东麓，又焉知事白兔公者，非即先生也耶？

腊月十九日同苏铭三家天倪憩李家庄僧舍

劳劳终岁梦魂惊，乍启禅关百虑平。花散诸天非有相，尘消净地本无生。袈裟座上余香冷，杨柳湾中落日明。驱马共君从此别，可怜回首岁将更。

除夕

草堂独坐倦挑灯，暗里年华转玉绳。风劲当轩鸣老树，星垂深夜照虚棱。椒花并献犹能赋，竹叶多愁不易胜。今夕岁徂无博塞，明朝暮景看飞腾。杜诗云："四十明朝过，飞腾暮景斜。"予年适如之矣。

新正五日试笔以下丙午稿

元日风和景物媚，连朝怒号起狂飙。枯枝撼地蛰龙动，寒意侵人冻鹊桥。不惜客窗梅放蕊，却愁官路柳垂条。一樽且自拥垆座，谁向南村看麦苗。

人日

喜逢人日见晴光，谁遣风威太作狂。一任庭柯喧昼夜，漫怜堤柳试冰霜。镜中白发增新岁，盘里青丝引旧觞。檐底负暄愁未得，几时春色过邻墙。纪游诗。此以下未写。①

再游采江，饮谪仙楼三首

其一

一棹重来俯逝川，意中云树倍增妍。江山位置既如此，诗酒登临何不然。高咏未逢袁彦伯，挥杯且对李青莲。月明更望西江夜，惟见鸡笼生远烟。

其二

江上月初明，水光涵太清。楼台当镜出，波浪接云平。到此悔尘世，重游寄远情。松风凉枕簟，夜起听潮声。

其三

轻舠牛渚下，峭壁露晨光。鸟过天无际，云来水自凉。古松撑怪石，深洞闭幽香。便欲乘槎去，银河溯杳茫。

登万寿寺昆卢阁

我来作客二千里外之江东，山川一一旷远而豪雄。青峰突兀临几案，姑溪昼夜浩浩浸长空。有时凭高骋极望，豁我万里之双瞳。几日霪霖闭城市，离忧勃勃郁方中。早起旭日照池水，快然携友并辔驱青骢。见说唐朝化城寺，青莲旧游题字飞流虹。只今杰阁更谁造，佛灯慧日破群蒙。揽衣直上高百尺，千岩万壑奔走伏帘栊。古松夭矫手摩顶，下视江光一线流淙淙。孤云背郭更南去，俯首平看意自忡。何当乘此凌风起，一声长啸天与通。不见江山月如水，翩然两神摇清风。不必天台更寻旧时路，洞门惆怅桃花红。

题画扇

真见梅花纸上生，更有翠羽啾啾鸣。唤起香魂自撩乱，寒梢映雪肌肤清。纳君怀袖凉风发，花鸟依人生幽樾。梦回却忆参初横，何时更醉罗浮月。

---

① 按，原注如此。

茉莉

幽香婉转夜冥冥，散入诗魂梦亦馨。疑是摩诃池上月，冰肌玉骨立空庭。

为友人题寿星图

鹤颜鲐背骨嶙峋，南极长庚说未真。莫向图中询姓字，如君端可是前身。

五月念七日家大人寿辰感咏

白云北望隔江关，游子经时恨不还。已阙樽前称介寿，谁从膝下舞斑斓。四方糊口原非计，千里惊心自惘然。再拜天涯空洒泪，童孙何计慰愁颜。

夜听友人弦索

久客思归，雨歇云飞。之子夜弹，我心则悲。弦急调高，江风怒涛。霜空白鹤，四海独翱。促柱微吟，细雨幽林。鸣蜩乍起，倦鸟归岑。呜咽缠绵，指下流泉。寻声则通，入想已铉。仰视明星，落落空庭。池边修竹，衣上流萤。千里征人，自夏徂春。风波斗酒，天涯比邻。浩浩江流，曾不泻忧。春秋代谢，乾坤自浮。谁挽银河，荡涤烦疴。高天明月，空山晤歌。

赠别葛谦斋四首

其一

姑江六十日，相对惜清歌。好月樽中得，名花雨后看。每当幽兴极，似觉客愁宽。泪为思归尽，逢君不忍弹。

其二

已作乘轩贵，犹存闭户心。文章看白雪，意气失黄金。重地临桓郡，高风对谢岑。水亭无俗事，修竹散清阴。

其三

朝朝江上雨，云气湿空庭。客况浑无赖，乡音未可听。暝花闲破蕊，栖鸟倦修翎。何日归舟望，斜阳远岫青。

其四

握手情难尽，言归思已繁。旅愁增夜雨，歉岁忆荒园。良会人千里，天涯酒一樽。蒲轮经北去，莫惜过柴门。

江上别葛谦斋

骊歌一曲立江头，欲挂征帆复暂留。久客归心怜去水，多情好友望行舟。垂杨影外千条碧，乱苇声中两岸秋。今夜月明人散后，不知谁上庾公楼。

江行

江上云开彩鹢追，群峰夹岸赋将离。望夫山下征人泪，慈姥矶前荡子悲。高叶蝉声频入枕，惊涛帆影半侵湄。一朝客况凭谁语，遥指南天寄所思。

泊舟慈姥矶用壁间韵

归帆小立水云赊，遥指矶边石径斜。数千里外常为客，十二时中半忆家。古本荒阴泊晚棹，空山佛火照平沙。故园回首春风别，野菊愁看又作花。

登燕子矶

孤峰杰立俯江渍，独客凭高对夕曛。万里波光浮日月，六朝文物化烟云。潮平远接芦花碧，风静微看木叶分。徙倚石阑吟眺处，不堪回首恨离群。纪游诗止。[①]

送周栎园先生之江宁二首

其一

数载云门下，屡升君子堂。论文题白雪，建节肃青霜。敢负千秋托，能忘一瓣香。秣陵南望处，心与片帆长。

---

① 按，原注如此。

其二

十二山河旧，东郊雨露偏。一时崇大雅，四野被鸣弦。不作今人句，还参古佛禅。几时随杖屦，花雨赋江天。

赠李其旋

李氏多仙才，往往天庙器。紫气启崤函，菁华不可闷。巨山掌丝纶，休明恣鼓吹。长源天人姿，青莲更雄肆。累世盛勋名，陇西文武寄。明季推词人，沧溟及北地。世代挺人豪，矫若霜鹗翅。佳气产岱左，长白孕空翠。峨峨老尚书，名山表灵异。七十侍萱堂，绣豸属阿季。子弟尽英材，冠盖连车驷。我昔交小阮，英骏如骐骥。阿大及中郎，文章发金匮。语出千人惊，清谈众所避。君年正髫龀，堂前辨奇字。一订性命友，寒暑倏五易。绣水春江明，文锋偶一试。落笔风雨鸣，登坛夺赤帜。君才原浩荡，绝迹寻常事。六翮奋云逵，青霄可立致。我时客江东，闻之喜不寐。自怜失志人，同学半高位。君家兄弟好，斯文方未坠。夙昔青灯下，奇文读把臂。意匠苦经营，书卷有深嗜。此道无近远，行行有各至。功名在及时，老大徒增喟。予意固惓惓，知君不忍弃。夺鳌必先登，勿为世趋媚。裘马少年场，声色及货利。细微一不慎，遂能失素志。君如云中鹤，翩然表莹粹。会见凌风起，并为天下瑞。昨夜秋风来，缥缈天香萃。赠君多取携，狂言固无伪。

济南赠安静子

潇潇几日明湖雨，四载重来复见君。北渚秋声曾入梦，玉函山色忆谈文。画桥无语临宫水，衰柳多情望夕曛。东去平陵回首处，岵华空翠滴寒云。

九日 有序

苏东坡有云："人生惟寒食、重九不可虚度。"每念斯言，低徊久之。丙午九日，李兰崖药房有入山之约。既不果往，苏铭三招饮西园。而午前辄雨，独坐小斋，因检数年来友朋投赠之诗，大者数卷，小者片缣，久积箧中，未经伦次。乃搜出得若干种，或汇集，或各订拮据。至晡时书就，雨亦晴，不复理登高事。焚香静坐，书帙相亲，尘烦未即，不可虚度，此亦一法也。因念兰崖诸公山中之乐，为赋诗讯之。

远空澹云物，郊原弄秋姿。凉风散木末，田畴获及时。农务半在野，寻览无所期。今早霜未来，寒风拂须眉。下帘香篆细，绿苔映窗滋。检点案上书，一一故人诗。千里寄同好，片言表清规。披诵不去手，微雨引凉飔。怅望登高会，出门竟何之。遥忆山中客，携酒坐清池。滴沥响修竹，黄花绕涧垂。清磬落空岩，白云护疏篱。晚晴多爽气，返照明深卮。抛书步前楹，微吟动深思。雁声正憭栗，节序含余悲。千峰寒叶静，双鬓秋风吹。行止各有殊，醉醒无不宜。悠然与兴会，素心当无歧。

游莱州神山洞

微云海风高，朝出神山路。透迤松径深，涛声散如雨。野色澹寒林，岩谷更开布。石磴悬云端，攀缘若蚁附。峭壁临平台，洞门杳烟雾。一一群真像，精神各有具。仰观浮云驰，俯听流泉度。碑摩岁月深，仙灵此中聚。代远踪已陈，遥望高原树。樵声起危涧，迢迢行前渡。策赛越山阴，海气昏朝暮。四望何踌躇，清磬留归步。

赠十公和尚用高太史韵

十里寒霜覆蔓莎，老僧锡杖渡关河。君能说法闻香笑，我自逢场拍板歌。客路雪深欺鬓白，佛灯夜静照颜酡。茫茫尘海经行处，好问西归意若何。

用前韵呈唐济武太史

水边石齿印寒莎，策蹇平明渡孝河。雪暗山容增黛色，霜迷野径失樵歌。望中城阙愁空老，客舍浊醪意欲酡。若解溪声堪入道，更无缘感奈人何。

和孙介福秋杪梦游历下之作

秋气晚如何，君曾向梦过。山容濯暮雨，雁阵度清歌。云壑石泉急，离亭木叶多。岵华高映处，幽兴寄南柯。

除夕天宁寺小集

钟声隔院漏初长，深殿如闻古佛香。客里年华惊改岁，座中良友自飞觞。云开帝阙朝新极，风度铃音出上方。此夜春光来梵宇，会看柳色遍宫墙。

敦好堂诗集卷三

雪中望天宁寺塔

古塔何年护帝京，望中春雪积檐平。乍惊银海飞龙象，特涌金轮接凤城。总散天花非有迹，高悬铃铎自无声。空明色相全归寂，惟见佛灯向夜清。

答孙孝堪赠别之作三首①

其一

蓟门春昼雪初晴，别酒逢君此暂倾。何处笳声吹塞马，不堪回首故园情。

其二

冻柳经春雪未消，行人惆怅挽垂条。归心二月芦沟水，一夜随风欲上潮。

其三

春明门外草萋萋，古渡黄沙望远②迷。为问禹王③山下路，何人携酒听莺啼。

山行

如此春光正可怜，愁人客里见秋千。双鬟笑语谁家女，红杏林中落翠钿。

赠钟赤松邑侯，时令莱芜

朝望长春岭，岩壑秀无际。空翠滴深林，行行更崎丽。四野纷鸣弦，汶水涵清砺。俗美知化淳，风教本慈惠。父老前致词，我侯诚恺悌。吏静民亦安，兴利复除弊。妇子乐春台，湛恩等百世。闻言重致思，循良杳难计。今日见斯人，龙雯与凤哕。忆昔客长安，陈张观我、敬甫水乳羿。吟罢循前楹，屈指谈经济。倾心今史云，芳规良足继。劝惩德化尊，刚柔互调剂。温如春日熹，皎若秋空霁。道义夙所□，服官心逾细。数年冰檗操，气凝神自厉。慈母与严师，古人罕其俪。

---

① 此诗其二、其三又见冯继照辑《般阳诗萃·袁藩诗》、孙锡嘏编《般阳诗钞·敦好堂诗集》。

② “沙望”，原缺，据冯继照辑《般阳诗萃》本、孙锡嘏编《般阳诗钞》本补。“远”，冯继照辑《般阳诗萃》本、孙锡嘏编《般阳诗钞》本俱作“欲”。

③ “王”，原缺，据冯继照辑《般阳诗萃》本、孙锡嘏编《般阳诗钞》本补。

天子下蒲轮，应循渤海例。时予切景行，今将叩云砌。垂盼敦古欢，温颜时接袂。我为除荆棘，兼之植兰蕙。佳气蔼春阴，清风激衰替。譬彼造物恩，阳和化沴戾。远迩同一覆，望君如望岁。衔结无穷期，种德滋来裔。

赠张子秀二首

其一

客路无云麦浪轻，溪山百里散歌声。从夸汶水经春碧，若比君侯未是清。

其二

官舍榴花绕砌生，吴钩闲看作龙鸣。千秋侠气逢君处，那许人间有不平。

五日赠朱虞祥夫子，时以旧任候补部郎

东郡重留日，弦歌令节宜。榴花开旧砌，菖歜荐新卮。粉署方虚左，琴堂犹在兹。天心从物望，棠阴慰余思。

寄秋公律师

何处老僧卧石渚，廿年楗户忘寒暑。神光朗朗夜珠圆，海门潮音静可语。花发如闻古佛香，笑拈一枝参法王。潭水经秋照明月，数声清磬冷云房。

秋日济南道中

岚光百里护村家，客路西风老鬓华。落日高天闻独雁，平芜秋色见黄花。迎霜木叶临清水，过雨山容露晚霞。何处牧歌随犊去，只余虫响度寒沙。

平陵城怀古

落日平陵道，微凉动旅衣。野烟村树合，水径晚禽飞。荒草城空没，孤云客自归。长歌怀往事，黄犊有余欷。

过石磬庄

石桥东畔是谁家，草没荒垣土径斜。曾记当年留客处，春风满树碧桃花。

中秋对月

高天真似洗，微露湿前楹。一岁今宵月，三秋此夜情。客怀清不寐，幽籁息还鸣。未觉仍尘世，何劳感叹生。

送苏铭三由黎城之宁远

高天落木照行旌，握手难分问去程。泪湿寒云连渭水，人随秋雁到黎城。长途霜月留归梦，绝塞风烟赋远征。紫燕峰头寻胜迹，黄花偏系故人情。紫燕山为宁远之胜。

重阳晚步

莫负登高节，良宵月更宜。澹烟浮野色，疏树隐秋思。籁静人俱远，霜临叶渐垂。黄花空有约，双鬓愧成丝。

用安素中韵却赠

落木下高风，秋老黄花耐。寤寐素心人，佳句贫犹在。当其猛悟时，清言一何快。愿君持此心，可以交千载。

寿周学宪

嵖湖晓色照金庭，粉署香余翰墨馨。望重文章起八代，门多桃李祝千龄。开尊华注当轩碧，卷幔函山入座青。莫讶岁星临海岱，于今历下正谈经。

夜雨有怀李兰崖[①]

仲冬天气寒，倦游卧荒庐。檐隐多悲风，鸡犬阒村墟。灯火娱长夜，悠然思有余。微雨西北来，云气湿清虚。庭柯音愈静，滴沥响阶除。兴来怀我友，古人将谁如。读书长白下，窈窕似仙居。眉宇有真气，珠玉随吹嘘。摊书临百城，古藻恣蒐渔。痛饮时复佳，文采映襟裾。寄诗悬素壁，照耀及林闾。文章重道义，尺素如璠玙。

村南墓上拾得古半两钱志感

范水当秋对秋雨，村烟回合隔南浦。客子茫茫百忧集，逝者如斯泪如缕。西岸白杨四五春，松柏阴森映河浒。下有长眠人，上有一抔土。土上年年春草生，土中人去成今古。柱杖行吟绕树悲，青钱掩映孤坟奇。半两字带苔藓碧，色疑绿玉临清池。鼓铸当年亦精好，嬴秦创始汉改为。此物虽微阅人代，二千余年尚如斯。摩挲归来注铜碗，颜色照耀清须眉。金钱入土有时出，泉下之人那得知。

宿西明水镇

朔风烈烈卷征尘，百脉泉边一问津。几个寒鸦悲老树，千年流水照行人。春云瀑布当阶湿，灌竹幽泉咽石粼。廿载经过还此地，桥头晚眺独伤神。

港沟道中

马首冲寒欲渡河，空林觅径引樵歌。野禽傍水鸣初起，山路逢人问更多。几簇寒柯生石磴，数椽茅屋出烟萝。凭高北望平陵道，滚滚车尘唤奈何。

晓过龙山用东坡韵

济南东去晓烟晴，绝野风高雁阵轻。人过龙山霜满地，长桥踏尽水无声。

---

① 此诗又见卢见曾《国朝山左诗钞》卷三十一《袁藩诗》。

九日同刘生饮杜子先酒垆[1]

忽然成好约，九日集新亭。秋尽千峰白，人来双眼青。杜康仍作酒，刘向自传经。幽抱从开处，流泉入座听。

除前六日晤李药房

怀人当岁暮，此地一逢君。握手难为语，开襟自不群。清言避尘市，高寄写寒云。未忍抛良会，斜阳立水濆。

除夜

独坐当除夜，萧条远意多。华灯明宝树，玉漏转银河。腊尽雪犹冻，春来风自和。溪南冰欲解，会看绿成波。

元日试笔以下戊申稿

把笔临新岁，春光此际来。鸡声远处合，竹爆隔邻开。历历星河见，纷纷笑语催。须知风景好，香气发庭梅。

为李兰崖题樊公画册六首

其一

春色澹荡写幽姿，云暗深林护短篱。流水声中无限意，草亭长日对斜晖。

其二

淮南昔日晓风催，邵伯湖边双桨来。柳叶丝丝临水碧，桃花灼灼向人开。旧游宛向图中见，湖风微动波如练。树底垂纶更有人，扁舟空载桃花片。

其三

数椽茅屋竹萧萧，门外青山澹不描。欲向此中寻隐处，却防醉后过危桥。

其四

朝朝云雾湿，野水绿新涨。岂有羡鱼情，借此成独往。为忆芦中人，江山

① 此诗又见卢见曾《国朝山左诗钞》卷三十一《袁藩诗》；又见冯继照辑《般阳诗萃·袁藩诗》、孙锡嘏编《般阳诗钞·敦好堂诗集》，俱题作“九日同刘友生年友饮杜子先酒垆”。

自清旷。

其五

大似秣陵秋，江山俯雉楼。云帆天外落，烟树雨中收。渡口名桃叶，湖光号莫愁。都从高枕上，一寄少交游。

其六

堤柳媚春覆绿陂，水田新涨卷涟漪。渔舟近似桃源路，一片红霞映钓丝。

题画长歌赠李兰崖

李子胸中丘壑奇，读书往往生远思。欲踏芒鞋遍五岳，眉宇横逸烟霞姿。黄河昨岁秋风渡，片帆南指广陵路。午[①]年兴废感江山，几处樯帆静烟雨。邗沟明月蒋山云，谁复探奇得似君。更抉幽灵纳怀袖，尺幅烟峦掌上分。画师海内谁第一，樊家兄弟早入室。笔端造化自微妙，横林远岫精神出。为写此图当卧游，箧中云气如高秋。过江龙吟恐飞去，愿我开玩夺双眸。此道精微有神助，静觉山川向人语。忽入深林风雨惊，起听樵声在何处。

有怀李兰崖

於陵城下读书处，门对白山第几峰。一自穷愁涉远道，三年离索恨飘蓬。题诗槛外无新竹，把酒池边忆古松。怀抱于今定何似，孤村暮雨听寒钟。

赠余其祥

握手黎城道，千秋意气存。高谈清漏永，对酒朔风温。谁遣归人梦，独伤羁客魂。当春吟眺足，花雨落青樽。

哭子二首

其一

一百二十日，难忘父子亲。生来谁命汝，死去敢尤人。耳畔声犹在，泉途事已真。桃花开渐满，终觉不曾春。

---

① “午”，疑作“年”。

其二

壮年悲失志，幼子复凋零。啼笑今何处，精魂亦杳冥。寒烟亲旷野，春色闭空庭。掩涕愁开镜，知添两鬓星。

春日

微雨野花香，春风过草堂。落红沾地湿，新绿袅枝长。鱼浪吹萍细，鸦巢映日忙。只愁飞絮起，处处断人肠。

忆子

晚岁惊心失幼儿，临风一恸血凝丝。哀孙忍下双亲泪，哭弟能禁稚子悲。已拚余魂归野土，犹疑未死卧空帷。无缘何必生相结，嬉笑窗前得几时？

春尽

三月三十春尽去，病中强起一登台。柳花作絮连空舞，榆荚为钱贴地来。是处浮生堪洒泪，何人吊古不衔杯。红英惆怅无消息，惟见青莎点绿苔。

樱桃

樱桃今岁结，颗颗露柔条。珠缀珊瑚润，啄余鹦鹉娇。火齐擎宝树，红雨落春潮。还忆樊姬口，魂应白傅销。

河上夜坐

偶爱南溪坐，携儿试夜凉。树阴帘幕浅，蛙部鼓吹忙。一水明如玉，繁花暗有香。村居不厌僻，吾意在沧浪。

绝句

古渡烟波远，花飞不见春。村南时一望，风雨断行人。

送孙禹石阳江新任

久将词赋擅西京，制锦新除百粤行。豆驿花开摇旆影，莲塘雨歇听潮声。须知循吏尊经术，每向骊歌念友生。到日汉阳秋色好，荔枝香发一琴鸣。

苏仲眉蓄古玉章，予携归把玩，久而返之，乃纪一诗

物久人争贵，何年琢玉章。辨痕留血渍，制款识工良。时代悲陈迹，摩挲余古香。多君珍重意，比德慎收藏。

送苏若佩南游

别君当盛暑，迢递复南征。鹢静江云度，马嘶山月明。地分吴越阔，梦合水烟平。不倦登临意，新诗好细倾。

纪异

戊申季夏十七日，皎月东升一更后。万马忽从地底来，戈甲迷乱空中走。似从西北趋东南，惊雷奋迅蛟龙吼。屋瓦振落风卷叶，茅檐倾欹露星斗。掀腾山岳地轴折，波涛倒漾翻石臼。荒村叫号儿女悲，奔跳裸裎不言丑。骇窜中衢各问讯，今之地震古未有。又闻南村栖并倾，瓦砾压人将没首。露立空庭视河汉，战栗经时神不守。目摇齿击绕阶行，中夜不敢窥窗牖。传来远近更骇闻，城阙摧陷成培塿。十日霪霖灶产蛙，一朝崩裂沙泉浏。轧肩折股碎毗脑，一村多至数十口。泥淖蹒跚走且僵，衣裳剥落露两肘。死无葬地生无食，魂魄摇荡风中柳。榱沉栋没鸡犬漂，十室之邑损八九。旬日以来动不休，阴阳震荡何其久。大哉坤元职载物，颠覆何以称广厚？况兼星宿乱行次，太白经天亦非偶。父老感叹杞人忧，书生错杂谈休咎。余闻此语重三思，时当盛代无稂莠。天子忧勤宰相公，妖不胜德祥桑朽。自古殷忧启圣明，尧汤水旱君知否。天地茫茫不可料，世事还须杯在手。两足郊原禾黍登，且对西山进村酒。

秋宵

秋宵群籁寂，孤月自清寒。虫响助人静，禾收增野宽。微烟横渡口，远火出林端。多病耽幽僻，荒原驻马看。

哭族兄美公

屈指吾家彦，如兄有几人。生前事未了，死后苦难申。薄命文章拙，中年骨肉亲。能闻诸弟辈，长恸各沾巾。

闻雁

不尽离思下远空，西风徙倚望来鸿。一声江汉芦花白，几处关山返照红。怨入哀弦珠错落，响传清漏玉丁东。年年听此添惆怅，多少征人梦不同。

赠王履吉钦赐衣帽之喜，时以顺庆司理改授翼城令

盛代推循吏，河东须重臣。簿书经术旧，章服玉恩新。舞彩春风度，弹冠晓色亲。催科心抚字，啸咏骨嶙峋。吏散梅开阁，庭空月满轮。九重方拭目，四野正称神。旦晚逢车召，文昌近北辰。

寄赠李晦修

之子永丰去，人人播颂声。清能江自照，心与月争明。经济传家学，弦歌惬物情。龙华山下过，千载识君名。

赠义乌令孙隆吉

一时循吏擅声华，江静挥弦晚放衙。山上石楼环翠嶂，涧边绣水映朝霞。何年乌鸟留名地，此日鸾栖属大家。相对故人千里外，印床寒雪落梅花。

九日雨中

虚负登高节，闭门风雨多。三秋正摇落，九月复如何。菊破霜前蕊，鸿传天外歌。晚云吹不散，滴沥响庭柯。

九日怀燕思兰崖兄弟

故人知何处，佳节罢登临。对雨黄花好，开尊绿树深。烟云生素壁，萝薜

结秋阴。自得山中意，何妨闭户吟。

九日闻苏若佩还自金华[1]

佳节喜君还，多愁损旧颜。千帆江上雨，一枕越中山。诗向穷途细，身从病后闲。西园秋色好，扶杖破苔斑。

葬金鱼梅树下

细细朱鳞映日浮，曾将乐意慰予愁。乍惊霜叶沉秋水，忍见桃花落御沟。骨傍寒柯魂不散，影随香梦月难留。还生若乞茅山术，须访琴高汗漫游。

代友人赠浙医二首

其一

寒入沙汀雁影凉，梦随秋雨到钱塘。最怜游子江边棹，得遇仙人海上方。疑向云中跨白鹿，却来尘世检青囊。怀思别后从多少，只过西湖问药王。

其二

还家九日菊花新，回首天涯倍怆神。千里秋风扶病骨，一时良友念归人。名传太史书中久，道从轩皇悟后真。乞得长生术可说，侧身南望大江滨。

送韩可韩之东粤兼柬娲石同学

秋空霜洗露烟鬟，送子河梁黯玉颜。一枕孤蓬江上雨，千峰云气粤中山。天涯骨肉应相聚，别路知交不易攀。见说龙川仙令好，挥毫长日讼庭闲。

赠李劬庵明府，时以廉州司理改授，忆别济南者五年矣，即用其和施愚山元韵四首

其一

五载明湖上，相逢忆独怜。寒风吹冻水，远雁度高天。对卷期欣赏，时共

---

[1] 此诗又见冯继照辑《般阳诗萃·袁藩诗》、孙锡嘏编《般阳诗钞·敦好堂诗集》、卢见曾《国朝山左诗钞》卷三十一《袁藩诗》，俱题作“九日苏若佩还自金华问其疾”。

题周栎园画册。离尊竟杳然。禅房花雨寂，遗韵咽清弦。前寓济上之甘露寺中。

其二

龙门竟何处，廉水复廉山。万里珠亭古，一溪明月间。皆粤地名。斯人妙风雅，末俗起衰顽。何意天涯棹，桓台见玉颜。

其三

笔底失关荆，余闲佐治行。道心原不系，真气自相迎。僻地逢仙令，中天见福星。时岁星守毕。《越绝》云：齐北郡毕也。峼华连系水，泼墨有余情。

其四

诗书留我拙，勋业付君忙。岚气开梅峤，云帆过豫章。循良新奏绩，道术久相忘。泺水重经处，开尊即故乡。

哭苏若佩同学十六首

其一

一夕能教万虑空，阿谁解脱与君同。月明瑶圃闲来往，不是乘云便御风。

其二

肝肠如雪气如云，万斛明珠散作文。怪得主司惊不识，书成留献紫霞君。

其三

书生谈笑海云红，乍到仙班姓不通。见说群真齐阁笔，让他最后草新宫。

其四

秋风秋月坐明湖，痛饮狂歌两壮夫。我住红尘君碧海，从今名姓避人呼。

其五

自是人间有不平，十年鏖战未成名。泉台莫更谈文字，只恐雄文鬼亦惊。

其六

吴越江山赋远游，钱塘风雨送归舟。烟波日暮魂应断，多在四湖桂子秋。

其七

芙蓉秋老泣寒江，恨压蛟龙气未降。浪涌金山如笔卓，愁人病里卧篷窗。归时过江，几覆。

其八

独怜千里病中身，难割慈帏远望心。化作彩云飞不去，北堂留对白头亲。

其九

还家风雨正重阳，憔悴难禁驿路霜。一枕秋声魂不返，年年愁见菊花黄。

其十

造物何悭四十春，卒年三十九。韶光转眼即成尘。可怜年少称才子，空作黄泉下第人。

其十一

弱女孤嫠恸抚棺，一灯寒夜雪漫漫。当年曾此读书处，砚冷香消不忍看。

其十二

西园春昼立莓苔，几树梨花向晚开。野鸟自从人去后，和风和雨入窗来。

其十三

三径新除一草亭，年来兄弟自传经。谁知春草池塘梦，化作秋风水上萍。

其十四

寒暑何曾阻去来，荒原独树各徘徊。只今汜水层冰路，愁听高天一雁哀。

其十五

捋须豪饮复雄谈，业镜悬时面不惭。侠骨慧心收拾尽，佛灯深夜照经函。

其十六

半生忧患苦相煎，好友别离更惨然。今日苦君无觅处，谁穷碧落与黄泉。

雪中题文衡山雪卷为高念东宗丞①

一片空明界，微茫现笔端。君方爱高洁，吾亦觉清寒。深树含余冻，危桥渡远滩。素心原不厌，更向雪中看。

再题三绝句即送高还朝

其一

静对千峰雪后闲，林烟漠漠水潺潺。分明孝水溪边路，认作文家画里山。

其二

一卷携来古雪香，道人心骨自清凉。蓟门西望层峦出，还向樽前说故乡。

其三

六花寒卷朔风摧，知是天山一夜来。为报骑驴速归去，窗前恐厌欲开梅。

---

① 此诗又见冯继照辑《般阳诗萃·袁藩诗》、孙锡嘏编《般阳诗钞·敦好堂诗集》、卢见曾《国朝山左诗钞》卷三十一《袁藩诗》。

除夜守警待旦二首

其一

旷野风高夜不哗，寒星隐隐听鸣笳。屠苏未酌愁难寐，击柝声中度岁华。

其二

兵戈扰扰暂容身，此夜真成守岁人。好待鸡声辞旧节，明朝速报太平春。

夜风以下己酉稿

春梦迷离残醉中，杏花狼藉不禁风。明朝试向城头望，愁煞荒原尽落红。

赠高耳玉广文书斋成二首

其一

绛纱高揭晓烟荧，一室翛然卧客星。不是浣花临锦水，定知载酒过元亭。座中爽气千峰碧，郭外春潮两岸青。久向程门拟侍雪，圜桥流水正堪听。

其二

迟日春光淑气新，堂成昼永接芳邻。山容入户青能照，柳色沿溪绿未匀。千古文章推大雅，一时经济见斯人。及门桃李明书幌，不厌朝朝步后尘。

约游北园，阻风不果二首

其一

渐觉园林春昼长，懒随朋辈一寻芳。好花落处空尘土，新柳拖余过粉墙。年去年来山色古，愁风愁雨鸟声忙。却防酒后思前事，十载关心两鬓霜。

其二

三春好事令余儿，欲访名园兴未穷。修竹无人闲落照，老梅长日倚酸风。独怜物候惊心改，莫惜流光入眼空。珍重明朝寒食近，一番新雨洗残红。

过苏氏西园有感

寂寞西园旧草亭，梨花如雪柳条青。一声啼鸟林中出，更有何人解与听。

春词二首

其一

二月垂杨青陌头，家家红粉上妆楼。谁知一夜风和雨，落尽红英满御沟。

其二

天气初长粉汗多，美人春昼掩轻罗。昨宵忽送春前雪，又拥金炉画翠蛾。

欲雨

朦胧曙色开，晓月堕庭树。虚窗幽且闲，杳杳驻烟雾。揽衣起徬徨，万感纷相属。古木响天风，流云似奔赴。群鸟飞飞鸣，三月春已暮。徙倚临前楹，幽情激中素。白发镜中多，壮年怨非故。榆荚下遥空，阶前一以聚。欲雨令人哀，落花正无数。

春杪夜饮李侗庵有作

山城微雨绿参差，杨柳春风欲暮时。自负锦囊随李贺，却将醇酒醉袁丝。泪消红烛金罍歇，座发清言玉漏迟。莫遣愁思涉远道，飞花如雪使人悲。

送李兰崖入济四首

其一

欲发骊歌不耐听，几行官路柳条青。济南东望怀人处，暮雨潇潇湖上亭。

其二

一别明湖三载余，西风肠断故人书。烦君寄语河边柳，谁过平桥雾鬓疏。

其三

大明湖畔水香亭，倚槛微吟晚岫青。记得秋风独立处，晓烟修竹两冥冥。

其四

湖水迢迢接女墙，满城微雨藕花凉。不知桂子秋风夜，何似君家白雪香。

寄兰崖、其旋济上

闻君投宿处，门对玉函山。绿树经春发，白云终日闲。古亭临北渚，夜柝隐前关。最喜明湖上，烟波足往还。

夜雨有感

闲亭萧索气如秋，独客挑灯感旧游。半夜怀人空对雨，三年望远此登楼。孤窗云影来深树，归梦风翻咽去流。莫向穷途怨憔悴，忘机何似水中鸥。

雨中寒甚

四月行将尽，寒威逐雨来。水光连昼夜，云气隐楼台。野圃红应折，新枝绿半摧。重绵拥坐处，炉火拨残灰。

端阳饮苏铭三话旧

又逢佳节命壶觞，短鬓空余艾叶长。还说昔年临水处，几竿新竹对斜阳。

范溪道中

落日黑云深，苍茫接远岑。乱峰侵野色，返照出空林。禾满青无路，溪流静有音。雨余归径好，缓步数幽禽。

至斋中

过雨苔光绕院清，松阴满地少人行。可怜有恨春如梦，谁遣无媒草又生。落尽庭花喧野雀，垂余帘幕掩新晴。晚来莫遣登楼望，愁对斜阳一片明。

怀兰崖、其旋、统四、御六诸公济南

积雨经旬隔往还，怀君胜地慊幽攀。客中好句题龙洞，湖上寒云对鹊山。处处柳丝萦画舫，家家荷镜倚红颜。菰蒲风起微凉候，一带溪光晚树闲。

雨阻西行

不尽西山雨，流云隔暮村。此时堪命酒，何处启柴门。石隐青苔合，风来绿树翻。萧萧溪上柳，遥忆一消魂。

柬兰崖、其旋

蘼芜春尽护窗栽，绿破人归一径苔。最喜芭蕉心自束，可怜菡萏不曾开。寒篝两月香初暖，好梦三更雨正来。北望垂杨城下路，几时有客并骑回。

送李燕思应试京闱

商飙初动晓云开，挟策雄游亦壮哉。千里秋风寒易水，一时白雪重金台。传经旧是梁丘易，作赋新推郢下才。太学从君增气象，天香满袖逐人来。

重过弥勒院有感

石桥南去早秋天，梵宇重来十九年。孤磬不闻僧入定，炉香无复篆生烟。溪边柳色迎人绿，郭外山容入座悬。惆怅浮生真幻影，欲从初地礼金仙。

嵖华桥远望

明湖秋色画桥东，独客凭阑望远空。十里芙蓉开晓露，几株杨柳待西风。闲云有意窥珠阁，流水无心出故宫。日夕笙歌闻北渚，一时幽意许谁同。

代寿刘某

风动绮筵试茗柯，南山佳气郁嵯峨。家传太乙藜光远，节近中秋桂子多。五岳图开留绛佩，九如歌奏写云和。他年麟阁题名后，还向昆仑餐玉禾。

晓过历下亭二首

其一

香满荷开处，岿然见此亭。泉声漱寒玉，山色冷秋屏。雨后芦先白，霜前柳向青。晓风着袂发，桥畔望晨星。

其二

嵖华伏雉堞，空翠落平湖。云木多殊态，登临兴不孤。荷香山雨细，人静水禽呼。尽日烟波里，闲吟对浴凫。

过龙山再用东坡韵

一痕山色半阴晴，风卷荒原落叶轻。最是忧人残梦断，远村驴背听鸡声。

鸰音

庚戌之岁，予守制家居。裕如大兄亦承祖母重，解任黎城，交盘未结，间岁羁迟，困可知也。夏五月，韩贯四表兄以中翰出为潞安郡丞，冀垂援手，予遂西上。斯行也，有数难焉：母老子幼，违制远游，租田具装，冒暑而进。我心伤悲，谁则知之？呜呼！登眺吟咏，非棘人事。时以长歌代哭，聊具时日，以示有方之义云。题曰“鸰音”，感慨深矣。

送韩贯四任潞安郡丞

除书新拜古岩疆，上党雄分翰苑光。簪笔十年辞凤阙，驱车六月出羊肠。羊肠坂在城南，苏厉所云“坐羊肠之上”者即此。山川胜迹凭高咏，琴鹤余清对夕阳。到日五龙秋色好，拂云松柏正苍苍。

忆家裕如有作

为感良朋意，能无念弟兄。三年冰雪署，两地死生情。自信催科拙，人传歌颂声。遥怜东望处，激切岁寒盟。

过凤山南麓四山欲雨

欲雨连村暗，山容扑翠来。绿深芳树合，云淡数峰开。游子情何极，虫音正可哀。谁将临眺意，驻马一徘徊。

闻上台宴趵突泉，山水暴至及肩，拥立洪涛中，几不救。几案、杯斝、仪仗尽付波中，梨园之没者二人，舆夫数人，西南关半就淹灭。异哉！诗以哀之

五月天枯如火发，行人嗷嗷望深樾。官衙张宴临名泉，水清风细沁毛发。笙歌鼎沸遏行云，仙乐飞空处处闻。痛余不须忧御史，狂歌直欲醉将军。须臾

震雹空中怒，鲛人泪洒冯夷鼓。层冰峨峨卷青山，银浪滔滔翻翠浦。颓岸摧垣指顾中,小吏惊呼大吏同。彩仗排成鱼腹阵,歌儿选入水晶宫。冲波狼狈争骑入,呵殿无声金鞯湿。叹息惊魂逐去波，夜深还对蛟龙泣。

过曲周，城东西作长堤，种柳环之三首

其一

十里长堤漾碧丝，鸣蝉偏上最高枝。一声黄鸟双柑醉，到想春风二月时。

其二

堤前杨柳镇青青，日为行人挂晓星。愿把长条都折尽，伤心休种短长亭。

其三

碧柳参天倚梵宫，千条万缕舞薰风。散花天女知何处，翠带垂垂下远空。

广平府府东十里间皆柳也

垂杨袅袅护长堤，绕过城东复向西。惟有行人不忍折，故园深处鸟空啼。

黄粱梦谒吕公祠二首

其一

一枕游仙历所期，繁华转眼使人悲。红尘阅尽邯郸道，还向黄粱梦里炊。

其二

富贵荣华转眼尘，偶将枕畔渡迷津。壁间多少题诗客，总是纷纷说梦人。

自曲梁西来数百里皆苦旱二首

其一

漠漠沙堤白日昏，川原弥望苦征魂。谁怜赤地无青草，只有红尘掩绿村。几处荒台悲落照，千家古屋见烧痕。书生空洒忧时泪，不及编图古监门。

其二

名山百里惬幽寻，匹马萧萧一径深。客况自悲逢险路，村名屡辨误乡音。泉枯涧底惟焦石，树老枝头坐暍禽。那得晚凉飞瀑布，一番新沐写遥岑。

至东阳关，古壶关也。山形如壶，上有女墙，北冈上如城者一，南北延袤可数十里，考之《志》云：白起围长平所筑，关则明嘉靖间修，故睥睨皆西向云

斜日岩关匹马过，女墙高下自巍峨。山分上党雄图壮，地控中原战垒多。碑覆苍苔迷岁月，人窥形胜寝干戈。揽衣搔首愁天末，渺渺浮云接潞河。

抵黎城，与家兄言怀，遂成五百字

有鸟西南飞，哀音何啾啾。寄栖孤树巅，四顾无与俦。昔我辞范水，高堂生远愁。游子黯无言，肝肠曲复抽。岂不恋庭闱，鸰原有深忧。吁嗟怀伯氏，作令古黎州。春风别蓟门，岁月忽如流。屈指三载余，变故各纷稠。去年当孟夏，祖母困弥留。婺曜中宵沉，君恸隔遐陬。萧条阿咸归，行李道路羞。叹息古廉吏，妻子岂遑赒。我父时抱疴，药石不能瘳。西望为君哭，挥涕倦双眸。昊天胡不吊，风木陨中秋。摧膺裂中肠，愁云日夜浮。泪尽麻衣血，躐雪窆荒邱。草土三春卧，闭门谢远游。五月素书来，跪读泣下周。当年夜风雨，联床拥寒裯。文章敦道义，埙篪切绸缪。君今撄患难，宴息忍安偷。冒暑趋泺源，崩浪高肩头。曲梁更西下，黄埃蔽平畴。高峰插芙蓉，古木偃苍虬。迢迢壶关隘，茫茫漳水悠。入门悲喜集，檐风夜飗飕。一掬三年泪，吞声蘖在喉。相对语无次，欷歔且未休。但言作吏苦，南冠如楚囚。前人囊中金，后人吻上钩。长吏急功名，欠册作实收。积累四五千，追赔不自由。八口尚嗷嗷，何术裕国筹。语罢复呜咽，我命真不犹。予为仰天悲，此负将焉酬？家世素清寒，耻为货殖谋。服官更朴拙，持此安所投。既无点金术，仰屋徒恸恸。惨淡结阴云，明月掩高楼。君当自努力，衣袽操漏舟。凡事断乃成，拯溺遑优游。吐者既非刚，茹者亦非柔。所以古人言，为政酌竞绒。衮钺宁有私，冰檗宜自修。岂容兔爰爰，雉介反遭尤。见晛须有时，神明烛隐幽。至诚感金石，忘机狎凫鸥。是非一朝明，廉吏复何求。我归行待君，垂钓临芳洲。

潞安城隍庙殿后古槐四株，皆围丈余

苍苍乔木列神宫，清荫交敷乱碧空。密叶何年擎晓露，枯枝长日吼灵风。花飞苔砌铺金粟，影入云霄护玉栊。自是托根通造化，时闻仙籁月明中。

中秋回黎玉峡，关外南崖石龛中有大士像，幽静闳，上多古柏，森秀可仰

烈烈炎威驿路长，关山迢递复殊方。西来玉峡称天险，东望金舆忆故乡。十里幽禽鸣灌木，一溪芳草映斜阳。岩前系马时趺坐，惟见松阴冷石床。

圣庙古松四株，高数十尺，谡谡之风，如闻箫韶。考其位置，树先于殿也。右墀二，一东一西；左墀二，一南一北

古干呈云表，巍然列此堂。蟠根托圣泽，化雨发天香。响欲传丝竹，年应历宋唐。高风真可仰，古翠出宫墙。

过李卫公祠，祠在道左，前有丰碑，一金一明，笔姿娟秀，皆佳品也。次卫子镇，卫子庙在山上，山曰清风岭

石磴逼前路，黄埃扑面吹。空山微子庙，斜日卫公祠。灵雨千秋润，清风百世师。独将怀古意，延眺欲迟迟。

游圣泉寺，寺在城中，前太守萧青令所建也。旧只一池，蓄金鱼数百头，此晋地仅有者。萧环池筑屋，架阁叠桥，周以石磩，为殿，为宫，为堂，为祠，为观，可数十百所。壮丽瑰杰，金碧丹垩，縻金钱无算。闻其修五龙山，工更倍此。人为鬼为，乌得而问之？予题圣泉，得一绝句

月殿星宫俯绿陂，朱鳞映日各参差。风流太守留题处，不似襄阳堕泪碑。

寺中罗汉像最妙好，因再题之

一十八尊阿罗汉，各各瑰奇貌不同。我欲此中添一位，披襟长啸月明中。

游五龙山，山在潞之东南二十里。古松蔽日，支离擎屈，大皆十余围，谡谡风生，凉侵毛发。由山背而上，为杰阁，高出云表。中为五帝像，神农、黄帝、成汤、后稷、唐太宗也。上为大士像。阁前古槐，根蟠数十步，干剥落，止存一片如笏，枝叶纷披，尚作佳观。土人云：下古墓也。前为五龙宫，塑五龙像最奇。中有洞，深不可测。考之碑板，盖起于十六国时慕容永之世。有五色云见东南山上，皆成龙形。后因立祠，祷雨辄应，郡人祭赛者岁数千缗。又前为龙神大殿，方面石楹，细花奇妙，承之以础，为象，为狻猊。前为两廊，神像甚夥，独机房祖师为智伯，不可考也。为台门，为大门，廓如也。大门内东偏有元时神井，医病辄愈，覆之以亭，刻之于碑云：此时取饮者尚有效云。出大门为巨壁，为东西龙门，长松环列，霞映高天，可称巨观矣。寺东有地，旧名黄梅市，今不可考。东北下涧中松高四十尺者，皆直如卓笔。中有寺曰小松窊，李翰林绘先构亭于此，曰松巢。然地峻而逼，不畅游怀，惟松风可当卧听耳。山多松而少柏，龙宫台上有古柏六株，大皆十余围，千年物也。东偏一株半挺，间出永阳，树已拱把，碧叶交垂，更增古秀。日晡，回辔过北董村。村有城，为潞安最饶之地，机坊数百家，不减苏杭。村落间缫车辦纩，佰什成群，岁税万金矣。得游山诗六首永阳树，即吾乡俗名老鸦胭脂也

山阿古殿万松凉，翙客携笻到上方。龙去浮云多变态，风来沁骨有寒香。残碑著雨封苔藓，乔木垂柯荫夕阳。胜地每从闲处得，欲寻丹灶宿云房。

和谢茂秦壁间[①]韵二首

其一

山静多秋气，疏林出野烟。流云飞大壑，细雨响空天。高阁全无暑，长松不记年。苍生应有待，瞻拜徒潸然。时大旱，祈雨弗应。

① “间”，原作“问”，据文义改。

其二

揽衣高阁暂为欢，客里忽忘道路难。天迥白云生雨脚，窗虚紫气吐星冠。千峰野色秋烟净，万壑松声落日寒。乞得石龛栖旅梦，好留清影月明看。

和牛日旼韵二首

其一

十里松风入望间，偶从暇日出名山。琼楼积翠龙初起，贝阙封云鹤未还。不雨涛声飞涧外，有时仙籁隔人间。坐余孤磬穿林表，萝薜幽岩试一攀。

其二

悬崖翠滴野风微，坐听高天雨乍飞。五色蟠龙云作盖，千年乔木绿成围。隔林松韵传仙阙，倚栏岚光上客衣。北望红尘此暂远，群鸦犹带晚霞归。

又二绝句

其一

峰头遥望雨痕青，缈缈村烟冷石屏。莫道云来成五色，满山松柏尽龙形。

其二

古殿萧森万木秋，山腰浓绿接平畴。行人指点黄梅市，惟有松涛日夜流。

夜凉甚不能寐，时潞方苦旱，祈雨而雹

凉入寒裯夜气阑，天涯游子倍潸潸。窥帘不分惟新月，入梦难抛是故山。望断白云连潞水，愁余芳草隔壶关。千乡迢递添丝鬓，叶落空庭人未还。

潞城南，憩古松下，大者皆连抱，轮囷离奇，妙不一状，赠之以诗

来寻坛畔支离叟，几日重逢意转亲。谡谡好风偏待我，亭亭疏影漫留人。幽灵自可兴云雨，岁月谁能识汉秦。阅尽红尘悲过客，几从清啸拂龙鳞。

拜三仁庙

潞子城东拜废祠，商贤遗迹使人悲。当年抱器归何处，惟有清风岭上吹。

神头镇拜李药师祠次叶文庄先生韵

太行山下卫公祠，千载英灵如见之。志扫鲸鲵抒壮略，用公祭西岳文语。材兼文武重当时。旌旗缥缈溪光暗，壁垒森严落照迟。独对西风搔短鬓，残碑读罢拂蛛丝。

听秋夜作

秋声何处起，一夜枕边来。老树风初劲，幽蛩响渐哀。愁思云外度，归梦月中回。只恐阳关道，青青草又衰。

坐谈听雨有作

好雨当清夜，高斋寄客愁。滴阶成异响，入竹泻寒流。游子悲无梦，农夫喜有秋。玉关东望处，空赋大刀头。

村岩篱落

土屋萧条篱径斜，乱山深处见人家。输他野圃秋光好，红白纷纷扁豆花。

黄粱梦题卢生像

闲跨青驹卧驿亭，仙人何事苦丁宁。卢生果具真仙骨，不到云阳早便醒。

行曲周东西堤柳中，物候移人，颇动秋思

昨夜西风入远条，可怜憔悴楚宫腰。征人日暮长堤望，一派蝉声过野桥。

忆东坡先生过龙山诗因步其韵

银河斜指见新晴，历历星芒夜色轻。千里归人秋梦断，郊原无尽是蛩声。

过古城

古城南望处，独立晚风凉。乱叶鸣秋雨，千峰背夕阳。柳垂丝不断，菊破蕊初黄。旧是行游地，悲歌老树傍。

上袁抚台寿排律十六韵

帝京尊左辅，元老壮辰犹。南国车书洽，东郊雨露稠。中天悬福曜，海屋进仙筹。泰岱声华峻，沧溟气象收。三公原五世，九月祝千秋。瑞色开金蕊，流霞泛玉瓯。鹊湖青鸟集，龙洞紫烟浮。赐履山河壮，传家经术优。棠阴浃旧泽，椿颂溢新讴。道重身宁约，勋高德更柔。虚怀延下士，惠政恤荒畴。岳降生申甫，朝揆望吕周。茱萸纷绛佩，鸾鹤舞丹邱。令肃旌旗动，风清景物幽。恩能及草木，铭可勒樽卣。麟阁重登处，绳绳似卫侯。

除夕三首

其一

挑灯此夜坐，百虑息经年。自抱诗书拙，能忘岁月迁。寒冰侵砚北，积雪护窗前。谁遣韶光易，今宵费往还。

其二

终年成扰扰，除夕暗神惊。老大看须鬓，穷愁笑独耕。香随人意远，树遣野风鸣。家世盈门雪，清寒腊复正。

其三

冰冻逼年暮，豪风又此宵。腊归雪未尽，春入柳应娇。对酒情何极，摊书意更遥。北堂凭舞处，庭竹韵潇潇。

七月十五日 以下辛亥

一林凉月静黄昏，佳节怜予早闭门。几处蛩吟生暗壁，数声渔笛入孤村。阶前密叶将辞暑，槛外名花懒命樽。徙倚空庭还独夜，银河迢递没秋痕。

中秋 是日先君忌辰

万古中秋月，今宵独可怜。无心看素影，有泪洒黄泉。露重天如水，虫多响欲连。南溪写怀抱，永夜自潺潺。墓田在村南溪上。

前重阳一月，行风山道中二首

其一

大野云初断，高原禾尽登。人悲行役苦，路忆隔年曾。树老村烟合，溪回沙岸崩。牛山空在望，怀古一沾膺。

其二

处处秋山好，登临四望开。霜前收枣栗，烟外出楼台。最是黄花节，偏多白雁哀。欲寻峰顶路，长啸倚灵隈。

九日微雨

风雨怜佳节，迢迢怅独行。寒花开有色，落叶湿无声。人渡白阳水，秋高广固城。茱萸且莫问，野菊正纵横。

九日还家，宿邵氏山庄

远眺情何极，重阳作客游。寒风双鬓老，落日万山秋。村僻石楼壮，沙明远岸幽。逢君对良夜，把酒破离愁。

孙禹年斋中观《宋拓圣教序》及《定武兰亭》，时兰花盛开，拈一绝纪之

香心旖旎发幽兰，墨妙临窗寄古欢。莫遣红尘更飞到，好留清梦伴松寒。

晓月

晓月淡如水，窥人挂檐隙。客子怀不寐，清光照几席。籁静天宇高，起视明星白。枯苔霜满地，中庭列松柏。感此凌寒姿，贞心耐萧索。

夜雨

寂寂寒更与恨长，鸡声合梦到空床。无端一夜松梢雨，两鬓忽添镜里霜。

冬日登古城有感

霜洗郊原四望空，晚来独眺夕阳红。山光明灭寒流外，野色凄凉山路中。是处凭高魂易断，何人怀古恨难穷。垂杨一带临珠阁，长对孤城背朔风。

除夕三首

其一

不觉成除夕，灯前泪欲横。行藏心不定，去住迹难明。腊意此宵尽，春风何处生。年来多块垒，感慨几时平。

其二

须眉真自惜，所事一无成。文字怀知己，饥寒愧友生。寸心如鹿覆，双耳作蝉声。见识春风意，朝来有变更。

其三

四十五年过，高堂对老亲。难将终岁意，轻向此宵陈。世路愁千折，浮名误一身。庭前有积雪，清白若为邻。

元旦试笔以下壬子

中夜云霄迴，天心转岁华。春光来院宇，喜色上灯花。树杪星河淡，鸡声烟火加。欲占新气象，万里静无哗。

登李氏溪北阁眺望，同泾阳李劭庵

拟从檐外接山光，携手凭栏对夕阳。含冻几枝梅未白，隔邻一树柳初黄。雪消远岫看溪水，尘满春风怨画梁。无那秦川西望处，寒烟野色正苍苍。

饮李岱源斋中，观褚河南《兰亭》，同李劭庵、李又何

春雪明帘外，与君升此堂。相逢文字饮，不厌酒人狂。禊帖千年旧，离思

一夜长。松涛写逸韵，流响遍回廊。

慰韩光启哭子，时有寿星见于庭，故中及之

君家爱子掌中珠，十二年来何须臾。偶向尘寰试恩爱，来从泰岱孔释俱。神姿朗朗如秋水，玉肤湛瞳类佛子。骨肉离合亦假缘，琪花顷刻无常理。春阁高吟待晓风，漏沉秋雨响梧桐。春风秋雨多惆怅，一曲瑶华歌未终。谢家玉树齿居四，伯仲之间成进士。锦堂欢聚可人怜，盈满谁知为物忌。黄花九月照金尊，从此飘然合断魂。自是谪仙终厌俗，那令芝草竟无根。佛迹仙踪正难测，化作两翁似南极。小者在前大者后，月夜空堂见颜色。休穷碧落与黄泉，信有人间未断缘。欲向往生寻秘诀，早从前世悟真诠。西河有泪休轻堕，纸上荧荧散珠颗。见说闻吟顾况儿，倏去倏来何不可。蚌里明珠未可量，预向樽前索饼汤。定知当日留环处，有子重来探故桑。

观宋大观制五礼碑帖次黎民表原韵

落日城边人影倒，冲寒忆出元城道。漠漠黄尘上客衣，路傍丰碑卧荒草。螭文凤篆埋征沙，野老为予兴叹嗟。制出当年道君帝，大楷精妙如琅琊。不独温丽插花格，亦复飞动惊龙蛇。奎藻风流亦令主，能以精神运规矩。只今零落可人怜，一艺之工自可取。茫茫漳水没天雄，化为猿鹤与沙虫。惟有青磷照白地，征旗古戍摇悲风。文字半随风雨剥，盘龙九首泥没角。蒿莱何处觅行宫，花石荒凉同艮岳。对君展帙若为悲，犹见当初全盛时。低徊往事十年后，谁向荒原重问之？

久雪初晴步月

入春连雪三十日，好月忽临快一宵。满地松阴铺旧色，半窗梅影露新条。分光自向阶前立，忍冷还从林外招。此夜客怀清不寐，空庭如水篆烟消。

甘露寺访李劬庵不遇

僧舍重寻已八年，石坛松径冷茶烟。我来斜日闻钟磬，何处豪吟问谪仙。

清明湖上对饮

夹岸晴莎照水湄，惊心犹是禁烟时。湖光微动分青霭，山色遥临俯绿陂。客舍秋千春婉转，故园杨柳梦参差。衔杯藉草当佳节，独对东风写竹枝。

问柳二首

其一

湖上春风倚画桡，凭阑东望绿迢迢。最怜堤柳垂檐外，不见当年旧板桥。

其二

一湾流水桥边路，二月春风湖上台。怪煞东君更多事，吹将柳眼为谁开。

春晚

客舍悠悠欲暮春，半随风雨半成尘。离亭花事愁中老，湖上山容雨后新。两岸柳丝青映阁，一溪芳草绿怜人。飞英逝水无消息，独立长桥倍怆神。

无端

无端逐马足，不敢作游人。驿路千林雨，明湖三月春。客怀真落拓，好语亦酸辛。从此甘丘壑，蓬蒿莫厌贫。

湖亭小集次壁间韵

暖风款款柳阴碧，山光远侵湖波湿。几个水禽当楹鸣，一丛细竹穿林出。古寺幽森压女墙，翠柏苍茫不可即。篷窗月上淡忘归，为忆旧游心若失。

赠家纪甫用李北海《登历下古城》起韵

吾宗固神秀，登坛方盛年。壮略抒岩疆，十载勋名全。揽辔临桑梓，建牙峼湖边。海岱正清谧，投壶慕昔贤。射堂雅歌集，和风被管弦。历山及华注，翠色落尊前。暇日出芳林，飞镝惊鸣泉。铜焦入夜静，春城北斗悬。圯上曾授书，黄石契真诠。河北家声旧，雄姿众所先。圣朝重才武，图形继凌烟。

李劬庵西郊招饮不赴

泺源西去路绵芊，有客携壶坐野烟。怕向红尘逢醉尉，谁从白雪问前贤。愁中好句不如意，客里春光亦可怜。湖上夜来寒食过，长堤且对柳丝妍。

归来

归来三月暮，树色净朝烟。花落香空在，苔空竹自穿。抚心成戏耳，回首竟茫然。傲骨今消折，南村学种田。

咏梅用家秋弦见赠之韵

老梅结伴已多年，茅屋书围恰自然。好梦欲寻清不寐，道心才悟静如禅。明珠万颗香初破，铁干几枝韵更妍。海上有诗曾寄我，只应白昼看云眠。用东坡句。

庭中有感用家兄韵

庭院归来感落英，早惊枝上啭仓庚。梅花半却香仍在，满地榆钱草又生。

题孙孝堪小像

最爱桐阴爽气，更寻怪石为俦。挥扇科头独立，其人已足千秋。

赠李生仙臣次友人韵

药石河边高士巷，朝霞遥映一林偏。陌头密叶青如盖，槛内名花红欲然。客子微吟诗律细，主人欢过酒杯传。还期共醉千峰下，莫负山光在眼前。

登大泽山白云峰绝顶

石磴蒙茸一径分，客来携杖剧层云。空青不辨人间色，好句只应天上闻。无数泉声飞峭壁，有时钟响落斜曛。危桥逼汉通仙境，指点群峰下界纷。

五日寿张夫子

细缊佳气正天中，绛佩榴花散晓红。人向槐堂分化雨，鹤立瑶草立薰风。群瞻北阙恩初下，自愧南山赋未工。此际明霞高望处，仙筹已贮赤城东。

登高望山示同行①

好山如②妙丽，朝沐更可亲③。高鬟露云表，黛色一何匀。密意澹忘言，静中闻笑颦。我欲抒怀抱，承之以素巾。移置几案间，朝夕豁心神。客子忽大笑，设想胡不伦。莫谓愚公愚，吾子其后身。余亦划然啸，所得在其真。具此幽异姿，慧骨本嶙峋。凝眸即在望，处处烟峦新。譬彼西湖色，移赠苎萝人。

登鼇勺亭观海

碧殿珠宫沙麓幽，凭高延眺此登楼。孤城云卷涛音壮，大野风来麦浪秋。入望混蒙同一色，连空云汉不分流。欲寻缥缈三山去，鳌背寒生迥自愁。

莱州留别黄子厚年友二首

其一

岁岁念吾子，相逢到海隅。可怜双鬓色，得似十年无。多难身犹在，高吟兴不孤。九青山下路，别泪洒穷途。

其二

一囊诗卷细，惨淡未开颜。吟罢存吾拙，钞余待尔删。怀人耽夜雨，幽梦隔重关。此后盐山道，征车好共攀。

游九青山同张孔绣、李仙臣、家秋弦

逸兴临沧海，忽与九青会。结伴试跻攀，晨光敞青霭。山腰泻明镜，瀑布

---

① 此诗又见冯继照辑《般阳诗萃·袁藩诗》、孙锡嘏编《般阳诗钞·敦好堂诗集》，俱题作“朝望高望山示同行”。

② “如”，冯继照辑《般阳诗萃》本、孙锡嘏编《般阳诗钞》本俱作“知”。

③ “亲”，原作“观”，韵部不符，据冯继照辑《般阳诗萃》本、孙锡嘏编《般阳诗钞》本改。

抒银带。废骑理短笻，壮意薄云外。张李竞捷足，仲兄解衿袷。居高双膝卷，岩隙暂舒泰。石楼耸道周，十丈擎飞盖。渐至流云峡，石罅澄素濑。峰峦何峭拔，顾予意蔼蔼。招提隐深松，清磬闻香馤。矫首逞极望，群峰尽狡狯。壁立万仞间，绿秀直如绘。北峰玄鹤翔，两翼飘云旆。西岩渴龙怒，下饮乳泉霈。琳宫映残霞，静听水石礚。苍苔拂碑读，兴废殊增慨。放脚蹑层云，顶踵相加害。乃登观音岩，空嵌无根蒂。顽僧扣钟聒，余响犹唠唠。袒裼穿石洞，窥牖觉天大。更陟白云巅，仙桥隔尘堨。危趾任孤身，杖策无所赖。下视尽培嵝，沙河同沟浍。振骨叩苍穹，凌风发清籁。溟渤惟一碧，连天注汪濊。遵山复北折，瑞云北峰名若仙娧。老步犹争健，从者或狼狈。窈窕碧霞宫，仙文启十赉。山狗卧天泉，幽潭通地肺。奇树被岩阿，蜿蜿潜龙蜕。银杏蔽青霄，金鳞现淘汰。傍晚僧偈闻，经坛吹梵贝。皎月出幽林，灵风动佛旝。解衣一磅礴，浊酒登鱼脍。月台揖南屏，擎杯时一酹。仰视西北峰，晋楚狎陈蔡。暝色何茫茫，松涛疑雨沛。僧房相枕藉，日观待诘昧。荒鸡试初闻，芒屦穿林荟。努力趋东峰，造巅夜未艾。劚石乱云根，板萝度松桧。不辨鸿蒙色，海日相击汰。灵景曜扶桑，下界仍昏昧。二劳指顾间，揽取忘奢忲。游子意迢迢，俗缘翻綷縩。回首认来途，西门正及兑。神飞临大壑，促足防颠沛。宛如晋渔父，桃源偶一愒。咫尺隔仙凡，尘鞅等械钛。漫天车马尘，投身苦无奈。苍翠列芙蓉，还顾心如怼。外此岂无山，神韵俱粗粝。他年当卜居，佳处此中最。山灵或见客，俯首回空丐。

观海后二首

其一

到海知山尽，沧波倚槛来。乾坤凭吐纳，岛屿自潆洄。晓日风烟息，平沙古殿开。朝宗还此地，尚想济川才。

其二

茫茫流万古，崩浪接云隈。蓄泻知何处，神山竟不回。灵风吹画壁，老树倚层台。我亦忘机客，群鸥莫更猜。

三月客济，饮湖上亭，和壁间诗。时元倡已失，及读息轩新成诸诗，乃知王子下先生辛丑秋泛湖作也。恸悼之余，再和一章

湖上春风垂柳碧，对酒题诗墨痕湿。彭泽每思陶令归，东山只望安石出。宦海十年幻影空，魂去魂来那可即。谁怜华屋共山丘，一恸斯人心若失。

乩仙纪事二首[①]

其一

一夜凉思[②]入远汀，杖藜前渡访仙扃。帷中缥缈香仍在，纸上翩翻墨有灵。萍水逢君开秘箓，萱闱许我祝遐龄。何年更授长生诀，坐对三山云叶青。予问母寿，有耋年之示。

其二

空堂[③]仿佛似仙来，泼墨烟云叶叶开。肯向人间留姓字，还从世外说蓬莱。为韩公题扁书蓬莱小阁，吕岩题，笔意如王大令云[④]。一声鹤唳千峰晓，几度沧桑午梦回。莫笑书生无道骨，他年重遇是天台。

闰月七夕

此夕仍逢闰，银河露气偏。且停今夜织，重理旧时缘。斜月临高树，微凉起暮烟。天孙莫惆怅，再会复经年。

秋日写怀用安素中韵四首

其一

篱外黄花倩竹扶，空亭坐对鸟相呼。微云绿树阴仍薄，不雨寒苔日渐枯。远浦波明看渺渺，高原秋老叹膴膴。十年贫贱逢今岁，何处萍踪可寄吾？

其二

禾黍虚占似有年，夏虫秋旱镇相连。忧时自分身将老，乐土知从何处迁。幽梦乍回肠易断，中宵独步月初圆。纷纷架上残书帙，吟罢焚香吊远天。

其三

遥指西山忆旧游，曾经啸咏破闲愁。嗣宗歧路真堪哭，王粲依人自足羞。几处浮云劳远望，一声孤雁失清讴。秋来不为伤摇落，独往深林坐水头。

---

① 此诗又见冯继照辑《般阳诗萃·袁藩诗》（“乩仙纪事”下有“七月二十八日”六字）、孙锡嘏编《般阳诗钞·敦好堂诗集》。

② “思”，冯继照辑《般阳诗萃》本、孙锡嘏编《般阳诗钞》本俱作“飔”。

③ “堂”，冯继照辑《般阳诗萃》本、孙锡嘏编《般阳诗钞》本俱作“空”。

④ 冯继照辑《般阳诗萃》本、孙锡嘏编《般阳诗钞》本俱无“笔意如王大令云”。

其四

才脱沾人秋后蝇，半床枕簟夜如冰。愁来浊酒逢人醉，老去浮名不自矜。怅望山头云片片，凄凉阶下叶层层。此生端欲求詹尹，镜里霜毫今又增。

九日三首[①]

其一

阶前黄菊正离披，独步空庭日暮时。莫把重阳竟虚度，且寻红叶一题诗。

其二

佳节登临处处宜，十年魂梦苦相思。只今黄叶当樽落，还忆秋山夜雨时。

其三

一度秋光一度新，况逢重九倍伤神。樽前相对忘言处，惟有黄花是故人。

除夕

风波阅历复经年，此夕挑灯欲问天。书债惊心间岁月，名场回首付云烟。筵前酒进椒花颂，膝下儿分守岁钱。试探春来好消息，驿亭柳色斗新妍。

历下亭眺望以下癸丑

春入明湖淑气新，女墙高下接湖滨。孤峰槛外青如旧，官柳亭前绿未匀。又是一番新物候，独怜千里老征尘。东君有意留青眼，净洗波光照远人。时予北上。

禹城道中和王阮亭壁间韵

远浦寒烟画不成，长途白眼一狂伧。荒荒落日明高垒，漠漠春林带废城。千里担簦怀旧业，十年作赋愧浮名。上元才过两三日，细柳条条绿欲生。

寒食天宁寺示同寓诸子二首

其一

禁城春色遍，寒食又今朝。御柳风前碧，桃花陌上娇。香尘逐去马，锦帐

---

① 此诗其一又见冯继照辑《般阳诗萃·袁藩诗》。

列平桥。兰若经行处，芳樽可共招。

其二

古塔护春阴，招提怅独寻。孤灯游子梦，佳节故乡心。草绿石台润，花明野径深。何当邀旧侣，把酒望遥岑。

赠天宁寺僧

曾共蒲团坐，无言对妙香。浮云万虑息，明月一心凉。铃语闻天界，松阴冷石床。慈航如可借，尘海正茫茫。

出都

帝京寒食过，归路出天涯。塔影分残照，河流隐断沙。近城惟柳色，隔岸见桃花。驻马长堤望，千林正晚霞。

涿州道中

渐与西山远，岩城倚日边。地形分涿鹿，天险护幽燕。巨马来雄塞，长虹俯逝川。古碑凭读处，兴废感当年。

春林

窈窕春林路，芳菲入望来。红霞真似锦，绿树净如苔。远浦孤帆峭，荒城画角哀。归思正无赖，回首是金台。

白沟河

晓月征人梦，春风古战场。树中溪水白，沙外阵云黄。人阅山川老，愁随道路长。登临时极目，野色尽苍茫。

途中有怀晓生、西檩、宁子及家信我

晓风吹客梦，迢递怅离群。佛火原同照，钟声几度闻。开帘曾对雪，把酒忆谈文。何事卢沟水，征车各自分。

早发商家林

南望幽林路，平芜散晓烟。余寒犹恻恻，乡思故绵绵。远岸经春路，野花向日妍。往来过此地，双鬓惜华年。

德平道中怀葛向五

斜日平昌道，重来十七年。溪边增柳色，郭外绕春田。剧饮思红烛，征歌想翠钿。怀人江上月，别后几回圆。

野望

野色涵空翠，春林袅曙烟。风沙游子路，芳草暮春天。隔水僧房闭，孤村绿树连。浮生多感慨，幽意复谁传。

见长白山

故乡山色好，朝夕况为邻。一别每相忆，千峰忽与亲。岚光余雾气，翠黛接芳尘。微雨明朝过，修眉望远人。

麻姑祠

碧殿石桥侧，沧桑阅古今。丹砂不可见，囊酒杳难寻。绿树翻平野，红霞出远林。南山空翠滴，烟霭露嵚岑。

归家

远道冲寒雪，归途又晚春。艰难双鬓改，羞蕊一囊贫。晓月桑干水，天风紫塞尘。蓬蒿三径在，溪上且垂纶。

题松鹤图上张受庵夫子

虬柯百尺立晴晖，皓羽蹁跹望紫微。唳向九皋通绛阙，五云深处映朝衣。

长歌送王生入都

浮云片片愁如火，五月薰风动庭柯。男儿失意逐征尘，南北奔驰无一可。王郎斫地歌仍哀，明朝匹马向滹沱。与子十年作比邻，贫贱幽忧同坎坷。今春罢战黄金台，文章妒命原相左。我归君去恨迢迢，落日黄沙深没髁。世路蹉跎何足论，握手无言泪偷堕。年少奇才莫浪抛，珊瑚宝剑垂金琐。秋风待子赋归来，开尊共摘园中果。

寿李分司二首

其一

十二河山据上游，赤城东望紫烟收。水晶一勺同官况，又逢蓬莱第几筹。

其二

六月香风满芰荷，玉函山色映湖波。须知龙月蟠根处，惟有西来紫气多。

苦旱和念东先生韵

良苗惊说此仍存，旱甚无绿叫帝阍。好月一林清客梦，狂风几日恼花魂。黄埃自叹愁中老，绿树空悲原上村。那得晚凉飞瀑布，凭阑山色细推论。

喜雨

凉雨忽来热暂收，倚阑长啸失闲愁。乍临高阁全无暑，顿起枯禾定有秋。台畔绿阴堪载酒，溪边青雀想乘舟。因风便合凌云去，回首炎歊隘九州。

候仙园

婉转回廊抱曲河，青桐一碧手摩挲。虚亭晚照留仙契，凉雨朝飞散宿疴。胜地尚存题石句，旧游空忆采莲歌。最宜银浪南山下，一洗尘心付逝波。

留别念东先生次原韵

欲将胎息炼婴儿，愧我年来鬓向丝。易堕幻缘如蚁聚，难忘结习类龟兹。西山雨过云生处，南浦人归月上时。杖屦追随还有约，千秋风雅是吾师。

立秋夜

夜听忽疑雨，虚堂客梦回。凉风吹涧竹，晓月堕庭槐。何处秋声起，偏从枕上来。怀人清不寐，虫响遍寒苔。

石隐园雨中二首①

其一

石上苔初润，林中暑渐收。虫鸣蕉叶雨，鱼戏藕花洲。薄雾生帘幕②，凉飔下远③楼。到来成隐趣，偏爱薜萝幽。

其二

槛外绝尘事，微云湿绿天。雨来乡梦破，风定露珠圆。怪石苍苔老，空庭绿树连。客心无着处，三径足寒烟。

石隐园夜坐

雨歇石苔净，秋林绿欲攒。只缘清不寐，翻觉梦难安。蟋蟀传余响，芭蕉生暮寒。忍将摇落意，空对野云看。

七夕归途

片月出山头，林烟澹不收。可怜乞巧夕，还作客中游。露重双星暗，云来万木秋。前村人渡处，沙净水空流。

秋日感怀次毕载积先生韵四首④

其一

此生端合老渔樵，感慨春明忆旧僚。寂寞一灯迟夜⑤月，艰难双泪滴清宵。

---

① 此诗又见冯继照辑《般阳诗萃·袁藩诗》、孙锡嘏编《般阳诗钞·敦好堂诗集》。

② “帘幕”，冯继照辑《般阳诗萃》本、孙锡嘏编《般阳诗钞》本俱作“珠箔”。

③ “远”，冯继照辑《般阳诗萃》本、孙锡嘏编《般阳诗钞》本俱作“绮”。

④ 此诗又见冯继照辑《般阳诗萃·袁藩诗》、孙锡嘏编《般阳诗钞·敦好堂诗集》。

⑤ “夜”，冯继照辑《般阳诗萃》本、孙锡嘏编《般阳诗钞》本俱作“古”。

芙蓉露冷金飙入，杨柳歌残玉塞遥。只有蓬蒿三径在，不堪回首梦金貂[1]。

其二

举足畏途易惹嗔，人间何处可容身。惜[2]将文字全成错，笑把功名太认真。意义千秋空我辈，漂零十载复谁伦[3]。西风镇日频搔首，不及忘情太古民。

其三

几番学佛更修仙，愁说沧波亦作田。我已灰心同槁木，谁能洗耳枕名泉。秋宵暗壁虫吟细，野树流云夜色便。明月半床花露冷，征人迢递不曾还。

其四

短鬓惊秋恨欲斑，夜深蛩语隔重关。香生野圃花三径，云散高楼月一弯。最喜园林邀客梦，偶成诗句避人删。年来傲骨全消折，手拄[4]双颐望远山。

陆砚歌为载积先生赋[5]

远心亭前雨初歇，秋烟拂拂飞林樾。先生掀髯正挥毫，顾我开匣映心月。何来古砚圭角奇，红丝腻玉盘双螭。墨花惨淡涵秋水，石髓苍凉卷绿漪。婉转惊看更妩媚，底署[6]心太平庵字。知是当年老放翁，携作剑南帐中秘。恐留世上少知音，抛向瞿塘阅古今。神物辗转几千里，惊涛夜伴蛟龙吟。道士洑江水名[7],渔者得砚于此。边时一听,刺史谈诗意相称。公最喜放翁诗。跃随渔网出波心，借手为君发清兴。官闲长日手摩挲，拂砚吟诗对茗柯。尤物得所原非偶，学古全功奈尔何。用陆句。自从五马江干别，过眼浮云殊不屑。归来石隐作石交，芭蕉露滴寒光洁。几番把玩精神生，高天旷宇秋复清。劝君饱墨注秋水，一酬万古寒江情。

题粤东张穆画竹

数竿袅袅受风斜，岭外烟云便是家。羡煞幽禽独立处，一般清梦过梅花。

---

① “貂”，原作“绍”，据冯继照辑《般阳诗萃》本、孙锡嘏编《般阳诗钞》本改。

② “惜”，冯继照辑《般阳诗萃》本、孙锡嘏编《般阳诗钞》本俱作“悔”。

③ “伦”，原作“论”，据冯继照辑《般阳诗萃》本、孙锡嘏编《般阳诗钞》本改。

④ “拄”，原作“住”，据冯继照辑《般阳诗萃》本、孙锡嘏编《般阳诗钞》本改。

⑤ 此诗又见冯继照辑《般阳诗萃·袁藩诗》、孙锡嘏编《般阳诗钞·敦好堂诗集》。

⑥ “署”，冯继照辑《般阳诗萃》本、孙锡嘏编《般阳诗钞》本俱作“藏”。

⑦ 冯继照辑《般阳诗萃》本、孙锡嘏编《般阳诗钞》本俱无“江水名”。

西归雨甚

葛衣凉透漫为蓑，马首冲泥晚渡河。乍见洪涛翻绿野，忽疑银海浴青螺。荒村瀑布石梁没，远浦寒稍颓浪过。东望流云归径黑，由来行路苦蹉跎。

七月望日

焚香拜罢涕潸然，佳节惊心暑气迁。佛法盂兰集福会，俗家瓜果荐新筵。思亲泪落经秋雨，感遇吟成咽暮蝉。呼向囗天魂痛折，空林明月自娟娟。

奉怀石隐园主人四首

其一

曾听夜雨绰然堂，几树名花暗送香。今日故园秋色里，不堪萧瑟对斜阳。

其二

黄叶初飞绿欲残，夜来枕簟入轻寒。远心亭畔田田叶，碎打琼珠谁与看。

其三

怪石崚嶒起暮烟，一尊曾与月留连。乡心忽入秋声里，蕉雨荷风俱可怜。

其四

检点残书手自编，紫微花上月初圆。遥知别后怀人夜，满榻秋风冷砚田。

纪事

鸣锣飞盖入穷乡，惊报持符县吏忙。二麦已枯犹办税，三秋未熟早征粮。典衣鹑结人争笑，鬻产石田我自荒。总绘流民谁与奏，催科稍减颂陶唐。

淄川圣庙古桧篇①

圣泽洽万物，灵根发华滋。大材本天成，擢干表桢奇。猗欤大成殿，轮奂殊恒规。崇台高数仞，般水挂檐楣。古桧十三株，左右列参差。高风何苍翠，

---

① 此篇又见乾隆《淄川县志》卷七下《袁藩诗》，题作“圣庙古桧诗”；又见冯继照辑《般阳诗萃·袁藩诗》、孙锡嘏编《般阳诗钞·敦好堂诗集》，俱题作“圣庙古桧”。

黛色荫[①]雨墀。大小质不同，岁月历均之。疑是周秦物，凝和保天时。各各呈异状，巍巍峙雄姿。左列厥数四，三荣其一萎。荣干倚中宵，日月相蔽亏。柯上忽拳曲，附身而倒垂。下可二三尺，龙鳞液玉脂。柯干縢理合，敷荣更纷披。王德及草木，瑞为连理枝。知是何年代，圣化随所施。北去[②]未逾步，一株近台基。纠结意亲婉，苔藓溜[③]霜皮。一萎作戟形，微向两株欹。迤南复东偏，虬柯匪等夷。轮囷怪石缀，瑟瑟[④]灵风吹。爪距蟠空下，攫拏如蛟螭。右者列两行，一株当南陲。围周七尺六[⑤]，伟丽无偏枝。密叶惊风雨，团圞复葳蕤。西北尤竦立，完美无微疵。昂然群列中，瞻仰为众师。或如削珪立，半面雕追蠡。或如三侍讲，对映飘须眉。欲作过庭趋，环佩迎朝曦。其二虽已枯，铁干永不糜。一株如偃盖，翻身西南驰。常恐掠地仆，扶植岂人为？众寡势错落，东西各有宜。尽饱烟霞色，岂为雨露私。昔予舞象勺，童稚相追随。循墙窥圣宇，香风拂尊彝。谡谡时倾听，黄雪落微飔。其时文物盛，辉光照璧池。俯仰三十年，令人感兴衰。茂草满阶砌，郁蒸暗罘罳。殿庑既崇焕，培护岂容迟。佐之以弦诵，时闻竹与丝。习之以礼乐，春秋肃威仪。物理因人茂，斯文犹在兹。其上为龙凤，翔舞乱云旗。其下拔重泉，连叶产灵芝。秀浮夹谷雨，荫接孝河湄。再历几千年，岁寒终不移。矫矫后凋心，万古兴人思。

挽李药房

少年才子美琳琅，兰蕙忽摧怨早霜。五世未传宫保泽，千秋空惜令君香。亲从庙祀堪呕血，以奉尚书入祀乡贤，因病咯血。诗痛鸰原欲断肠。公兄刺史卒，伤悼成病。八十慈闱二幼弟，泉台余恨总茫茫。

挽马宛斯

齐鲁尊文学，斯人久著声。图书穷上古，公搜开辟以来及三代书史合成《绎史》。风雅溯西京。政可谈经术，忽然厌世情。牙签香粉在，应未慊平生。

---

① “荫”，冯继照辑《般阳诗萃》本、孙锡嘏编《般阳诗钞》本俱作“阴”。

② “去”，乾隆《淄川县志》本、冯继照辑《般阳诗萃》本、孙锡嘏编《般阳诗钞》本俱作“至”。

③ “溜”，乾隆《淄川县志》本作“留”。

④ “瑟瑟”，冯继照辑《般阳诗萃》本作“摵摵”。

⑤ “七尺六”，孙锡嘏编《般阳诗钞》本作“六七尺”。

挽王西樵吏部

我为斯文哭，泉台君莫悲。修文应有待，作赋岂容辞。情至图书重，公集古今名媛成《燃脂集》，朱鸟遗也。名留天地知。只合成不朽，何必羡期颐。

再哭李药房二首

其一

长爪王孙作赋忙，清秋薤露泣晞阳。玉楼代须君家笔，千古伤心是李郎。

其二

尚书殁后四年余，刺史骑鲸昨岁除。不道谪仙真厌世，白云秋梦眇愁予。

长歌赠张允迪赴灵璧兼讯李兰崖

一夜凉风透檐隙，愁思忽如远行客。剥啄扣门倒屣迎，张子何来髯如戟。未坐欷歔双泪出，我欲别君赴灵璧。灵璧之令马宛斯，昨日人传今易箦。闻言大叫排阊阖，上诉巫咸招魂魄。宛斯奇人有奇嗜，读书好古探秘册。矻矻昼夜三十年，图书左右围香泽。幡阅缥缃几易真，千卷史成名曰绎。淮海征匠登枣梨，尽偿官俸甘穷瘠。一吏清俭仍书生，三年校雠积点尽。闻道秋来功告竣，鸿蒙日月重开辟。何为斯人竟溘然，石火忽消电光射。连朝哭友泪纷堕，无如宛斯更伤嗌。王子西樵李药房，那堪一旦幽明隔。庭下徘徊落叶多，与君泛滥苔光碧。丈夫须留世上名，欲存此公在遗籍。伏哭东床定有人，为我持诗问李白。

孝子王樵墓在邑西关之北①

廿年重踏城西②路，下马溪边拜古坟。久识高风怀孝子，每从兰室诵遗文。西山翠滴秋林雨，泷③水波寒日暮云。失意何妨称赘世，一抔④荒草付斜曛。

---

① 此诗又见乾隆《淄川县志》卷七下《袁藩诗》，题作“赘世先生墓”；又见冯继照辑《般阳诗萃·袁藩诗》、孙锡嘏编《般阳诗钞·敦好堂诗集》，俱题作“赘世先生墓在邑西关西首”

② “城西”，乾隆《淄川县志》本作“青云”。

③ “泷”，孙锡嘏编《般阳诗钞》本作“笼”。

④ “抔”，原作“坏”，据孙锡嘏编《般阳诗钞》本改；乾隆《淄川县志》本作“林”。

苏相坟

桥畔何年墓，人传苏相名。生前六国重，死后一身轻。野水石梁断，山花驿路明。牛羊不可禁，落日下荒城。

阜山寺

野寺荒山里，停鞭谒帝宫。石台看落日，松径引微风。远岸云初起，秋林叶渐红。行人伫立处，犬吠竹篱东。

答唐济武太史用来韵[①]

夜凉静听秋声起，篱外草虫鸣不止。挑灯坐对松影寒，明月乍出疏林里。少年华发惊时节，便欲学仙归贝阙。十载劳心思探珠，半生失计空磨铁。神仙何必厌妻子，秦楼弄玉随箫史。织女黄姑会有时，别床异被徒为尔。先生闻道何其早，红尘莫惜知音少。须从火底现莲花，肯向秋原同腐草。与君试访殷七七，至道不烦惟守一。天台有路度石桥，水流定泛桃花出。

赠毕孝先先辈

水亭长日苦淹留，喜得相逢话旧游。自是怀人多怨别，那能为客不惊秋。感君憔悴安仁鬓，顾我漂零季子裘。摇落西风搔短发，且将樽酒破牢愁。

夜饮绰然堂，检《白燕集》，醉后拈赋

皎羽盈盈雪作妆，月明庭院影微茫。春来舞乱千林絮，秋去襟沾一夜霜。缥纱霓裳窥画栋，横斜银剪掠池塘。劝君且莫轻飞去，好伴梅花上玉堂。

归途过青冢山下

驱马荒山下，高原一径通。雁声忽北望，客路又西风。潦水全成碧，斜阳

① 此篇又见冯继照辑《般阳诗萃·袁藩诗》、孙锡嘏编《般阳诗钞·敦好堂诗集》、卢见曾《国朝山左诗钞》卷三十一《袁藩诗》、徐世昌《晚晴簃诗汇》卷三十五《袁藩诗》。

欲散红。登临多胜概，归思惜匆匆。

述怀 时客石隐园修邑乘

摊书常是一床满，为客忽惊九月来。菊蕊从知今又破，藕花曾及见初开。秋林叶落灯前雨，旅梦虫吟石上苔。已近重阳归未得，雁声愁绝向人催。

修邑志成，别载积先生东还三首[①]

其一

此夕忽成别，秋风满座凉。论文山吐月，对酒树生香。不厌[②]杯中绿，愁看陌上黄。明朝长白道，野色黯河梁。

其二

兴废何年事，朝朝费讨论。山川留胜迹，人物寄微言。怀古思前辈，题诗忆故园。此心良足慰，直道恐难存。

其三

经时陪杖屦，高谊古人同。旧砚磨朝雨，名花度晚风。交情远更合，逸兴杳难穷。回首清尊夜，征歌入碧空。

九日诸公携妓登山，赋此寄讯

黉山东望处，古殿出云阿。令节宜吟眺，绮筵自薜萝。佳人能赵舞，上客解吴歌。千载扶风帐，康成今又过。山上有郑祠。

戏成二绝再呈载积先生

其一

黄菊空山九月秋，双环低按古梁州。听来刺史肠应乱，满把茱萸泛绿瓯。

---

① 此篇三首又见乾隆《淄川县志》卷七下《袁藩诗》，题作“石隐园修邑志成赋别载积先生”。其一和其三又见冯继照辑《般阳诗萃·袁藩诗》、孙锡嘏编《般阳诗钞·敦好堂诗集》，俱题作“石隐园修邑志成赋别载积先生”。

② “厌”，冯继照辑《般阳诗萃》本、孙锡嘏编《般阳诗钞》本俱作“减”。

其二

萧萧红叶满空林，翠袖斜穿薜荔深。携手归来山下路，偷将带草结同心。

将赴之莱，行青州道中有感

输税真无术，穷途谁与怜。青山游子路，红叶晚秋天。济世思金穴，谋生愧石田。夕阳看欲下，驱马趁炊烟。

晓行

斜月林中见，疏钟远处闻。客衣沾雾湿，驿路隔溪分。平野连鸡唱，酸风失雁群。海滨秋正熟，遥望意殷殷。

伯夷待清处初在山上

崚嶒石路过林湾，拂读残碑雨后斑。一代清风留北海，千秋庙食重南山。《采薇》歌怨黄虞后，扣马名存天地间。正好学君成饿死，首阳西望涕潸潸。

见壁间咏柳诗用其韵作秋柳一章

回首春风忆旧时，河桥霜露缀残枝。已无飞絮连空舞，惟见长条尽日垂。玉笛凄凉如有恨，金城摇落不胜思。征人向晚离亭过，黄叶纷纷拂鬓丝。

灰埠道中风雪寒甚

昨宵寒雨渡新河，灰埠平明雪又过。失路更悲行役苦，残秋惟有客愁多。千峰云暗青山色，万叠潮生碧海波。何日登临探胜概，天风要幻喜婆娑。

入莱之夜雨，背为风寒所触，梦中呻吟扫砌，先君乃挽帚助扫，伏枕恸悼，和泪成诗

旅病残秋夜，亲容入梦来。似怜儿背痛，为助扫寒苔。贫贱浮生老，艰难冥路哀。比年不得意，何计慰泉台。

夜行胶东道中

秋尽南过莱子城，海滨风物逼霜清。隔年山色浑相识，去岁曾登大泽。半夜征人梦不成。太白分芒群雾敛，九青如黛晓烟平。乱流明灭前村渡，银汉高悬雁字横。

平度州宿家信我兄学署

才过莱子又胶东，暂解征衣系转蓬。梦里纷纭惟搏鬼，更余长短付焦铜。虚斋菊影媚窗月，古殿槐柯响夜风。向晓客程西去后，不堪回首怅离鸿。梦亡友数人相□[1]而寤。

东武学署即席赠康宸简表弟

海国秋高落日寒，云沙漠漠扑征鞍。到来且喜良朋聚，坐久忽忘行路难。对酒金英无俗韵，留人玉漏惜清欢。琅琊台上风烟息，乘兴还应赋紫澜。

山中柳

霜入秋林红叶飘，空山流水度平桥。伤心最是溪边柳，独立寒风弄舞腰。

将入都门过毕载积先生，雪中夜饮绰然堂，兼订邑志

朔风吹雪上征衣，落日西山隐翠微。野色半浮新画阁，松涛还响旧渔矶。当杯且莫伤离别，考古何能订是非。胜日登临原有约，间关千里寸心违。

龙山道中有感

出门悲远道，千里更如何。故垒荒平陆，寒冰断巨河。树头残月隐，驴背晓霜多。只此令原意，红尘换薜萝。

---

① 此字漫漶不清。

景州道中和壁间徐健庵年友韵

雪暗平林辞故山，长安游子几时还。无端泪落征衣湿，须折寒风变客颜。

途中见佛寺绿柳成围感咏

道上缁尘十丈高，行人冰泪滴征袍。老僧自种溪边柳，独坐柴门看翠涛。

入都寓金鱼池侧寺中

御沟水绕帝城东，卞脱缁尘入梵宫。玉宇平临池上月，金铃微响夜来风。潭烟霜净芦花白，佛火宵悬贝叶红。欲向九重瞻气象，迢迢双阙五云中。

寓中梦毕载积先生

忽来忽去梦魂惊，幽恨无端最不平。千里故人才一面，半窗明月恰三更。霜寒芦荻围萧寺，风卷尘沙暗帝京。何日归临长白道，清尊满酌慰离情。

送裕如大兄早朝，时补临淮令

晓月朣胧出上方，早随鹓鹭入班行。十年自信读书力，千载应为祖德光。宝炬乍开摇佩影，御烟初散惹衣香。从来河北家声旧，奕叶腾辉正未央。

寓中见盛闻甫归山石

北地寒方劲，客中人渐归。如何游子梦，不向故园飞。冰泪随孤枕，缁尘上旅衣。芦沟风雪道，空使寸心违。

有感

残冬萧索滞京华，忧患无端鬓雪加。千里寒威冲朔漠，九门长日苦风沙。殊方驿使杂蛮语，别馆弦歌咽塞笳。回首白云萌水上，那能游子不思家。

慈仁寺松下

古殿岧峣俯禁城，空阶长日泻涛声。虬柯幻作蛟龙怒，清梵时闻风雨鸣。一自蟠根依净土，千年摩顶证无生。石苔坐对忘言处，翘首西山槛外明。

见刻诗有怀纪伯紫

不见钟山老，忽惊十五年。离忧集岁暮，远梦隔江天。雅道凭谁续，新诗独尔传。古交堂畔月，空忆故宫篇。

赠别管翰公

天下才名旧，相逢意气深。那堪挥手处，犹见古人心。佛阁凭谁眺，松涛恨独寻。还将山水意，别路感知音。

赠纪伯紫用元韵二首

其一

好友虚良愿，千秋事若何。能堪闲岁月，都向客中过。松梦因风远，钟声逼枕多。新诗把泪读，吾辈久蹉跎。

其二

寒灯明古寺，斜月满空堂。畏此风沙路，因思薜荔居。论交诗帙旧，怀古素心长。寡合怜予僻，如君讵可忘。

闻钟

静夜钟声出上方，客心清听转悲凉。闲中唤世消尘虑，梦里催人别故乡。敲罢枕边衾似水，数残窗外月如霜。最怜咫尺西门道，留滞禅关恨渺茫。

答赠秦以御

倦翮孤飞集复翔，逢君窗路自辉光。携来淮海风云气，化作词坛锦绣章。坐久朔飙人亦暖，谈余冬漏夜偏长。怜予东下眉陵道，端为怀人一陟冈。

偶成

腊月寒风动帘幕，客子幽忧中夜作。仰视天河云气昏，严霜刺骨月初落。古寺萧条风雨惊，一声孤磬出高阁。

自警

天风忽怒号，愁人中夜起。群籁各争鸣，碎裂客窗纸。长叹百忧集，悔作浪游子。罢战赋归来，高卧南山趾。垂钓临清溪，论文订旧史。慈亲将八旬，时抱诸孙喜。□[①]心同草木，此情良可已。如何燕云道，迫人来帝里。三冬雨雪希，嚣尘蔽城市。睚眦杀机发，交欢伏谲诡。野人心魂悲，恍若鱼惊饵。乾坤忧震荡，官海迷生死。言之中心伤，忍默复自耻。昨宵梦家庭，泛泛萍与水。归思未有涯，泪落不可止。出处莫轻谈，达人须穷理。

诞日客慈仁寺有感

留滞天涯更几时，今朝初度转成悲。那堪僧舍龙钟泪，都入高堂鹤发思。雁断朔风离塞远，松留寒月下窗迟。数来岁暮无多日，欲促归装惹鬓丝。

明水道中遇雪，时除前五日

历上无多日，雪中人未归。平铺山色暗，惨淡树烟微。冰冻骑常滑，溪寒鹭不飞。故园东望处，积素掩柴扉。

除夕

经年扰扰鬓丝皤，剩得今宵且细哦。两度雪衣驱涿鹿，一行冰泪过滹沱。虚名我自贪鸡肋[②]，实理谁能悟茗柯。坐久已知春信早，寒星历历转银河。

---

① 此字漫漶不清。

② “肋”，原作“助”，据文义改。

敦好堂诗集卷六

上元日登博野城壬戌

春色过城头，寒烟迥未收。平沙千里合，远树一村幽。客况怜佳节，风光近帝州。如何接淅意，翻为故人留。

寄答武康韦六象

凉风鸟回寺，爽气天高于。檐间桂花发，抗怀论古初。一别东西去，不复随步趋。携君书数卷，扬帆过江湖。扁舟夜茫茫，有梦恰相符。归来前溪渡，片言托双鱼。寒宵光焰动，枕中藏异书。三年郁怀抱，形影万里殊。多病伏孤枕，缥缈白云俱。浮生百年内，何人问子虚。著述堪娱老，禅心秋水如。出处各不违，道义激衰途。思君不相见，清歌下巴渝。

闱中①

二十年来此②战场，坐听谯鼓夜茫茫。千条蜡炬心犹热③，一径寒风骨亦凉。忍④向缁尘埋鬓发，漫凭青眼论⑤文章。从今⑥别后长安月，偏照河桥柳万行。

---

① 此诗又见冯继照辑《般阳诗萃·袁藩诗》、孙锡嘏编《般阳诗钞·敦好堂诗集》、王士禛《池北偶谈》卷十八《谈艺八》。

② “来此”，王士禛《池北偶谈》本作“前古”。

③ “千条蜡炬心犹热”，冯继照辑《般阳诗萃》本、孙锡嘏编《般阳诗钞》本、王士禛《池北偶谈》本俱作“三条画烛连心热”。

④ “忍”，孙锡嘏编《般阳诗钞》本作“苦”。

⑤ “漫凭青眼论”，王士禛《池北偶谈》本作“凭谁青眼讬”。“论”，孙锡嘏编《般阳诗钞》本作“托”。

⑥ “从今”，王士禛《池北偶谈》本作“明宵”。

三月晦，夜梦客济南者久，又将北去，思母归省，急无代步。招毕公权议同行，毕病甚，携医来，相对黯然，恸哭而寤

缁尘两月燕山道，风号夜黑同幽讨。并辔南来意气多，上书一任冬烘脑。昨宵伏枕悲彷徨，沟壑耽耽心如捣。忆汝开襟坐远楼，离忧乍起如春草。忽复相逢在泺源，欲赋远游仍懊恼。白发高堂忍暂违，饥来驱我何能保。梦魂漂泊还相依，急追吾子抒怀抱。岂意文园多病身，不见当时颜色好。握手沉吟双泪挥，人生空向穷途老。世路升沉且莫论，无端别恨形容槁①。起视明星春尽归，万里浮云空浩浩。

送孙采伯表弟赴试吏部，时四月朔日

春风昨夜归天涯，千里征尘满落花。翠色西来华不注，晓云东望赤城霞。柳丝淀海萦飞絮，尽是游人继马处。黄金台上草如烟，长风好挂云帆去。君方年少谒承明，笔底龙蛇风雨惊。人生遇合有奇数，马周洗足登公卿。只今四海鸣鏕息，天子好文勤百职。凌云词赋思同时，长杨校猎趋颜色。掷地金声久擅名，沙堤授简临西清。读书中秘绳先业，百里鸣弦亦峥嵘。愧我无能甘丘壑，年过半百仍落拓。君须置身青云端，归来满引鸬鹚杓。

赠梅耦长年友，用集中首作韵，次作忆梅杓司亡友药圃分韵事，即耦长从叔也，因及之二首

其一

相逢真意外，松径寺门深。花雨分空界，钟声出梵林。水亭留妙句，梅题诗载酒堂。远道识归心。惭负良宵约，绳床坐绿阴。

其二

响山人去后，宿草墓门深。犹记题诗处，衔杯对竹林。怀人伤永别，感旧见初心。为问谈经席，圜桥久落阴。先曾祖为宣城教谕。

---

① "槁"，原作"稿"，据文义改。

忧旱纪事

悲风吹黄埃，昏昏暗朝暮。原野正萧条，掩涕还惊怖。新正事行役，积雪愁难度。频年忧旱旸，私计今春足。一妪老且勤，高堂侍饮餔。行汲与采薪，一僮兼琐务。临行重丁宁，事事小心作。饩禀有常规，予言不汝误。草没昭王台，泪洒刘蕡墓。敝裘三月归，缁尘变纯素。千里镜中丝，憔悴颜非故。灰心焚笔砚，努力躬农圃。忽忽逾孟夏，不见甘霖澍。郊原赤如焚，炎威一何怒。廛困久成空，啼饥向谁诉。东家仓廪封，北阮笙歌聚。持橐叩朱门，有意不能吐。阍者但微笑，贱子行僵仆。饥乌号空厢，种种皆恶趣。归告妪与僮，各自觅生路。从知沟壑忧，性命危朝露。去汝中心悲，相看泪如雨。老妪前致词，高堂侍饮餔。僮仆跪且悲，一身兼琐务。夙昔颇殷勤，言语无差忤。今朝麾出门，东西何所赴。妪僮汝莫悲，岁凶实天数。可怜三五年，饿莩满前渡。不雨今四月，麦枯种未布。旱灾不敢陈，拮据供常赋。官家事急征，典衣复鬻袴。掘残岸草根，剥尽篱边树。晨炊每过午，干焰生吭嗦。留汝两难全，惨淡抒情愫。有时山雨来，救此辙中鲋。相依尚有期，不在须臾住。语罢增呜咽，挥手莫回顾。华屋谁家郎，粳稻饱鸡鹜。

龙山壁上和高司寇先生旧韵

郊原五月总如秋，古渡扬尘水不流。客过树阴思就枕，亭临峭壁想为楼。千村妇子悲悬磬，万里征输类反裘。东望片云饶雨意，狂风吹尽苦难留。

长歌赠王子云

王郎砍地仍高歌，人生至此悲如何？仰视浮云增太息，日光惨淡风沙多。西上长白望原野，高下濯濯嗟无禾。忆昔与子挥手别，南上宜阳北滹沱。两人归来时相见，潦倒穷途空蹉跎。入春不雨今六月，火龙乘怒水无波。溪流欲断游鱼死，长林叶萎摧新柯。赤土如蒸飞鸟堕，千秋窜走灯中蛾。春种未布瓶先罄，二麦不收犹催科。典衣已向连年尽，挑菜全枯两岸莎。有时云气横村落，狂风疾卷藏山阿。惟我与子老亲在，多病年衰双鬓皤。生儿不闻致禄养，况逢饥馑相煎磨。稚子倚床更叫号，强索梨枣难谯诃。相视婉转待沟壑，老泪沾巾恒摩挲。官家恤灾轸民力，九阍万里瞻峨峨。金生火伏将代令，蝉声呜咽随幽哦。墟里星散惟败屋，却防夜夜青磷过。几时雨落能缓死，阶前银竹翻青荷。会须策杖寻山色，高台一笑倾银螺。

赠高孟地东还

嘒嘒蝉声静处闻，那堪携手怅离群。客衣怕湿山前雨，归路迟看海上云。绿酒不妨寻妙句，青囊谁与探奇文。三秋莫负黄花约，紫气东来疑是君。

六月十三日得雨二首

其一

眼枯半载农夫望，谁信雨师今又来。远浦雷声奔电合，长空云影怒涛催。何妨夏尽搜春种，满拟秋成免岁灾。老圃荷蓑凝立处，桔槔随意卧莓苔。

其二

空阶雨急似翻盆，大野茫茫水气昏。凉入庭柯收烈暑，声随涧溜响孤村。抛书坐对檐前瀑，携杖行看溪上云。莫道北来云汉苦，秋原禾黍尽天恩。

水难[①]

老夫倚杖河边哭，日光惨淡悲风逐。泥涂满身芒屩穿，惊魂颤掉皮皴瘃。古来灾沴何世无，阳侯肆虐骇心目。自春徂夏愆雨泽，火云镇日愁蒸燠。六月一雨雨不休，连日翻盆盈川谷。廿二之夜一更余，水声倒注银河覆。火球照耀悬中庭，漫天如漆[②]飞狂瀑。浊浪须臾跨岸来，阶前汹涌为河腹。家家号泣悲无门，处处轰雷颓墙屋。逐波[③]跳走几灭顶，一丝莫保颠[④]溪曲。孑立洄漩势莫当，黑风急雨仍相续。大野滔滔天欲倾，鱼龙出没居平陆。东方渐白川原腥[⑤]，回首家园惟灌木。广厦绮疏[⑥]沉泥沙，图书万卷殉沟渎。八口皇皇栖息艰[⑦]，败堵阴风来肃肃。鸡犬无声鸟雀悲，夜半高枝巢蝙蝠。长日树阴搔首立，荡涤瓶盎无半菽。迎秋一寸春苗生，泥没沙壅何时熟。见说东村同一悲，破家露处几千族。

---

① 此诗又见冯继照辑《般阳诗萃·袁藩诗》、孙锡嘏编《般阳诗钞·敦好堂诗集》。

② “漆”，冯继照辑《般阳诗萃》本作“黍”。

③ “波”，孙锡嘏编《般阳诗钞》本作“浪”。

④ “颠”，孙锡嘏编《般阳诗钞》本作“填”。

⑤ “腥”，冯继照辑《般阳诗萃》本作“胜”。

⑥ “疏”，孙锡嘏编《般阳诗钞》本作“窗”。

⑦ “艰”，冯继照辑《般阳诗萃》本作“难”。

仰天长叹天不闻[1]，租吏近前索僮仆。

舟夜

相逢凉雨急，投策复登舟。忆别乡思苦，谈深旅夜秋。水喧两岸阔，人静一灯幽。断梗天涯恨，谁能禁白头。

至天津

曾记停舟处，重来几十年。乱悲人事改，老觉鬓丝牵。衣薄秋先入，更长夜不眠。露阶清似水，南望复潸然。

赠晋汉圃

不谓三年别，今宵得共游。月光清入户，海气早知秋。莫洒穷途泪，空添羁客愁。砧声看又起，离思总悠悠。

自遣

无复谈诗兴，呻吟只自知。何人怨萧瑟，惟我赋将离。漂荡蛟龙怒，艰难牛马悲。只愁萌水月，空自下荒陂。

送杨松谷入都

铜官山下忆逢君，海上重来坐夜分。雁字忽从天外落，蛩声偏向客中闻。阿谁记曲抛红豆，顾我无家望白云。北去禁城秋从水，相思凉月正纷纷。

听雨

曾触蛟龙怒浪倾，乍闻急雨暗魂惊。故园秋老图书没，远浦云开雁阵横。迢递病声催病枕，苍茫海气抱孤城。那堪白发无家客，听彻潇潇夜未明。

---

① “闻”，原作“问”，据冯继照辑《般阳诗萃》本、孙锡嘏编《般阳诗钞》本改。

偶感

生无食肉相，往往嗜园疏。澹泊存真味，肴错应不如。八月客津门，芹根荐新菹。齿牙含清芬，中怀忽累歔。连年苦旱虐，场圃委丘墟。今春课僮仆，朝夕勤锹锄。搰搰桔槔力，青葱满畦渠。摘剪佐盘飧，何必叹无鱼。阳侯怒滔天，浊浪高门闾。须臾肆冲击，蛟龙舞阶除。荡然没波涛，谁能辨灾畬。仓皇走天涯，糊口仍趑趄。主人罗珍羞，相对复踟蹰。故园嗟板荡，寒风吹敝庐。老稚临大野，荒原难久居。挑菜心独苦，肥甘奉久疏。一箸感中心，掩涕湿襟裾。

九日客河间二首

其一

陶家三经久荒凉，此日登临是异乡。瀛海东连云黯黯，滹沱南下野茫茫。伤心故园人千里，梦断天涯水一方。潦倒那堪逢令节，白头羞对菊花黄。

其二

一番风雨又重阳，把酒寒宵意自凉。何处砧声偏入夜，无端客泪欲沾裳。荒城画角催人老，别院笙歌起恨长。莫把茱萸望高处，故园愁说尽沧桑。

杂感三首

其一

西风忽送雁声悲，正是秋光欲暮时。作客易消髀里肉，无家难却鬓边丝。眉陵烟月空回首，瀛海沙尘更鼓鼙。苦忆读书旧游地，蓬蒿满径水连陂。

其二

高秋云物迥朝晖，客舍苍凉雨欲飞。壮志几曾酬马革，穷愁偏是泣牛衣。看来驿路花容淡，渐觉寒霜木叶稀。失意半生甘落寞，可怜弹铗竟无归。

其三

寒风萧瑟遍天涯，白草黄沙尽日吹。旷野秋阴连远塞，孤城返照出疏篱。人同老骥思千里，身比鹪鹩愧一枝。莫向高原怀故国，惊涛处处不胜悲。

过旧沧洲

长堤漠漠隔林横，又逐荒烟赴远征。几处断桥平野渡，一湾流水抱空城。蓬根乍卷寒风急，海气遥连落日明。漫说沧洲堪啸傲，霜华偏向鬓边生。

夜寒乞酒邀晋汉圃不至

莫言樽酒易，咫尺隔相过。耐此寒威逼，其如岁暮何。坐愁消蜡炬，清漏转银河。我亦穷途客，孤窗念薜萝。

感怀和孙孝堪韵

客心引孤绪，严冬悲急景。风吹海气昏，莓苔生古井。惨淡坐忘言，挑灯发深省。少年意气尽，岂敢思狂逞。鼓角杂清宵，玉漏声何永。只身无栖泊，东西成断梗。敝裘今已尽，错怨空床冷。中夜起彷徨，清浅银河耿。

静海道中再用前韵

寒气生原野，落日照孤景。仰视浮云驰，蓬蒿掩枯井。游子悲道路，猛然增愧省。生无封侯相，壮志何当逞。海水烟茫茫，愁如江汉永。天空雁南去，山川怨修梗。樯帆积河干，晚风吹衣冷。失志防贫贱，抱此长耿耿。

津门留别杨松谷，予将有上谷之行

翩翩裘马出长安，落日风高驿路寒。海内故人多意气，天涯游子岂艰难。歌声自向樽前度，山色偏宜雪后看。岁暮离忧那可说，愁予西去渡桑干。

将赴山海关留赠谭元素还里①

前溪北渡又天津，岁暮匆匆别故人。我去三韩耐冰雪，君归千里苦风尘。严城海气催残腊，驿路梅花透早春。愁说眉陵山上月，也随沙碛照征轮。

行玉田道中作

车马辚辚事北征，长河冰冻雪初晴。辞家拟作登楼赋，岁暮犹为绝塞行。古戍旌旗悬落日，乱山松柏带孤城。书生见说边庭苦，逢着沙场色暗惊。

① 此诗又见冯继照辑《般阳诗萃·袁藩诗》、孙锡嘏编《般阳诗钞·敦好堂诗集》。

永平学院和沈宫詹壁上韵二首

其一

无端马足困经年，又迫残冬逐驿传。山色留云增壮丽，水声近廓泻潺湲。征人西顾庭帏远，使者东临节钺专。海上烟消残雪后，关门迢递更茫然。

其二

雄关遥接控神州，御跸曾经此地留。石磴高悬云满岫，溪光远映水明楼。长松乍倚襟堪涤，孤竹何年境最幽。偶步前楹怀旧迹，及时阴雨自绸缪。

抚宁馆中夜读赵又吕刻诗

洋水城边客院清，古槐亭畔月华明。征衣暂解临窗坐，读罢新诗已四更。

榆关和壁上韵

匹马萧萧望远山，卢龙几日到榆关。朔风卷尽黄沙路，多少征人失旧颜。

登山海关城楼二首

其一

雄关临徼外，形胜俯中原。天割山客壮，风翻海气昏。征车何日息，战垒至今存。向晚登临处，皇舆列障尊。

其二

万山临海曲，一夜朔风寒。势卷星河动，声摧户牖残。故乡难入梦，杯酒强为欢。坐听荒鸡度，严更尚未阑。

登海楼观海二首

其一

滦水沙迴晚照寒，故人此地庆弹冠。流风已觉山川改，善政犹闻父老欢。宦况升沉悲似海，交情生死重如兰。我来坐对禅关寂，霜月城头不忍看。

其二

百尺层楼俯水滨，波光浩渺自无垠。凿开混沌乾坤老，浴出鸿蒙日月新。岛屿何时通职贡，楼船曾记接天津。皇仁东渐朝宗远，万里星航拱北辰。

口号二首

其一

卢龙自古号雄关，马首西来客泪殷。绝塞风沙还大海，严城灯火照前山。层冰欲断征人路，斜日难温游子颜。极目高原思旧迹，岧峣孤竹倚云间。

其二

卢龙塞上千层垒，孤竹山头一片云。到此行人休怅望，笳声斜日不堪闻。

宿丰台禅院

我游东海滨，遥遥日将夕。风沙迷前路，倦马思投策。村烟接睥睨，冰坚野岸白。丰台何郁葱，古寺枕南陌。征衣解石磴，佛火照剡客。中宵梵籁清，尘鞅忽以释。钟磬响寒夜，不寐感畴昔。放情山水间，沧桑无定迹。何时皈净业，不为名利迫。趺坐掩禅关，静对琉璃碧。

今夕行天津署中，同晋汉圃、张勉修、韩锡公作

今夕掷身东海岸，明星照雪铺官衙。爆竹喧阗方夜赊，悲歌杂坐听胡笳。博塞凭陵歌且哗。人生聚散乘浮槎，海气缥缈吹青霞。闻道安期枣如瓜，神仙底事徒咨嗟。且倾斗酒胜胡麻，杯盘狼藉枭庐挝。袒跣大叫能矜夸，江南江北愁无家。风尘未辨龙与蛇，短鬓年年增岁华。醉来仰面飞寒沙，裋褐不完双手乂。狂吟呓语羞淫哇，长声硬字真聱牙。赴壑修鳞谁能遮，春光何处来相加，北风与子歌同车。

癸亥元日

海岸雪初晴，春风处处生。楼台云物起，帘幕篆烟轻。重镇当津口，繁华接帝京。那知游子意，南望不胜情。

立春后一日买赖古堂书，挑灯读之

春风忽复到天涯，客里茫茫感岁华。万事消磨惟破砚，百年酬对是灯花。故书重购如逢友，薄酒频倾当吃茶。谯鼓听残群籁静，纸窗明月易西斜。

天章和尚为先慈作佛事，赠之以诗

长跪瞿昙叩往因，浮生何处问慈亲。杨枝露下超生死，贝叶声中动鬼神。泉路茫茫悲过客，天宫渺渺列群真。孤儿洒尽灯前泪，万树桃花不见春。

再赠礼忏上人岫主

尊佛微言在，萧梁忏法留。罪从今日悔，福向此中求。火底莲花出，坛前贝叶收。欲参无住相，清磬一声幽。

为高冀良悼姬十二首两用元韵并引

夫楚国佳人，生本细腰之地；黔荒难女，携来太丘之家。遇公子于行间，辅阿母于帐底。羁魂未定，慧性独研。戎马为邻，罹五年之辛苦；舟车所至，喜万里以归来。出险就夷，方衔恩于《樛木》；凤毛麟角，爰诞瑞于《螽斯》。快此佳儿，哀彼薄命。倏而花飞红露溢焉，叶陨清霜，君有后乎？勿复相顾，吾愿足矣。遑恤其他，于是雪涕。夫君擘蛮笺而摛句，乃有伤心；和客裁鱼茧以陈词。怅青鸟之难逢，恨紫鸾之独逝。因君浩叹，发我叠吟。月暗绣窗低，叹三五良宵，玉人何在；香消冰簟冷，惜百千愁绪，珠泪难收。虽无当于解颐，庶足供夫粲齿云尔。

其一

生怜戎马滞天涯，回首春风怨落花。自是琼姿归上苑，岂同凡艳委泥沙？

其二

掌上明珠栽一颗，报君天付与佳儿。生来巫峡能为雨，此后高唐有梦知。

其三

浮生幻影不须悲，欲界良缘有尽期。悟得无生更无住，仙宫来去月明时。

其四

风袅轻烟一缕魂，披云带月礼星尊。帏中仿佛如花貌，净洗铅华与泪痕。

其五

方期偕隐卧林丘，频向蓬山顶上游。半夜星坛祠太乙，不从尘世恋衾裯。

其六

曾记微之怜谢女，空留遗恨说黔娄。只今百万营斋后，莫向江津化石尤。

其七

伤心万里北归日，零落雕阑一树花。回首炎荒魂未贴，云鬟雾鬓裹尘沙。

其八

十载蛮烟留象郡，一朝佳气产麟儿。归来安乐谁当共，薄命黄泉只自知。

其九

缠绵离恨使人悲，仙药茅山不可期。帘外灯残人去后，帐中香散梦来时。

其十

愁中何处不销魂，手爇名香奉世尊。洗却红颜皈净业，一溪明月水无痕。

其十一

庭院依然古贝丘，烽烟憔悴十年游。小星东望余三五，宝鸭香消忆故裯。

其十二

凉风乍动秋声起，伏火将销日在娄。一自空山埋玉后，移人花月总招尤。

卜先人葬地登黄埠顶

郁葱佳气映朝暾，雨后溪流抱远村。北望荆山堪韫玉，西来萌水待垂纶。百年风木留遗恨，万古衣冠敛去魂。好借青鸟凭指点，一林松柏护高原。

潞河舟中杂咏十首

其一

笑煞舟车尽日忙，沙堤回转见禅房。我来趺坐浑无事，消受佛前半炷香。

其二

瑟瑟西风日暮时，平沙如雪柳如丝。征人更上长堤望，一片秋容两岸悲。

其三

何处钟声落客船，秋空露下水如烟。滩前夜静微风起，闷对灯花忆往年。

其四

凉夜星芒浸水陂，挑灯促坐漏声迟。共君泥饮不成醉，枕上愁来各自知。

其五

河边衰柳几千行，送尽行人叶叶霜。浪打孤舟惊坐起，相思一夜满渔阳。

其六

队队貔貅猎骑分，牙旗悬处拂行云。书生未解从军乐，独对西风看雁群。

其七

满船凉月酒初醒，扑面惊沙夜未停。只恐明朝堤上柳，伤心减尽旧时青。

其八

十载疆场战骨归，连珠灯火照渔矶。那知夜半征人泪，荒草天涯梦铁衣。

其九

荆门戍马望秋肥，夹岸旌旗带落晖。海外滇中全奏凯，清凉山上翠华飞。

其十

欲觅封侯事远征，楼船笳鼓野云平。秋宵又见搀枪落，圣主垂衣莫用兵。

九日二首

其一

重阳临海上，微雨湿空墀。本是辞糕客，袁德以父名高，九月不忍食糕。休吟落帽诗。寒风催戍鼓，哀雁动乡思。爱菊昔耽咏，翻增此日悲。

其二

独有穷途客，偏于令节悲。白衣非送酒，黄菊忍题诗。故国荒烟断，幽斋凉月迟。茱萸羞鬓改，此会复谁知。

沧州

横梅何年郡，苍茫野气昏。楼台会落日，瓦砾古城门。客路经寒雨，平林见远村。荒唐阅人世，空有铁猊存。

闻韩燕翼先生请告赋赠二首

其一

逐日争随夸父趋，谁从宦海问归途。悬崖撒手真男子，急浪回头是丈夫。锦水园林堪啸傲，箕山朋旧好招呼。如君自可高千古，不羡从前说二疏。

其二

茫茫身世苦无休，放下今朝得自由。铃阁晚来闲画角，篮舆归去度清讴。朝廊事业从人羡，丘壑烟云待我收。一语赠君烦计取，蒲团坐定失公侯。

都门感怀用赵太史韵

浮生何劳劳，百事皆成拙。赋性既迂钝，才智更凡劣。读书五十年，名位何由达。猛气久消沉，壮心时突兀。误走长安道，贫贱安局蹐。自笑足如冰，宁云踏处热。行立无伦次，语言失精核。泥淖满街渠，麻衣蒙敝褐。跛跸过长檐，虎豹当关列。未语已羞沮，惴惴不能释。伛偻上台门，努力为容悦。屏息前致词，一一凭裁决。上云久别离，日月悲急捷。下云望京华，潭潭神仙窟。十日触风沙，千里诚搰搰。窃慕披裘翁，遗金讵敢拾。几年遭患难，不复辨嚎咄。夙昔肝胆交，未忍谢请谒。沟壑良足忧，面目还堪惜。茕茕骨肉悲，血泪滴冰穴。改火未解菜，长馋事采蕨。梁鸿灶不温，祢衡刺宁灭。䙰缕未竟言，中心自惭惙。彼阍已狺狺，我怀犹业业。酸风乍扑面，严寒真刺骨。御沟水不流，峨峨层冰结。狰狞肆呵骂，面冷一如铁。掩耳走且僵，柴车手自拨。汗背透缁尘，急奔如骥渴。仰视帝城云，惨惨欲飞雪。七尺任昂藏，何处觅生活。不工媚世术，曳裾复何益。譬彼云汉高，星辰岂得拟。策蹇出都门，荒园守旧籍。负土筑堂房，子力诚当竭。吁嗟行路难，朔飙正凛烈。

送晋汉圃还昆山

远道冲寒雪，征人拂剑镡。马蹄翻蓟北，归梦绕江南。驿路梅将绽，津门柳未毵。莫忘瀛海上，风雨对清谈。

节母篇为晋母何太孺人寿[①]

乾坤浩荡凝霜雪，闺中往往征奇节。昆山晋母称最贤，冰心照彻寒潭洁。家本簪缨似谢庭，柳絮吟成诗品绝。梁孟相随玉案齐[②]，那知中道苦摧折。凤毛五色耀阶除，翩翩环听机声咽。荻子书成掌上看，熊丸和就灯前啜。昨岁封禺识长公，竹窗对酒名香爇。各各心期感慨多，衷肠不厌连宵说。天涯南北两茫茫，重逢已作三年别。天津城下水波深，铃阁沉沉更漏歇。警[③]喜先询白发亲，两相劳苦还相悦。秋风瀛海菊花黄，腊雪卢龙马蹄灭[④]。时复瞻云泪满衣，翘首南天寸心结。偶启家书示我看，蝇头细字言谆切。骨肉分飞愁叹生，勉持家秉[⑤]勤操拮。自赋柏舟归净[⑥]因，早年辟谷神仙诀。舌上青莲朵朵鲜，瑶函贝叶持真偈。为念倚闾重子悲，严冬积雪中心热。便欲扬鞭向鹿城，来朝归计何其决。坐客惨淡风飕飗，一杯忍向离筵啜。到日登堂颜色开，春光庭院百花缬。勉旃大孝

---

① 此诗又见冯继照辑《般阳诗萃·袁藩诗》、孙锡嘏编《般阳诗钞·敦好堂诗集》。

② “玉案齐”，冯继照辑《般阳诗萃》本、孙锡嘏编《般阳诗钞》本俱作“案齐眉”。

③ “警”，疑作“惊”。

④ “灭”，原作“起”，韵部不合，据冯继照辑《般阳诗萃》本改。

⑤ “秉”，冯继照辑《般阳诗萃》本、孙锡嘏编《般阳诗钞》本作俱“政”。

⑥ “净”，孙锡嘏编《般阳诗钞》本作“静”。

在扬名，致身卿相追前哲。萌水袁生为作歌，千秋彤史传芳烈。

再送晋汉圃值予诞日

底事茫茫感岁华，频年留滞是天涯。愁予初度常为客，忆尔新春正到家。别院桃花开并蒂，时方归娶。北堂萱草吐灵芽。谁知海上人空老，独坐寒窗听夜笳。

送龚墨蕤还河间

空庭残雪映双扉，忍向离筵赋式微。驿路寒烟浮野色，严宵清泪滴征衣。三冬绛帐君初返，两载津门我未归。此地故人劳远望，东来杨柳正依依。

白鹦鹉

珍禽宜向月明看，陇上飞飞素影寒。舞雪珠娘翻缟带，乘云玉女侧星冠。须知么凤羞颜好，若比白鹇振羽难。紫竹林中持半偈，休将红豆唤雕阑。

绿牡丹

肯将脂粉涴芳春，翠色凌波似洛神。富贵丛中蝉鬓拥，沉香亭畔黛眉新。螺青髻露如含笑，萼绿华来偶效颦。任尔姚黄与魏紫，那随青帝媚佳辰。

冬夜述怀用黄山谷《二月二日晓梦会于庐陵西作[①]斋寄陈适用》韵

岁晏苦长夜，寒威入重闼。积雪埋空阶，玲珑似皎月。端坐一何悲，历历柝声聒。海上多凄风，星芒照城阙。灯焰惨欲昏，泉路怀明发。清泪渍麻衣，层冰透双袜。垂老滞他乡，顾此种种发。何以解我忧，矫首愁天末。良友重意气，妻子苟存活。曷似今年寒，严冻真刺骨。榾柮借余温，拨火裁一撮。起粟满鸡皮，猬缩如受挞。拙自愧鸠巢，狡宁学兔窟。忆昔困名场，宁止经三刖。从此甘蓬蒿，不复梦簪笏。澹泊见初心，尚想慕怀葛。

① “作”，原缺，据《黄庭坚诗集注·外集》卷十《二月二日晓梦会于庐陵西斋作寄陈适用》补。

除夕

两度天津守岁人，数茎白发又惊新。阶前夜照松明火，灯下寒浇玉洞春。莫为穷途伤旅梦，且随知己斗闲身。炉烟坐待东风晓，不羡鸣珂上紫宸。

赠杨苏生观察以下甲子

关西奕叶表清风，揽辔畿南节钺雄。沽口雪消春涨碧，津门潮落晚霞红。十年报国心依北，万里无波水向东。见说圣朝循旧事，度支盐铁领三公。

游香林苑赠天锡道人

春风斜日出香林，高阁凭虚水气阴。客立苍苔看鹤舞，潮来清夜听龙吟。九还丹药长生诀，一曲谣琴太古音。道人喜琴，尤精医药。只恐落花归路杳，桃源重去已难寻。

留别天津诸友

此地留三载，迢迢问客程。浮云多变态，潭水见交情。野旷春阴薄，雪消堤柳生。那堪西去日，回首望津城。

放生矶八首①高司寇先生、唐济武太史所立

其一

般阳城下水潺潺，柳色参差绿一湾。佛力潜通春浪阔，千秋鱼乐野云间。

其二

一曲沙溪绿树围，石苔趺坐憺忘归。兴来把酒澄潭上，不向游鳞动杀机。

其三

人鱼相对各悠然，浩劫尘中自在天。解道众生齐佛性，好风明月满晴川。

① 此篇其四又见乾隆《淄川县志》卷七下《袁藩诗》，题作“放生矶”。

其四

记得[①]西湖学放生，莲池遗教几人行。双溪[②]化作菩提水，大地江河总有情。

其五

沨沨天风乐意宽，更栽梅树足盘桓。磻溪老子偏多事，莫向此中理钓竿。

其六

水雄渔壮恨久湮，长桥兴废是何年。风来细浪知鱼乐，雨后平沙看鹭眠。

其七

浪激盘涡水抱城，远山倒影浸空明。鱼龙入夜闻瀺灂，不畏滩头撒网声。

其八

耆英莲社任优游，丝竹东山兴未休。何似同登极乐国，二公来往自风流。

挽施侍读愚山先生六首[③]

其一

潞河衰柳晚秋余，丹旐南来见素车。癸亥秋，予客张家湾，先生柩自北来。圣主难忘宣室召，老臣岂献茂陵书。表章理学传家范，刻有《家风遗范》。珍重人才为国储。几载銮坡恩未报，忍将衰鬓卜林居。先生每欲乞归，以修《实录》未成，不果。

其二

老成凋谢恨绵绵，何处哀吟泣夜泉。八代文章推后起，千秋石碣表前贤。伏生祠、李沧溟墓皆刻石。西昌遗爱留新社，北渚开尊忆旧年。顾我神交思更切，每从古驿和新篇。

其三

齐鲁宗风赖有君，狂澜一柱砥斯文。晚年身到蓬山老，早岁学从泗水分。殿上含香归御宿，云中清跸奏横汾。那堪旅榇指归日，朋旧河干泣暮云。韩宪副赠赙，哭之盖哀。

其四

晓日鸣珂立阙廷，肯随年少试娉婷。惊闻传说乘箕尾，谁识东方是岁星。海岱传经悲楚些，璇玑作赋梦湘灵。一时馆阁摧残甚，时词林没者四人，宣城居其三。

① “得”，乾隆《淄川县志》本作“向”。

② “溪”，乾隆《淄川县志》本作“湾”。

③ 此诗其一、其二、其三又见冯继照辑《般阳诗萃·袁藩诗》、孙锡嘏编《般阳诗钞·敦好堂诗集》。

宛水多贤几泪零。

其五

高才应有鬼神憎，火色如君已上腾。旷代雄文摧独步，昔时名士忆同升。多情善哭如桑苎，佳句长吟似杜陵。读罢招魂增感慨，怀人双泪苦难胜。

其六

拟从京额问芳邻，客舍花飞赋晚春。矫首中原惟数子，伤心雅调属何人。死生有觉缘成幻，歌哭无端意自真。岂为文章堪俎豆，先生大节在君亲。

挽陈其年检讨

髯也金门号古狂，千秋彩笔擅名场。谁知欲界无长日，顿使珠宫失夜光。词格凄凉传白下，公有《白下词》，吴梅村亟称之。宦情憔悴似黄杨。侧身南望悲才子，一奠生刍未褰裳。

寄赠梅耦长

握手禅关对落晖，最怜草草送君归。三年望断云中字，两地惊闻雪满衣。萌水怒涛人黯黯，敬亭秋思雁飞飞。昔时溪上经行处，返照荒城结翠微。

寄赠吴海木长至日寿母得冠军报

几载山城卧客星，莱衣归去舞萱庭。称觞鹤发樽盈绿，携笔龙文眼乍青。此日葭灰添线祝，遐龄荻子授经□。旧时书屋琅玕雨，对酒何年此再听。

乙丑仲春，奎山道中遇雨，过孙树百

冒雨度山坳，千峰垂湿云。野烟透林壑，浓淡仍缤纷。流泉咽石罅，遥遥涧中分。越岭更西去，黛色明夕曛。空谷有哀响，樵声连斧斤。奎山势突兀，凌虚自不群。长桥饮沙渚，楼台气氤氲。中有读书客，妙香入夜闻。

登孙树百之逸峰阁[①]

晨起临高阁，空翠荡心胸。青山洗微雨，罗列千芙蓉。烟鬟面面出，近远皆殊容。凭阑恣眺望，指点云外踪。大河西南来，春水何溶溶。主人爱[②]丘壑，当阶种古松。闭门揖石友，趺坐引禅宗。我心杳何处，最爱东南峰。

失题

最爱幽人水竹居，杏花庭院复何如。春风二月传消息，艳雪窥帘好著书。

失题二首

其一

为园依北郭，卜筑近东山。此地宜吟眺，何人得往还。樽前芳树老，局罢野云闲。春事愁将尽，花飞黯客颜。

其二

曳杖出春城，林烟处处轻。溪山微雨润，花柳远村明。涧水流残照，荒原事早耕。那知芳草意，偏向客愁生。

送韩蓼怀赴盖平任二首

其一

五月薰风榴火明，双凫此日送君行。山川胜迹迎仙吏，车马劳人念友生。紫气北连龙塞远，赤霞东望海波平。圣朝雅重循良传，首向营州采政声。

其二

中丞当日填医闾，远布天威两上书。代有雄文推绣虎，家传清节矢悬鱼。云闲官舍琴音静，花满郊原麦浪舒。奕叶功名绍旧德，临轩丹诏下绛车。

---

① 此诗又见冯继照辑《般阳诗萃·袁藩诗》。

② “爱”，冯继照辑《般阳诗萃》本作“娱”。

过候仙园小憩三首①

其一

为园依古壑，入夏更悠然。绿树临溪岸，清波引涧泉。云光看不尽，山色自相连。不负嘉名久，何人题候仙。

其二

数载红尘老，征车此暂停。还寻来鹤舫，独上御风亭。雨过前溪绿，云归远岫青。石苔随意卧，客梦几时醒。

其三

久锁松�路，名花次第开。圯桥仙迹少，芳草故人来。愁减杯中物，霜添鬓上堆。有时清籁发，一听紫云回。

重寓石隐园作

忍病仍携砚，重来坐石床。送春花事少，结夏水亭凉。忧患余生老，园林清梦长。晨光延远眺，山色正苍苍。

园中第二首

初夏园林景物妍，落红飞絮静娟娟。种来丛桂堪招隐，读罢《离骚》欲问天。古树阴浓垂鸭脚，小炉香沸爇龙涎。从开竹径舒清啸，应笑袁生老更颠。

游长白山呈同行诸公

苍深不可测，溪折万峰高。山水诚佳事，乾坤亦觉劳。石泉翻涧雪，翠黛洗秋涛。杖履追随日，临风吹二毛。

游山中燕窠寺

古寺何年号燕窠，偶来暇日足婆娑。亭亭老树翻青盖，滆滆寒泉覆绿莎。佛火消沉惟鸟迹，山花开落几人过。卢家玳瑁无消息，故向空门避网罗。

① 此诗其二又见冯继照辑《般阳诗萃·袁藩诗》。

石隐园对月二首

其一

良夜清于水，空亭澹似秋。叶垂花露重，人静树烟浮。万虑境全寂，孤灯意转幽。徘徊不忍寐，明月在南楼。

其二

月色佳如此，何人肯下帘。望来清澈骨，坐久意增恬。虫语时吟砌，松风半入檐。夜凉新雨后，叠石绿苔沾。

念东先生载酒堂步韵二首[①]

其一

荷渚风来觉[②]异常，况逢青雀荡中央。庭[③]无暑气留人醉，座有笙歌引兴长。落日女墙烟霭霭，微波略彴[④]水汤汤。偶然良会须行乐，莫惜年华鬓似霜。

其二

炎蒸伏日自非常，胜地开樽到水央。曲径斜穿花坞远，微风乍拂柳丝长。池边舞袖才窥影，竹里茶烟欲点汤。不为岩城催漏早，平桥还待月如霜。

村居友人过访，投赠二诗，依韵奉答

其一

暑[⑤]薄蝉声急，翛然客到门。玄言惊满座，紫气过荒村。世态浮云改，交情皓月存。频年兴废事，凄绝感幽魂。

其二

患难悲无地，蓬蒿一径幽。谁能甘寂寞，我独爱林丘。短榻松间卧，孤村水上浮。秋风看渐爽，重与话良游。

---

① 此诗其一又见乾隆《淄川县志》卷七下《袁藩诗》，题作“和载酒堂韵”。

② “觉”，乾隆《淄川县志》本作“果”。

③ “庭”，乾隆《淄川县志》本作“亭”。

④ “彴”，乾隆《淄川县志》本作“约”。

⑤ “暑”，原作“署”，据文义改。

李义山集中有《赠稷山驿吏王全》诗:“绛台驿吏老风尘，耽酒成仙九十春。过客不劳询甲子，惟书亥字与时人。”原注“全为驿吏五十六年，人称有道术，皆赠以诗”云。载绩先生前为稷山令，近得一古钱，背铸“亥”字，与此诗有合，因用其韵奉赠

休将白发傲红尘，为问王全几度春。铸就青钱书亥字，稷山作吏总仙人。

石隐园苦雨步载绩先生韵二首

其一

长风阑雨战无休，禾黍催残起暮愁。莫上高楼更远望，水光山色似深秋。

其二

莫讶空庭客到稀，药栏倒地掩柴扉。连宵惯听芭蕉雨，病骨偏宜绿幛围。

病起有感再用西仲韵二首

其一

雨歇秋烟净，高斋自闭门。惊蝉鸣远树，返照入荒村。良会今如梦，遗书半不存。晚凉清露滴，憔悴旧时魂。

其二

苔光三径合，秋色一庭幽。砚榻沦荒草，书帷掩废丘。养生学蠖屈，齐物任鸥浮。谁识忘机叟，甘为汗漫游。

新秋过毕信步先辈斋中看古镜，作歌识之

昨夜秋声透林樾，晓起凉飔动毛发。客心憭栗倚前楹，梧桐叶堕苍苔滑。偶过君家看古松，匣中宝鉴层层发。灿如明星列阿房，皎若寒潭浸冷月。谛视斑驳何晶莹，几经晦蚀光难没。龟卧龙盘一一精，阅历千秋濯海窟。良工绣出土花明，世代消沉犹恍惚。当轩对此百感兴，两鬓霜华嗟咄咄。百年转瞬电光流，那复兴亡记秦越。闻君嗜古有奇癖，赏鉴毫芒真入骨。松阴长日手摩挲，拔取寒光搜溟渤。罗列高斋鬼魅惊，绛气氤氲不消歇。世间神物多升腾，莫使银蟾飞玉阙。

石隐园杂咏五首

其一

园林昨日喜初晴，晓起云烟忽又生。最是芭蕉听不得，偶然着雨便秋声。

其二

雨渍苔封处处斑，松阴叠石若为山。楸枰敛罢浑无事，手拄青藜自往还。

其三

一番新雨过林塘，三径苔生屐齿凉。行过竹篱人不见，风来何处野花香。

其四

空林滴沥小池平，山鸟鞫辀隔树鸣。兀坐水亭思旧事，楼台偏爱晚霞明。

其五

徙倚池边照鬓星，田田荷叶映浮萍。远山雨后青多少，欲系芒鞋上翠屏。

中秋前二日，晚坐石隐园，拟明日暂归二首

其一

门掩秋风客到稀，水亭长日雨霏霏。石边早见青苔合，阶下才看黄叶飞。几处蛩吟催旅梦，半窗灯火照书帏。年来踪迹飘零甚，咫尺云山怅不归。

其二

故园秋色恨凋残，独坐闲亭意更酸。世事艰难双鬓改，晚窗风雨一灯寒。凉侵蟋蟀声偏急，露滴梧桐叶未干。愁别故人还令节，良宵明月对谁看。

赠毕公权西行

切切西风试远游，园林萧琴动离忧。马融帐下能传《易》，宋玉悲来好赋秋。风卷雁行空北望，云随漳水自东流。怜予多病临歧客，惆怅河梁起暮愁。

石隐园壁上唐太史题诗三绝，余客园中者累月，未及属和。病甚，东归，肩舆喘息，深思不复再登此园，用韵率成志感。时主人手植桂花盛开，末缀一章，盖自惜也

其一

年来踪迹叹亡羊，扶杖呻吟过曲廊。那得秋风苏病骨，坐看松柏绿阴长。

其二

青鸟衔将五岳图，罥云漏月似蓬壶。诸峰罗列崚嶒甚，好借仙人卫博徒。

其三

竹树萧森映远楼，平泉逸韵足风流。荷花渐尽秋烟碧，凉入清波月半钩。

其四

苔生三径引微凉，石畔新开桂甲黄。挥手自怜多病容，名花辜负一庭香。

诗 余

《秋水轩倡和词》，见友人曾用其韵。今来濠上，携其全帙。南行凡有所咏，辄次其韵，得七阕，原题无一焉，不敢遥为附和也。

贺新凉曹学士元韵

旅况

雁阵随云卷。对西风、寒烟衰草，羁怀难遣。回首家园千里外，别泪荧荧犹泫。愁绪苦、独丝抽茧。云母山高淮水阔，叹沧桑、几见蓬莱浅。□潦净，平沙展。

丹枫远映斜阳显。耐长途、竹鞭摇困，图书压扁。多少健儿驱怒马，犹自臂鹰牵犬。防蹉跌、恐予难免。晚趁炊烟投宿处，拂征尘、沽酒寻衣典。客舍烛，几番剪。

旅夜

静夜浮云卷。望清宵、几行雁字，北来谁遣。木落寒催砧杵歇，屋角霜华新泫。薄衾冷、蒙头如茧。击柝荒村人语寂，忆更深、漏滴铜壶浅。门乍闭，朔风展。

月明偏向客窗显。透疏棂、半床幽艳，一痕光扁。梦到水云归路断，惊醒鸣鸡吠犬。登楼怨、闺中岂免。迢递程途悲九月，恨貂裘、已敝不堪典。愁似绪，倩谁剪。

过清流关

晓雾依山卷。望清流、松风绝壁，离怀差遣。西接云屏横紫翠，滴滴秋光同泫。穿蜡屐、石绞重茧。客路凄凉人易老，看池塘、霜落波痕浅。岩合处，黛眉展。

阴森行径溪光显。衬苍苔、黄花红叶，随人踏扁。孤磬忽从天外落，仿佛云中鸡犬。依净土、尘劳暂免。缥缈茶烟僧舍近，爇名香、偶尔翻经典。世俗累，一朝剪。

关上谒关帝祠

天半朱霞卷。叩严关、山形突兀，热心难遣。长啸风前搔短发，好对英雄泪泫。云映处、圆峰如茧。汉室孤忠遗庙在，挂雕檐、红绿秋深浅。风猎猎[1]，绣旗展。

关山壮丽威灵显。看祠傍、马蹄人迹，石棱踏扁。一着荆州千古恨，恨煞景升豚犬。算到底、权奸岂免。铜雀赤乌何足道，问当时、谁把朝纲典。抒浩气，雁翎剪。关下石上有人马迹。

将至扬州

扑面黄尘卷。盼邗沟、夕阳西下，疲驴忙遣。十载维扬重到处，感旧怀人凄泫。划不断、丝丝如茧。秋尽蜀冈枫叶紫，绕河陂、一带溪流浅。修竹外，酒旗展。

空中宝塔金轮显。照横陂、绮窗绿鬟，珠钗坠扁。曲巷朱阑成错认，疑是新丰鸡犬。参梦幻、悲欢俱免。石上精魂烟未了，借僧寮、贝叶征禅典。双桨渡，浪绞剪。

怀周雪客

静夜摊书卷。猛怀人、英姿顾曲，离忧难遣。记得云门春月夜，花影重重露泫。题画帙、雪藤云茧。掏遍檀痕催进酒，望天街、星烂银河浅。觞政迫，量初展。

别君彩笔京华显。卧秋轩、凫雏上下，浪花圆扁。倚伏茫茫难料处，堪叹白衣苍犬。论世事、难乎其免。蓟北江南多少恨，问匡庐、旧业从今典。灯下泪，不堪剪。

扬州归途有感

又把征衣卷。笑浮生、饥寒两字，将人驱遣。十日扬州真薄幸，别恨乡思涕泫。两袖湿、縻丝山茧。遥望竹西亭上月，未登临、惆怅良缘浅。行色剧，意难展。

词坛酒杜羞名显。任穷途、愁肠千结，难寻卢扁。几阵朔风催雁字，谁寄当年黄犬。游子业、何能解免。沉水烟消埋锦砚，更何时、闭户亲坟典。须冻折，随风剪。

---

① “猎猎”，原作“腊腊”，据文义改。

满江红·大江用岳武穆韵

今古伤情，江流浩、□[①]年不歇。看浪起、片帆不定，朔风凛烈。一带溪山芦荻雨，六朝文物朦胧月。问当时、旧事有谁知，空悲切。

石岸压，千峰雪。夕阳渡，光明灭。正水浸沙路，山当城缺。荒戍马嘶人影断，他乡泪落征衣血。更何年、把酒吊秦淮，寻双阙。

念奴娇·夜雨

寒风吹雨，正他乡羁客，萧条良夜。闷对青灯无一事，且听漏声几下。秋半辞家，初冬又过，长把征鞍跨。山川满目，霜枫犹记如画。

最是濠水伤心，庄台延眺，望断白云舍。宦海漂零生死泪，难诉亲戚情话。俗吏无情，离人有恨，仰看青萍挂。浮生梦幻，如花半晌开卸。

贺新凉·述怀八叠曹学士韵

镇日心如卷。坐寒窗、乡思旅意，苦难排遣。静夜荒街闻击柝，兰焰盈盈光泫。闲题句、懒铺鱼茧。鹤发慈帏疏定省，叹天涯、游子愆非浅。肠百结，恨难展。

病因愁起原明显。强支梧、风寒暑湿，欲满和扁。梦到眉陵星月下，早见柴门迎犬。喜来去、长途劳免，一阵朔风鸣竹瓦，怅南柯、郡守何人典。醒倦目，烛再剪。

念奴娇·赋得破帽多情却恋头同曹无山秦以御赋用原韵

秋风摇落，正丹霞如绣，霜清尘土。凭吊龙山怀旧事，破帽依人愁旅。雁字排云，寒蛩鸣砌，妆点登高处。临风怅望，飘萧白发非故。

总教漉酒柴桑，挥毫颠史，相伴休辞去。管鲍贫交意气重，蓬鬓影斜频顾。台畔吟时，菊边醉后，倒着还亲汝。鹧鸪曲尽，头颅不改今古。

---

① 此处缺一字，疑为“年”。

满庭芳·望雨耿又朴太史属和

九陌尘迷，千林叶暗，火轮高驾长空。旅愁无奈，惟见晚云红。几树榴花开遍，莺声老、飞过墙东。深潭底，蛟龙睡也，常闭水晶宫。

溪穷波渐涸，困眠堤柳，憔悴疏松。寻僧舍，听残暮鼓晨钟。望断清凉世界，醍醐酒、荡涤心胸。凝眸处，及时化雨，消受晚来风。

百字令·寿蔡龙文

风流江左，羡中郎才调，于今谁比。家住秦淮春水上，槛外江山浮翠。泼墨淋漓，挥杯洒落，名士真无愧。联翩玉树，长驱千里骐骥。

君擅当代声华，遨游京国，荣显何难致。佛阁松涛明月下，邂逅使人心醉。裁过端阳，喜逢初度，照眼榴花媚。蒲觞更酌，薰风香绽荷芰。

浪淘沙·斋中对雨

细雨裹秋声，陂下波明。隔帘高阁暮云平。滴滴丝丝听不尽，三径苔生。

绿树倍轻盈，风过疏棂。却愁遮断远山青。坐对炉烟无个事，寒入桃笙。

满江红叠吴山唱和元韵

赠吴海木

缥缈仙风，尘埃内、偶然相识。问姓字、武林佳士，渡江而北。逸兴偶乘剡木棹，豪吟自蜡名山屐。比年来、画舫醉西湖，延陵客。

征衣困，河水拆。诗卷富，中原敌。料摩天云翼，飞空无迹。雪后最宜千盏绿，人前那管双眸白。笑狂夫、倾盖早知心，如畴昔。

雪中

两鬓飞霜，乾坤大、不求人识。谁问取、雪中僵卧，家名河北。纵饮淳于倾一石，倦游司马悬双屐。悔当年、空向武林游，无佳客。

世上事，愁城柝。杯中物，寒威敌。叹迷蕉兴味，断蓬踪迹。拈断苦吟须尚紫，焚将散帙鱼空白。数平生、湖海气如虹，宁忘昔。

赠王公睿

年少才名，真卓荦、不愁难识。思往事、昆仑家世，移居城北。渔父每邀萌水月，僧寮并访荆山屐。喜留君、笑语剪灯花，同为客。

霜满地，冰纹拆。谈锋壮，谁为敌。听荒城漏断，寒风无迹。画烛将残杯影暗，银河欲转星光白。更何时、把酒看吴钩，追今昔。

报唐太史与吴海木论词

如此狂奴，君护短、休教人识。强解事、执鞭坛坫，须愁三北。买醉频沽市上酒，藏名惯着山中屐。早输心、季重好词名，钱塘客。

浪淘尽，人惊拆。杨柳外，谁为敌。忆南来听乐，千年陈迹。山径雪飞林影淡，江潮月落秋烟白。叹袁丝、才尽笔无灵，今非昔。

贺新郎·乙卯秋，淮南道上，和《秋水轩词》凡八叠元韵，于今七年矣，读唐太史《志壑堂集》，见其十叠，偶触旧绪，对雪拈此。时東归装，为北上计也

片片随风卷。坐严宵、纸窗明灭，寒威谁遣。谯鼓初沉更漏静，烛泪荧荧光泫。拥旧絮、藏头如茧。半袅炉烟书帐冷，听阶前、淅沥声深浅。羁客恨，何时展。

青山一带瑶华显。更何人、梅花香梦，醉候题扁。漫道玉龙三百万，惊吠篱边蜀犬。愁岁暮、离忧宁免。赴壑修鳞看渐没，检空囊、衣向谁家典。萌水路，层冰剪。

贺新郎·柬李约斋

百折愁心卷。忆流光、星飞电逝，暗中驱遣。五十余年闲底事，泪影灯光明泫。早白发、素丝抽茧。潦倒浮名悲马角，问三生、慧业缘应浅。怀壮志，几层展。

长安卿相才华显。任峥嵘、珠光照乘，泥金题扁。何拟淮南丹灶熟，云外乍闻鸡犬。黄齑债、有时除免。夜漏无声残雪后，爇余香、破砚堆坟典。窗纸破，寒风剪。

一剪梅

碾玉雕冰不受尘。雪里分身，月里分身。偶将纤手弄花神。几点生春，几瓣争春。

盈盈淡淡尚如新。色也传真，香也传真。篆清帘静晚烟昏。一缕柔魂，千里芳魂。

念奴娇·再至石隐园步蒲留仙韵

远心亭畔，西风里、是处秋容难舍。抱病东还，今又至、瘦骨支离跨马。君足蹒跚，予形困惫，辜负良宵者。几行竹树，满庭夜色如泻。

恁地恶孽牵缠，药裹方书，凄凉客舍。急雨芭蕉打。强步苍苔悲落叶，总有佳醪难把。绿水将澄，红莲初绽，白雪知音寡。平生壮志，浮云天外飞也。

贺新郎·忏病

夜起摊书卷。近中秋、微凉天气，药炉消遣。刺骨侵肌沦苦海，泪渍盈盈澄泫。微蠕动、乳蛾藏茧。无计脱身空转侧，想生前、造孽应非浅。肢已困，愁又展。

水波明灭临阶显。对疏棂、啼风怨雨，难寻和扁。断送一生文酒债，画虎于今类犬。修白业、祈求解免。石火电光休认住。礼空王、趺坐持经典。凭慧剑，俗累剪。

谢蒲留仙问病①

水龙吟·雨甚慰蒲留仙即步元韵

漫天骤雨狂风，卷来海气连空黑。前村水涨，野塘芦掩，苍茫一色。乱落红英，摧残绿树，悲伤何极。更华堂曲槛，一时倾倒，总无计、堪凄恻。

寄语聊斋居士，莫愁思、眉开不得。君家山麓，地形高敞，涧分南北。亭舍清幽，稼禾无恙，平安消息。待归时、试看松柏之茂，无不尔或。

---

① 此词有目无文。

临江仙·奉和蒲留仙韵

篱外秋光清欲滴，微云淡扫长空。草根蟋蟀响无穷。梧桐新雨后，菡萏绿波中。

恨煞文园多病客，隐然五岳填胸。西风摇□[1]与君同。还期开竹径，来醉菊花丛。

① 此处缺一字，疑为“落”。

附 录

诗文补遗

寓中述怀留别诸同志①

嗟予苦行役，远到东海濒。去去数百里，高堂违老亲。出门临大河，秋水何粼粼。远山纷绮丽，翠黛插空匀。平原路迢递，禾黍没荆榛。彷徨惊四顾，独行暗悲辛。男儿既失意，哀乐难具申。抚剑泪盈把，踟蹰爱此身。凄风鸣老树，白浪起长津。停鞭度掖水，顾盼沙无垠。栖泊古寺侧，偃卧忽一旬。阿仲②相慰藉，连床话艰屯。宁却王孙食，休逢醉尉瞋。山水留清啸，城市恼心神。予性本丘壑，侯门空逡巡。一听隔篱谈，此中有高人。文章推任昉，交道如饮醇。结亭种蔬果，叠石傍松筠。张子亦介士，落笔无俗尘。猗欤两寓公，闽漳黄与陈。抚髀耽高咏，音响剧清新。崎岖戎马间，傲骨生嶙峋。亹斋更沈郁，劲峭绝等伦。醉醒手一编，大雅殊彬彬。诗文追汉魏，鼎彝罗周秦。古色映晴晖，文彩列家珍。数子忘形契，杯酌不辞频。客况聊舒豁，黄菊祖四邻。荏苒秋光老，归计尚邅迍。回首思故园，中肠转车轮。鹤发倚门悲，定省缺昏晨。闺中坐凉月，儿女杂笑颦。登楼一以望，常掩绣帏春。昨朝寄衣来，寒风手自纫。沟水东与西，膏沐惜芳辰。况当秋夜永，露下沾罗巾。乡思兼旅梦，凄凄各有因。急雨溜檐端，空床时欠伸。穷途哭阮籍，憔悴赋灵均。炊烟湿不飞，还苦桂为薪。故枝下黄叶，凉风吹白蘋。原野渐萧索，客路苦逡巡。会当分手去，萌水自投纶。努力甘葵藿，莱衣岂怨贫。翘首复东望，遐思系寅宾。故人在天际，莫惜寄鸿鳞。

（见清冯继照辑《般阳诗萃》卷七《袁藩诗》）

---

① 此诗又见孙锡嘏编《般阳诗钞·敦好堂诗集》。

② “仲”，孙锡嘏编《般阳诗钞》本作“中”。

咏镜[①]

“所遇无故物，焉得不速老。”每诵斯言，惝恍久之。夫百年旦暮耳，修名不立，电火倏消，昔人所为托物以[②]悲，借端而发慨也。予来掖水，购得古镜一枚。陈亹斋见之曰：“此先秦物也。”予笑谓：“若能逃咸阳劫火，亦当随桃源洞中人往矣。安能碌碌对我须眉？”感斯物之常存，怅予颜之渐改。先成短咏，遍示同人。勿拘诸体，各续新声。

阿房宫中星万点，荧荧绮窗秋波滟。当年对此知何人，香销玉腻[③]愁云掩。照胆铸成粉黛悲，三千宫女敛蛾眉。骊山未毕重瞳入，咸阳三月青磷窥。自从埋照归东海，苔封水浸寒光在。洒[④]出窗前皎月生，那知朝市浮云改。绛气连朝瞩太清，一泓秋水淡空明。红颜阅历知多少，霜鬓怜予亦有情[⑤]。

（见清冯继照辑《般阳诗萃》卷七《袁藩诗》）

儒山遇雨二首[⑥]

其一

风雨潇潇起暮愁，隔林红雾落芳洲。行人错认前村路，烟霭空蒙隐画楼。

其二

长林雨暗路高低，夹岸垂杨绿满溪。才到山中春又晚，一声樵唱乱峰西。

（见清冯继照辑《般阳诗萃》卷七《袁藩诗》）

---

① 此诗又见卢见曾《国朝山左诗钞》卷三十一《袁藩诗》、孙锡嘏编《般阳诗钞·敦好堂诗集》、徐世昌辑《晚晴簃诗汇》卷三十五。

② “以”下，孙锡嘏编《般阳诗钞》本有“兴”。

③ “玉腻”，卢见曾《国朝山左诗钞》本、徐世昌辑《晚晴簃诗汇》本俱乙作“腻玉”。

④ “洒”，原作“酒”，据孙锡嘏编《般阳诗钞》本改；卢见曾《国朝山左诗钞》本、徐世昌辑《晚晴簃诗汇》本俱作“洗”。

⑤ “情”下，卢见曾《国朝山左诗钞》本有小字注“毕载积曰：孝廉于东海获一秦镜，摩挲题咏，和者累累成帙，刻有《古镜诗》行于世”。

⑥ 此诗又见孙锡嘏编《般阳诗钞·敦好堂诗集》。

客有咏月季花者，倚韵答之，得二首[①]

其一

旖旎幽香绝比伦，一从娇艳逐时新。繁华到处堪为友，伴我窗前日日春。

其二

妖桃秾李总非伦[②]，粉靥迎风带露新。莫惜韶光容易老，对君长作一年春。

（见清冯继照辑《般阳诗萃》卷七《袁藩诗》）

清流关[③]

关山冯险立，形胜俯中州。一线丹梯迴，千峰翠黛收。石泉通涧竹，清磬下僧楼。剩欲凌风去，仙居不可留。

（见清冯继照辑《般阳诗萃》卷七《袁藩诗》）

题管翰公松石小像[④]

天下奇才不易识，世人取貌多失实。神龙夭矫藏变化，时挟雷雨时蠖息。孺子进履跪圯桥，椎秦博浪祖龙恻。景略扪虱如无人，指顾风云生羽翼。当年落拓不得意，憔悴林泉少颜色。丈夫成名会有时，安能拘拘守绳墨。管子胸中五岳横，儒服鱼雅何抑抑。定交古寺松风寒，湛然静朗[⑤]开胸臆。干戈道路苦烽烟，度淮两载仍旅食。今朝披卷见君貌，怪石长松聊自得。麈尾芒鞋道士装，辽东故帽君家式。挑灯对子更咨嗟。莫使雄才甘伏匿，粲粲白石叩角歌。四十拥旄行将逼，他日功成访赤松，此图重开见遗则。

（见清冯继照辑《般阳诗萃》卷七《袁藩诗》）

---

① 此诗又见孙锡嘏编《般阳诗钞·敦好堂诗集》，题无“得二首”。

② “妖”“禯”，孙锡嘏编《般阳诗钞》本作“夭”“秾”。

③ 此诗又见孙锡嘏编《般阳诗钞·敦好堂诗集》。

④ 此诗又见孙锡嘏编《般阳诗钞·敦好堂诗集》。

⑤ “朗”，孙锡嘏编《般阳诗钞》本作“眼”。

次韵答毕公权[1]

数茎白发镜中羞，纵饮狂歌忆壮游。万里寒云瓜步雨，一帆明月谪仙楼。低回胜事伤流水，惨淡离思起莫愁。欲向西风吊红叶，荒原漠漠雁行秋。

（见清冯继照辑《般阳诗萃》卷七《袁藩诗》）

秋怀和高司寇水亭韵[2]

几竿野竹正修修，远浦波明绿满洲。问字何人曾载酒，投纶有客似披裘。从他说梦寻蕉鹿，顾我忘机狎水鸥。高卧东山厌丝竹，虚亭斜照晚风秋。

（见清冯继照辑《般阳诗萃》卷七《袁藩诗》）

似懒园观海棠和孙柳下先生韵

艳冶名花何处移，中庭双树各争奇。缤纷绮雪留人醉，缥缈香魂入梦痴。几度临风别有韵，一番着雨更含姿。烟笼翠袖香霏阁，露挹红妆太液池。高咏裁题寻旧识，韶光占尽及芳时。尊前余馥还侵袂，槛外流霞觉到眉。丽且多情思荡漾，娇如无力景低垂。苔痕掩映春归晚，夜色朦胧月上迟。定惠院中红玉片，碧鸡坊里紫绵枝。真成赵女胎为蕊，莫惜杨妃肉胜肌。古干连蜷通院落，仙姿绰约立阶墀。宁教词客朝朝赏，忍向封姨阵阵吹。寄语苏门清啸远，锦天明岁早衔卮。

（见清冯继照辑《般阳诗萃》卷七《袁藩诗》）

出都[3]

万柳城西路，晨光涵翠微。山如迎客笑，鸟亦唤人归。炎暑何堪问，红尘此渐稀。夜来游子梦，先已到庭闱。

（见清冯继照辑《般阳诗萃》卷七《袁藩诗》）

---

① 此诗又见卢见曾《国朝山左诗钞》卷三十一《袁藩诗》、孙锡嘏编《般阳诗钞·敦好堂诗集》。

② 此诗又见孙锡嘏编《般阳诗钞·敦好堂诗集》。

③ 此诗又见孙锡嘏编《般阳诗钞·敦好堂诗集》。

九月十五日祝提督柯公寿代

上将登坛日，元戎出镇年。双旌临泺水，千骑饮华泉。带砺山河重，勋庸斧钺专。帝京冯左辅，卫阃仗中坚。福曜三齐炯，长庚九月县。铙歌殷广陌，仙乐响高天。望比汾阳峻，功拟杜预全。雕弧开宝帐，赤羽靖秋烟。玉露溥霞佩，金英荐玳筵。明湖波正阔，华岫月初圆。欲献南山赋，先裁北渚篇。瑶池餐绛雪，元圃劚芝田。旧识投醪意，新沾爱屋缘。麟图看济济，鹤算正绵绵。廿四中书考，勋名奕叶传。

（见清冯继照辑《般阳诗萃》卷七《袁藩诗》）

送韩仲常游武康①

风急霜清木叶凋，江南微雪路迢迢。寒云雁度金山寺，明月舟回宝带桥。长剑雄游增气色，短歌生计悔渔樵。余英溪畔时翘首，好寄音书慰寂寥。

（见清冯继照辑《般阳诗萃》卷七《袁藩诗》）

孝水堤成，为长山邑侯南颐园赋四首②

其一

一时经济古循良，抚字催科两不妨。闻道子来春水上，溪边桃李似河阳。

其二

两岸清风翠霭收，长堤新水绿悠悠。城头一望真图画，十里澄波自在流。

其三

长白山前多夕曛，弦歌声近范祠云。使君自是神明宰，河上风流迥不群。

其四

孝水南来一镜平，三秋挟雨怒涛生。只今保障成天堑，几曲涟漪绕画城。

（见清冯继照辑《般阳诗萃》卷七《袁藩诗》）

---

① 此诗又见卢见曾《国朝山左诗钞》卷三十一《袁藩诗》、孙锡嘏编《般阳诗钞·敦好堂诗集》、徐世昌辑《晚晴簃诗汇》卷三十五。

② 此诗又见孙锡嘏编《般阳诗钞·敦好堂诗集》。

镇江怀古①

铁瓮城高春色阑，凭临极目俯惊湍。金焦壁垒涛声壮，吴楚烽烟晚照残。地重南徐天堑古，楼名北固大江寒。由来京口夸形胜，谁向长风借羽翰。

（见清冯继照辑《般阳诗萃》卷七《袁藩诗》）

夜附兵船过西湖坝，抵肇庆寺，予有戒心，作长句志之

有客携我万里游，连月阴雨伏扁舟。辽阔江天丛竹暗，回波蹴浪使人愁。晦夜却抵湖西路，烟霭萋萋迷远树。湖干阒寂无舟师，童仆病僵那得度。燥唇干舌乌向人，异乡孤客话酸辛。婉转薪舟容附载，蠖屈还妨醉尉瞋。穷鸟依人不可测，况当深夜湖波黑。同伴招呼远不闻，恶声嘈杂填胸臆。星光寒射石桥阴，古寺佛灯玉漏沈。却借幽并侠年少，导我前通祇树林。几番惊叱空床宿，回首家园悲碌碌。明星欲没鸟鹊叩，惟有征人梦不孰。

（见清冯继照辑《般阳诗萃》卷七《袁藩诗》）

西湖杂咏五首②

其一

游人春昼到西陵，宝马香车各自矜。日暮钱唐闻画角，高楼红粉一时凭。

其二

苏公堤畔水泠泠，遥接孤山放鹤亭。一自种梅人去后，年来芳草为谁青。

其三

湖上千峰似翠屏，家家寒食问仙灵。离人心绪逐流水，自向孤山吊小青。

其四

湖心亭畔采莼丝，湖水滑清嫩玉脂。荡子不归春又老，江南三月尽秋思。

其五

依山湖水绿如烟，石甃寒生六一泉。几树青梅修竹里，空亭独坐听潺潺。

（见清冯继照辑《般阳诗萃》卷七《袁藩诗》）

① 此诗又见孙锡嘏编《般阳诗钞·敦好堂诗集》。

② 此诗又见孙锡嘏编《般阳诗钞·敦好堂诗集》。

忆惠山邹园①

昔我登惠山，烟雨何冥冥。石泉滴云麓，群峰空外青。修修古木悬天表，佛阁飞香落清沼。山下名园枕涧边，繁华阅尽啼春鸟。当日愚公精舍开，锦堂歌舞彩云回。美人婉转藏金屋，才子风流续玉台。手种名花几千树，晓镜流云湿烟雾。百年盛事转秋萤，旧时亭榭凝朝露。沱水鸣蛙萍叶青，梅花历落如寒星。春申何处寻珠履，鸿渐空悲注茶经。从来胜迹转萧索，花鸟春山怨寂寞。林际钟声远乍闻，回首江天自寥廓。

（见清冯继照辑《般阳诗萃》卷七《袁藩诗》）

登谪仙楼②

晚度苍凉石径幽，振衣独上谪仙楼。风翻牛渚江天阔，云敛娥眉远树秋。巨浪南通故浦月，锦帆东下秣陵舟。宫袍何处称狂客，惟见当时碧水流。

（见清冯继照辑《般阳诗萃》卷七《袁藩诗》）

读陈蔚宗杜律注

杜陵千载人，遗响留金石。天风吹万物，流云无定格。匪唯作者难，识者亦不易。伟哉书巢翁，仿佛成都客。秋水湛双眸，电光左右射。咄咄叱昔人，评跋总陈迹。片言尘雾清，双字鸿蒙辟。精神一以通，旷代如几席。闻君读书处，白苎森松柏。胜地撷英灵，江云变朝夕。醉醒手一编，古人何能隔。但恐悲湘娥，帘外春山碧。

（见清冯继照辑《般阳诗萃》卷七《袁藩诗》）

金山远游草③

山容真妙丽，临水逾增妍。寺外疑无地，江心别有天。云开帆景转，风定浪花圆。色相难窥处，空明一镜悬。

（见清冯继照辑《般阳诗萃》卷七《袁藩诗》）

---

① 此诗又见孙锡嘏编《般阳诗钞·敦好堂诗集》。

② 此诗又见孙锡嘏编《般阳诗钞·敦好堂诗集》。

③ 此诗又见孙锡嘏编《般阳诗钞·敦好堂诗集》，题无“远游草”。

虎丘[1]

扁舟冲暑发，为访虎丘来。树老前朝寺，亭空旧讲台。柳塘花作市，画舫妓停杯。莫问真娘墓，幽魂泣绿苔。

（见清冯继照辑《般阳诗萃》卷七《袁藩诗》）

湖上杂咏四首

其一

涌金门外棹歌声，急雨连朝浪挞城。西望湖心亭畔路，石阑秋水没阶平。

其二

段桥西去水泠泠，桃柳当年没远汀。石甑山荒人迹少，晚钟催月出南屏。

其三

石亭临水映残霞，来问孤山处士家。茅舍作篱浑不见，风前肠断落梅花。

其四

谁从说法悟无生，溪女山僧俱有情。十五年来霜鬓改，不堪重到冷泉亭。

（见清冯继照辑《般阳诗萃》卷七《袁藩诗》）

偶成[2]

出门三月当廿九，九十春光竟[3]何有。今日廿九七月尽，横空秋风凉飔引。前楹徙倚花冥冥，篱边高下看流萤。露重云开秋欲滴，繁星垂影入帘隙。故园一别经春秋，侧身北望增烦忧。垂白慈亲阙定省，漂泊萍踪如断梗。大江欲渡愁无杭[4]，萧萧络绎鸣寒塘。最怜憔悴天涯里，何时凌风过茗水。一声嘹呖雁初飞，唤取江南荡子归。

（见清冯继照辑《般阳诗萃》卷七《袁藩诗》）

---

① 此诗又见孙锡嘏编《般阳诗钞·敦好堂诗集》。

② 此诗又见孙锡嘏编《般阳诗钞·敦好堂诗集》、卢见曾《国朝山左诗钞》卷三十一《袁藩诗》。

③ “竟”，原作“景”，据孙锡嘏编《般阳诗钞》本、卢见曾《国朝山左诗钞》本改。

④ “杭”，孙锡嘏编《般阳诗钞》本、卢见曾《国朝山左诗钞》本作“航”。

上詹夫子 ①

楚江催棹雨冥冥，尽日孤查卧客星。函谷关门仍望气，扶风帐下忆传经。蒹葭秋眺滕王阁，桃李春开孺子亭。问字南来随杖履，拟参石壁叩云屏。

（见清冯继照辑《般阳诗萃》卷七《袁藩诗》）

花月吟 ②

月是故乡月，清光万里飞云阙。花是故乡花，金英簇簇映朝霞。故乡月照深闺冷，他乡月照征人醒。故乡花发闲幽窗，他乡花发对寒江。好花明月数千里，扁舟浩荡长江水。好留明月送归人，东篱犹是花如绮。他乡花月易伤神，白云片片秋风起。

（见清冯继照辑《般阳诗萃》卷七《袁藩诗》）

石来轩歌为孙禹年姑丈赋 ③

崚嶒怪石挟风雨，夭矫突兀蛟龙怒。从开混沌出云根，一朝偶被知音顾。当年太史赋归来，画栋雕楹次第开。仙掌山房倚高阁，此石杰立争崔嵬。春朝花竹秋宵月，衔杯坐对豪吟发。十年丝竹卧东山，一旦风云趋北阙。锦堂昼永列宫槐，歌舞琴尊乐事催。履声去后辽鹤远，空留石丈冷秋苔。旧时燕子归何处，名花移向他人去。瓦砾堆垣萤火飞，支离憔悴双株树。汶阳此日说归田，主人重拜涕潸然。几载荒凉如去客，乍来相遇似飞仙。题诗感叹沉吟久，过眼烟云竟何有。仙家沧海尚扬尘，梦里槐柯更谁守。唯余此石坚且贞，阅历豪华独有情。黛色不随芳草歇，苍颜常拂晓烟生。感君爱石宝先泽，再辟轩亭双树侧。傲骨奇姿见古心，年年坐啸千峰碧。

（见清冯继照辑《般阳诗萃》卷七《袁藩诗》）

秋杪，饮孙孝堪山庄，即席呈诸友

秋尽天气清，山容淡以远。出郭行数里，幽赏遍村畹。陇麦霜未来，青青

① 此诗又见孙锡嘏编《般阳诗钞·敦好堂诗集》。

② 此诗又见孙锡嘏编《般阳诗钞·敦好堂诗集》。

③ 此诗又见孙锡嘏编《般阳诗钞·敦好堂诗集》。

露前阪。中有高人居，危楼倚绝巘。壶觞纷杂坐，啸咏殊清婉。高原绿欲尽，潦水收塍堰。携手步平畴，杖履随牵挽。人生重良会，挥杯慕嵇阮。隔溪乱峰青，黛色增缱绻。俯仰怀今昔，古本夕阳偃。叠叠昆仑峰，秀出平林晚。疲马失归步，怅望犹思返。为乐足千春，白发忘屯蹇。

（见清卢见曾《国朝山左诗钞》卷三十一《袁藩诗》）

历山旅梦得起句同德州孙子未

风雨满城秋，萧萧动客愁。残灯明旅夜，哀雁感离忧。别路归云湿，严城水气浮。眉陵东望处，黄叶下林邱。

（见清卢见曾《国朝山左诗钞》卷三十一《袁藩诗》）

游白纻山

古殿山阿薜荔清，桓公歌吹此留名。松涛万壑因风起，绝胜当年白纻声。

（见康熙《当涂县志》卷三十一《艺文·袁藩诗》）

采石怀古

江干寻胜地，采石出云根。浪蹴蛟龙泣，松连日月昏。涛声空战垒，山色恋诗魂。异代人何处，因风感慨存。

（见康熙《当涂县志》卷三十一《艺文·袁藩诗》）

登翠萝巅三台阁

高阁凌云接帝阍，空林细雨湿苔痕。青天路回丹甍出，碧水波翻白昼昏。槛外长松穿月窟，阶前奇石没云根。还期载酒芝房宿，卧听江声不掩门。

（见康熙《当涂县志》卷三十一《艺文·袁藩诗》）

登凤阳鼓楼

丹甍杰立倚云间，秋老登临客鬓斑。千仞楼台悬落日，二陵风雨暗空山。南来云母峰如旧，东去长淮水自潺。今古可怜兴废地，凭栏独眺涕潸潸。

风景不殊，不觉下新亭之涕。

（见清陆次云辑《皇清诗选》卷二十二《七言律》）

登燕台

寒空寥廓雁声哀，独客登临四望开。郡抱青山莱子国，地连沧海慕客台。一溪自泛芙蓉出，九日无烟风雨来。倚槛微吟看照落，离离黄叶暮云堆。

九日登燕台作为惟翁老年兄正之　弟藩

（山东博物馆藏。见彭兴林、陈敏杰、刘传喜著《中国法书图鉴》卷六，山东美术出版社 2013 年版）

淮城水患述感

斜日登临处，湖光接太清。鱼龙穿古寺，凫雁浴荒城。雉堞横波出，人烟隔岸生。几时风浪息，坐看月华明。

写水患如在目。

（见清邓汉仪辑《诗观·别集》卷十二，清康熙间慎墨堂刻本）

祠堂湖中

南下扁舟意惘然，湖光帆影自沦涟。秋深红蓼全低水，风定白云半在天。衰柳堤前萦晚照，荒村陂上绝人烟。只今泽国鱼龙地，尽是当时种稻田。

结有意识，而笔更老。

（见清邓汉仪辑《诗观·别集》卷十二，清康熙间慎墨堂刻本）

古镜吟（残句）

照余双鬓休嗟老，阅尽红颜百辈人。

俞陛云《吟边小识》："昔人咏镜之佳句，如袁孝廉宣四于东海得秦镜，遍征题咏，汇刻《古镜吟》。袁有句云：'照余双鬓休嗟老，阅尽红颜百辈人。'扬州江郑堂得古镜，其上有题诗云：'古铁顽银不计年，道袍一拂冷光鲜。分明照得人间事，卖与无盐不值钱。'高念东侍郎《咏秦镜》云云。"

（见钱仲联主编《清诗纪事·顺治朝卷》，凤凰出版社 2004 年版，第 410 页）

李大司寇化像记

予读书于陵李氏家塾，盖屡登大司寇先生之堂矣。先生不以后进远予，时得闻先生謦欬，具菩提性，现宰官身，俨然天竺古先生也。今己酉六月之念一日，先生谢世，予小子又登堂哭焉。乃问先生病状，知先生示微疾，即绝药饵，但云："数定矣。"一切家事，片语不及。诵佛不绝口，以手作印，端然而化，了彻生死，无罣碍，故古德不及也。

越六日，闻先生现化像，趋往视之，一在内寝，一在精舍。先一夕，因葬师言，各布灰室中，得尽诸奇异形状。先生卧榻在室西偏北牖下，像现榻前北首，结跏趺坐，宝座两重，尽南壁下，庄严端好。面南向，意若西顾，而双眸东睨。顶隆起，细纹上出，结为莲花。又两花出背底，交覆顶上，阔眉广颡修唇，类古阿罗汉。云肩以下衣纹细密，作个字状，用单行。腰以上圆光如月，轮周榻底，尽北壁下，无毫发偏缺，纹如衣，用双行。遍体璎珞宝珠，霏霏拂拂，祥云之间，若隐若现，谛视则婉转精妙，葳蕤交绥，下及蒲团矣。敷于地者，满室云烟，其中为鸾凤，为莲花，为宝盖，为金，为叶，为连钱。纹之细者，如发，如追蠡。瞻视间，恍身入化城，忘尘世也。室之坑有三，各现宝文。在东偏南牖者为锡杖，为钵。杖则连环如印，钵则圆正如绀，琉璃石锦袱藉之，绮文连璅，两带下垂，宛如也。再进而南牖者，为盈尺贝叶。进而北牖者，云烟鸾凤，纹如地，上加细焉。自堂徂房，七宝匝地，虽布金给孤之园，散花维摩之室，何以逾此。

精舍在寝后西北隅，先生习静之所。十七年来，焚香修炼，未尝一日辍也。现像如白衣大士，跨一凤东南行，幡衣后纡带双飘，前向凤之危冠，丰尾如画。云字两行，奇幻不可辨。异哉！所云诸相具足，即非具足，是名诸相具足者耶。予小子何幸而躬逢之。因念先生服官致政以来，济人利物，广种福田，所得功德已于无量千万。佛所种诸善根，一旦脱离色相，真性圆明，现种种色，岂偶然也？又闻先生之生也，以中秋子夜，月色澄莹。太公徘徊庭外，仿佛一老衲自西趋入。太公厉声问之，则先生已降灵矣。其于人天去来之故，明白显易如此。即今太夫人年登期寿，绀发青瞳，直忉利天来者。先生介弟侍御公客京邸，佛现红炉上，经时不散。其与先生同一前因，证诸后果，不益信哉！予小子目睹其异，若为有缘，因恭敬作礼而为之记。《李氏族谱》。

（见嘉庆《长山县志》卷十三，清嘉庆六年刻本）

韩氏邑乘序

淄城，汉之般阳县也。其在三代，名称不可考，故春秋战国之士无传焉。

斗大山城，文献无征，《邑乘》之修，等诸鲁豉、薛豉云尔。

岁癸丑，郡县奉修志之令，吾邑任其事者为太史唐公、刺史毕公，予亦与授简之末。初开馆于候仙园，太冲韩先生首订其《家乘过问》。盖家乘者，邑志之权舆也。而韩氏之《乘》且《志》三之一矣。韩为淄望族，若唐之四姓，然科第蝉联，衣冠鳞次。闾党推其厚德，旂常载其勋名。予从两公后，寓目及之，窃叹韩氏之盛，为不可及也。

既卒业于毕公之石隐园，当事迫促，自恧草率，忽忽九年所矣，未谋登黎也。太冲先生乃取其族之见于《志》者，自刻之，颜曰《韩氏邑乘》，附以族谱序《寄生说》。以予之曾与此役也，且征序焉。辞不获已，抚卷流连，益叹韩氏之盛为不可及矣。韩之兴，自晋司马受姓而后，远不及纪。即以在吾邑者言之，子姓蕃衍，功名显赫，代有达人焉。昔辽左大中丞惺庵公之援朝鲜也，抗疏曰："封贡善后，督臣任之；罢封守鸭绿，臣请任之。"伟哉斯言，载在国史，而《家乘》阙如。执此一节，以征吾邑之《志》，以考吾邑之人。昔贤名迹湮没不传者，可胜道哉！非太冲先生以摛词鸿笔修其《世谱》，谁与发潜德之光，表经世之业乎？其有功于《家乘》，即有光于《邑志》者也。

《祭统》曰："显扬先祖，所以崇孝也；身邻比焉，顺也；明示后世，教也。"惟先生之谓矣。世出世法，尽于《寄生》一论。读其书，想见其为人，而予窃有感焉。流长者必浚其源，枝茂者必培其根。韩氏之先世惇孝友，积善余庆，有由来矣。艳其阀阅之崇，当思其诒谟之善；观其族姓之殖，更念其培护之深。亲亲故尊祖，尊祖故敬宗，敬宗故收族。推斯言也，岂惟韩氏子孙守之勿替，即以诏天下可也。以合诸圣天子纂修志书之令，大义备焉矣。是为序。

康熙辛酉之秋，年家后学袁藩拜撰。

（见淄川韩氏世谱第十次续修委员会办公室编《淄川韩氏世谱》）

袁氏家谱原序

《礼》曰："万物本乎天，人本乎祖。"则敬天尊祖，其义一也。惟天覆物，故受天之泽而知其高；惟祖贻谋，故食祖之德而思其厚。本之所在，盖可忽乎哉？自宗法废而人忘其所自出，一二文章之士，类推本于三代以前，逖哉邈乎，莫得而穷也。

我袁氏之兴，谓本轩辕氏。春秋之辕涛涂，汉之辕固，昔人称宗焉，予不敢诬也。即明之四明、公安，各著望矣，谱不可考，宁阙如也。何论汝南之四世五公乎？故今谱以明初始徙之祖为本，譬之举目见天，不问其开于子已。世传为枣强人，而谱则云北京海岱门首人，盖军籍也，亦未能详焉。及予为十世，而族已有曾大父，予者是十三世矣。历年三百，登谱者几千人，而其始则一人之身也。远而日分，或等于路人。呜呼！一本之谓何？而人卒莫之思也。此无他，谱不立而亲亲之义不明也。使世系了然，由远而思及近，由疏而溯之亲，则一气相通，本厚枝荣，孰得而戮诸？故观于谱，见吾子姓之森森，未有不冀其行成名立，亢吾宗而光吾身者也。则吾之效于吾亲吾祖，何以励行？何以饬名？以此思敬，敬可知矣。传忠厚之训，则存诸心者无狷薄；衍诗书之泽，则见诸身者无暴弃。由是而宗族之必睦也，伦叙之必敦也，物恒之必慎也，培植之必深也。仁人之事亲也如事天，事天如事亲，其斯之谓与。夫吾族之列于淄，不为后矣。考先型而守之，世世无替可也。《诗》云："无念尔祖，聿修厥德。"谱之人其敬思之。予修谱于康熙丙午，再修于辛亥之春，两从事焉。一遵家传旧本，而续以后来子姓云。

考吾族以来，守清俭，谨廉隅，有卧雪遗风。至于引义慷慨，挥霍跅弛，仍不失牵襜呼卢意也。类喜文字，孝峰、石文两公，皆以名书见称于世。岂评书一脉，今犹存乎？彦伯咏史，几仲著书，此家传事也，盖有志而未能矣。

时康熙十年岁次辛亥孟春吉旦，癸卯科经元、拣选知县十世孙藩薰沐谨序。

（见清袁世褒等修《淄川袁氏家谱》，清道光三年崇德堂刻本）

《方两江书·心经·常清静经》跋

夏日村居，有僧叩门，乃犀月禅师也，出此册见赠。予□学书不成，于二氏之学又无所得，有愧此僧矣。重加装裱，供之案头，时亲佛火，亦他日公案也。至两江书法得传于祝京兆案使，可宝也。戊午六月袁藩识。

评葛元福《吴江旅啸序》

袁松篱曰：数百言内，浑放朴老，名贵高华，无一不备。至指点烟云，林壑争秀，如读柳州山水记、郦道元《水经注》诸书。又如行山阴道上，千岩万壑，拂拂从指尖竞出，应接不暇。

（见清安致远撰《吴江旅啸》，清同治二年自锄园重刻本）

史 传

袁藩传

张廷寀

袁藩，字松篱，康熙癸卯经魁。工翰墨，善谈笑。少时辄为宋元词曲，读书精于搜讨，名山石室之藏，购求装潢不遗余力。尝得苏长公所题孙莘老风字砚，尽出所有古玩易之。又于东海获一秦镜，自为题咏，一时文人皆属和焉。游屐所至，著述满箧，有《敦好堂诗古文词》若干卷。般阳邑乘之役，删定独多。见《府志》。

（见清张鸣铎修，清张廷寀纂，乾隆《淄川县志》卷六《续文学》，民国九年石印本）

袁藩

钱仲联

袁藩，字宣四，号松篱。山东淄川人。康熙二年癸卯举人。有《敦好堂集》。

毕际有《袁孝廉传》："孝廉母老家贫，于是远游以佐温清。南涉大江，过虎林，登采石，往返淞江、苕水之间，又溯三衢，过豫章负笈袁州，返棹鄱阳，徘徊武林，浃岁始归。凡山川所历，无不托之歌咏，抒其胸臆。读者谓其诗清和淡雅，得摩诘、随州之神。而孝廉以《远游》名其草，曰志过也。读者又怜其才而悲其遇焉。"

（见钱仲联主编《清诗纪事·康熙朝卷·袁藩》，凤凰出版社2004年版，第620页）

袁藩

徐世昌

袁藩，字宣四，号松篱，淄川人。康熙癸卯举人，有《敦好堂集》。

《诗话》：松篱久困公车，终以不遇。壬戌，闱中赋诗云："二十年前古战场，卧听谯鼓夜茫茫。三条画烛连心爇，一径寒风透骨凉。苦向缁尘埋鬓发，凭谁青眼托文章。明宵别后长安月，偏照河桥柳万行。"渔洋采入《池北偶谈》，谓"有落第者吟之，至泣下"云。

（见徐世昌辑《晚晴簃诗汇》卷三十五，民国十八年退耕堂刻本）

交游题赠杂记

秦镜为袁松篱作三首

高珩

奇珍千载劫余分，玉玺曾留轵道云。人世兴亡弹指事，不烦传语滈池君。
兴亡转毂见何频，照胆咸阳迹已陈。多少人间惆怅事，金人辞汉镜辞秦。
河山历历看来空，万古消沉向此中。便是秦时明月在，可能还照栎阳宫。
（见清高珩《栖云阁诗》卷九，《四库存目丛书》集部第202册，第54页）

秦镜诗

高珩

炯如秋水了无尘，曾照阿房宫里人。惟有玉姜今不死，莲花掌上五云新。
（见清王士禛撰，靳斯仁点校，《池北偶谈》卷十四《谈艺四》，中华书局1982年版，第332页）

秦镜词为袁松篱作

王士禛

荧荧古镜双盘龙，流传本出咸阳宫。秦时明月至今在，剥落泥沙露光彩。当年秦并六国时，后宫闭置千双眉。守宫注臂镜照胆，三十六年君不知。华阴道上逢山鬼，辒輬东来祖龙死。美人钟鼓散如烟，此镜苍凉阅朝市。忆昔大收天下兵，十二金人初铸成。还令余事作奁鉴，太乙下视蛟龙惊。刘兴嬴蹶何仓猝，金鉴千秋如一发。秦镜虚夸照胆寒，不照长城多白骨。汉祖入咸阳宫，得方镜，广四尺九寸，照见五藏。见《西京杂记》。
（见清王士禛《带经堂集》之《渔洋续诗》卷十，清康熙五十七年程哲七略书堂刻本）

内叔幼量先生招同纪伯紫、袁宣四集药圃二首

王士禛

岸上张融宅，疏林但闭关。板桥千叠水，曲槛数重山。裙屐清流集，琴樽落日间。倦游耽寂寞，岩壑此追攀。

相思江水外，十月采芙蓉。名字钟山老，风流石户农。新诗渌水曲，往事白门钟。共忆南溪侣，烟波秋万重。此首专赠伯紫，末句兼及余淡心也。

（见清王士禛撰，袁世硕、王小舒整理《渔洋集外诗》卷二《戊戌诗》，齐鲁书社2007年，第574—575页）

闱中诗

王士禛

淄川袁孝廉松篱藩，名士也。以康熙癸卯冠《礼经》，壬戌尚困公交车。闱中赋诗云：“二十年前古战场，卧听谯鼓夜茫茫。三条画烛连心爇，一径寒风透骨凉。苦向缁尘埋鬓发，凭谁青眼托文章？明宵别后长安月，偏照河桥柳万行。”武康陈孝廉兴公之群吟之，至泣下。是科袁竟下第，乙丑病蛊卒。

（见清王士禛撰，靳斯仁点校，《池北偶谈》卷十八《谈艺八》，中华书局1982年，第447页）

批袁宣四先生

王士禛

问：“尝见批袁宣四先生诗，谓‘古诗一韵到底者，第五字须平’，此定例耶，抑不尽然耶？”

答：“一韵到底，第五字须平声者，恐句弱似律句耳。大抵七古句法、字法皆须撑得住，拓得开，熟看杜、韩、苏三家自得之。”

（见清王士禛著《师友诗传续录》，无锡丁氏校刊本，第1页）

袁太母八帙寿诗二首孝廉宣四母

唐梦赉

孝泉北注起瑶池，长白山头捧玉卮。弧矢同年亲独健，帔冠此日寿何辞。斟来岁酒般流合，采罢霜芝岳影迟。侍宴高堂烦致语，弟兄束发重衰丝。孝廉与余同年生，小余数日。

凤萱堂上紫云横，兰桂当阶看已成。膝下花封新印绶，春前雁塔旧词名。葭灰已动歌长至，斗极初临注久生。好祝寝门将进爵，舞衣莫遣玉山倾。孝廉新考县令。

（见清唐梦赉《志壑堂诗集》卷三，《四库存目丛书》集部第217册，第219页）

载酒堂题壁二首堂为高念东先生别墅[1]

唐梦赉

不成篱落但栽花，茅屋三楹枕水涯。柳浪馆中摩诘画，虎丘亭下慧泉茶。溪山作主来为客，樵牧同游谁是家。天地吾庐无住着，箫然西竺见莲花。

镇日阴阴水满塘，颓垣尽处接天光。树根宜系船三尺，崖际还添柳百行。斗奕真成安石墅，看花不让午桥庄。频来却怪般阳路，飞落金牛湖一方。

（见清唐梦赉《志壑堂诗集》卷四,《四库存目丛书》集部第 217 册,第 221 页）

袁松篱秦镜歌

唐梦赉

秦宫宝镜高五尺，离馆煌煌秋水碧。当时六国晓奁开，九天帘卷繁星射。互传隆准自东来，鲛绡掩泣君衔璧。一时封闭待重瞳，楚汉曾窥貌不同。垓心览罢虞兮哭，惭无面目过江东。此后销沉沧海岸，流转君手为君玩。桑田清浅几多年，不知晋魏何云汉。入君手，君莫叹，对此安仁复卫瓘。先秦但许照蛾眉，前庭鹿马何曾看。

（见清唐梦赉《志壑堂诗集》卷十,《四库存目丛书》集部第 217 册,第 306 页）

袁松篱留宿山斋有赋奉和

唐梦赉

秋堂烟雨起微凉，共对清樽鬓各苍。侯霸于今痴似故，次公自昔醒而狂。风生竹树花侵幕，云卷山椒月满塘。颇见如君佳客否，敢云蓬海路茫茫。

（见清唐梦赉《志壑堂诗集》卷十,《四库存目丛书》集部第 217 册,第 306 页）

袁松篱同宿村庄语次有作五首

唐梦赉

夜阑林屋把深卮，联榻高吟醉不辞。自笑生平惭剧孟，何堪七日长袁丝。

汉阙秦宫十二楼，御沟流叶动人愁。画图但恨毛延寿，可道王嫱命不犹。

战罢鸣金士不嚣，平明列局子声骄。只言三北乘朝气，谁信君朝亦彼朝。

① 袁藩《敦好堂诗集》卷六有《念东先生载酒堂步韵二首》，乃与此诗唱和。

正则《离骚》气若虹，可怜掉臂马牛风。巫阳更莫为《天问》，从古多言数易穷。舌敝瞿昙为不胜，由来四众喜瞢腾。杞人剩可闲无事，一任不周山自崩。

（见清唐梦赉《志壑堂诗集》卷十，《四库存目丛书》集部第 217 册，第 308 页）

宣四道兄同年薄游江上，计归时当在称觞高堂之前耶？诗以嘱之兼讯王伊人年兄

唐梦赉

萧萧春雨唱骊驹，景倩词名近有无。晴日临江三白酒，归时称寿四腮鲈。宁辞吟眺滕王阁，切莫勾留贺监湖。遥问仲宣当作赋，花间多少醉工夫。

（见清唐梦赉《志壑堂诗集》卷十，《四库存目丛书》集部第 217 册，第 312 页）

秦镜歌为袁松篱赋其镜得自海上

张笃庆

骊山宫阙连天起，复道飞甍三百里。咸阳一代[①]气如虹，高阁沉沉临渭水。六国降王献美人，朱幰遥遥西入秦。就中多少倾城色，新妆绒怨绿蛾颦。赵女当窗理鸾镜，燕姬笑整钗头凤。鸦鬓蝉翼竞争妍[②]，翠螺紫电交相映。君王夜幸橐泉宫，千门万户青芙蓉。明星荧荧绿云湿，梦回晓月临房栊。滈池璧[③]返祖龙死，六宫粉黛黄尘里。楚人一炬如烟飞，飘零玉篋咸阳市。地下疑有蛟龙藏，良工制就飞吴霜。山魈鬼魅不敢近，盘以螭虎当中央。阅历如今几千载，阿房故物生光彩。土花隐隐照西秦，碧苏依稀出东海。海国遥连徐福城，秦皇骊石鞭长鲸。菱花倒浸扶桑[④]影，赤文绿字真晶莹。三千童女竟何有，十二金仙郿中走。惟余盘鉴在人间，天阴鬼哭灵风吼。君不见之罘之石岣嵝碑，万年埋没无人知。神物由来会有时，吁嗟袁子真好奇。怜余白发三千丈，不敢临风试一窥。

（见清张笃庆《昆仑山房集》卷三，《四库存目补编丛书》第 55 册，第 645 页）

---

① “代”，孙锡嘏《般阳诗钞·昆仑山房诗集》作“带”。

② “鬓”，原脱，据孙锡嘏《般阳诗钞·昆仑山房诗集》补。“竞”，孙锡嘏《般阳诗钞·昆仑山房诗集》作“各”。

③ “璧”，原作“壁”，据孙锡嘏《般阳诗钞·昆仑山房诗集》改。

④ “桑”，原脱，据孙锡嘏《般阳诗钞·昆仑山房诗集》补。

寄讯袁松篱

张履庆

张昆仑山人笃庆，诗名甚著。有弟履庆号顾斋，增庆号损斋，皆能诗。兄弟互相砥砺，而各不相袭。顾斋因大水寄讯袁松篱，有云：

吁嗟昨日西山头，突见抵触纷如牛。黄发老翁惊且忧，风雷飒飒云烟愁。急雨翻空便三日，仿佛银河涨天出。百川并沸鱼龙骄，狂涛夜落高村失。

松篱曾记家中书籍漂没，即此时。《县志》有云："日暮有人见两牛斗山上，归语父老。有识者云：'大水将至，宜急迁。'其言果验。"疑亦此时事也。

（见清王培荀《乡园忆旧录》卷二，清道光二十五年刻本）

袁宣四水没居庐，戏而吊之

蒲松龄

万卷漂流一舍孤，断垣荒址尽榛芜。文君自有春山恨，况并当年四壁无。

（见盛伟编《聊斋诗集》卷二乙丑，学林出版社 1998 年版，第 1702 页）

苦雨柬袁宣四孝廉袁名藩，别号松篱，淄川人，康熙二年癸卯举人

蒲松龄

三日滂沱一日晴，沽春巷屐未停声。乌云偏与斜阳竞，檐溜如丝又到明。蕉窗浅锁只浓云，吁苦苍苍不肯闻。无怪关心民瘼者，忧时吾辈亦云云。

（见《聊斋全集》，广益书局 1936 年版，第 44 页）

登千佛山眺远同宣四作

蒲松龄

偶登绝岩豁双眸，万里云烟一望收。滚滚波涛来巨舰，重重峦嶂隐危楼。鱼龙出没踪偏幻，雕鹗飞腾势自遒。纵是山名仙祓误，亦教千佛护神州。千佛山在济南，即历山，或云乃仙祓讹音也。

（见《聊斋全集》，广益书局 1936 年版，第 46 页）

袁宣四得古瓶诗以艳之有序

蒲松龄

邑有甲乙二人，淘北村井。忽见骷髅，误碎其口，得黄金，纳之。又得六七枚，悉碎，无有。复得铜器一，古磁瓶二。甲死乙苏，曰：“遭新莽乱，全家投井，有少金内口中，实非含品，人人都有也。奈何悉碎耶？”许以葬，乙乃愈。其后铜器为人购去，瓶一入张秀才家，有黑点可志朔望，浸花不枯。惜口微缺。一归宣四，可验阴晴。见有一点润处，初如粟米，渐阔而满，则雨润；退则晴。理不可测也。

巨君窥视汉宫阙，遭乱全家同灭没。目余眢井而拯之，无奈骷髅尽枯骨。漫藏诲盗古所言，死犹不舍何昏昏。口中黄金非含物，六七头颅呼奇冤。冷淘岂必逢寒食？乙生甲死闻失色。陆离班驳亦何奇？一样磁铜黝以黑。铜之为器双环垂，大可合抱形成规。比物此志鲜识者，存而不论姑阙疑。雨磁为瓶尤奇绝，千年幽锢质如铁。用志朔望方尧蓂，张君得之口微缺。润处一点验阴晴，初如粟米渐满盈。雨霁云开复厥始，物理可明终莫明。款识年月不可考，喜为主人歌得宝。上世陶氏有专官，作者其谁叩大造。

（见《聊斋全集》，广益书局1936年版，第50页）

花朝同宣四联句

蒲松龄

百花生日记今朝留，无限春光破寂寥。色欠三分看乍到宣，晴开二月信非遥。前身合与东君认留，芳讯曾缘使者招。屈指计逢丝雨过宣，关心料得剪风飘。彩霞压架娱长日留，香气穿帘话隔宵。好共蠶蚕分白打宣，聊同扑蝶闹红么。草迷南浦青先踏留，菜满西园绿共挑。剪纸轻从条上庆宣，护旗高向树中摇。恰当前渡桃翻鸭留，正值头番笋透猫。锦里不须催羯鼓宣，画楼刚听卖饧箫。柳边鞭镫拖金缕留，杏傍秋千惹玉腰。斗草泾黏鸦袜嫩宣，寻芳归逐马蹄骄。一丛定许诗魂入留，万簇应从粉本描。候较兰辰犹缓缓宣，期输蒲饰尚迢迢。好夸此会千金值留，休说他时半面消。唐俗流转还可溯宣，相将胜事纪龙桥留。

（见《聊斋全集》，广益书局1936年版，第52页）

哭宣四兄二首

蒲松龄

清才合羡孝廉船，劘切相资大有缘。燕子东风空话雨，坠欢拾取已成烟。
孤灯寒雨剧伤心，玄稿遗存一检寻。删定文章后死责，纵横涕泗感人琴。
（见《聊斋全集》，广益书局 1936 年版，第 76 页）

木兰花曼·早春听雨和袁松篱袁一字宣四

蒲松龄

又风风雨雨，凄凄切切绵绵。怪灯暗深宵，雾迷清晓，愁赴新年。青天不应有恨，泣铜龙、清泪滴珠圆，篆压猊金香重梦，回鸳锦寒添。

愁兼风影荡苔烟，吹绿度空帘。算才得春来，便如春莫，情绪恹恹。翠禽何处？听鸠声、酸楚似啼鹃。待觅茅檐相赏，玉壶无买春钱。

（见《聊斋全集》，广益书局 1936 年版，第 82 页）

木兰花曼·新月和松篱

蒲松龄

傍黄昏弄影，分明恨有谁知？正珠斗横斜，碧天寥廓，银海迷离。相思团栾甚日，且低回、宛曲待佳期，心事深含浅露，无言闲度花西。

依稀帘低敛蛾眉，高阁与云齐。记宝玦初分，金钩暗送，弓履轻移。经时漫怜销瘦，怕一回、相见一回迟。况是刀环梦远，玉钗敲断空闺。

（见《聊斋全集》，广益书局 1936 年版，第 83 页）

木兰花曼·残月再和松篱

蒲松龄

渐冰壶漏歇，无聊懒度虚窗。镇梦断重衾，香销沈水，灯烬银釭。宵凉倦扶病起，却为谁、憔悴减容光？便有一天风致，无人辞惜余娘。

谁将金镜剖鸾皇？凄绝怨蛾长。做吊影情怀，断魂身世，落魄形藏。吴刚不应修削，待弥缝、缺陷费商量。莫问二分消息，话扬州问般阳。

（见《聊斋全集》，广益书局 1936 年版，第 83 页）

大江东[1]·新秋月夜病中感赋呈袁宣四

蒲松龄

韶华易逝，叹凫沉鸥泛，年年落魄。四十衰同七十者，病骨秋来先觉。梦鸟惊笼，吟虫吊砌，多是眠难者。梧桐知否？一宵冷透帘箔。

悲矣秋之为气，露颗秋零，情绪早先恶。西子伤心眉黛蹙，又被月明偷学。爱水留光，惜花印影，绝似人萧索。此时此夜，可怜绕树乌鹊。

前身何似？想半生贫贱，不偿业果。春去秋来常是病，辜负柳丝花朵。未听新莺，早惊客雁，瘦影愁千裹。煎心自急，便同鹦鹉骂锁。

试看良夜沈沈，碧天无际，风促行云躲。玉露暗溥银汉洁，河畔星星细琐。枕上支颐，床头抱膝，甚处犹差可。仰呼明月，卿卿愿汝怜我。

我狂生耳！自摸索今世，已拼寒窘。老大止求癯骨健，犹似苍苍未允。烂漫花朝，团圞月夕，俱向枕头尽。揽衾长叹，韶光空掷虚牝。

堪怜多病沈郎，频移带扎，未觉腰围紧。憔悴那禁秋气烈，但恐露骄风忍。禾稼不询，妻孥总置，真似无肠蚓。伶仃病鹤，抟秋曼羡鹰隼。

论交畴昔，每西窗剪烛，常愁遽舍。及至座中香迹近，又值抱疴犬马。数武门庭，两重院落，似隔云山者。凄凉月夜，银河耿耿高泻。

曩年日日窥圆，探春子熟，抛向游鱼打。蹀躞池亭高兴尽，归去摘花盈把。麈尾风清，石纹秋绿，翻乃游踪寡。嵚崎历落，于今可笑人也。

（见《聊斋全集》，广益书局 1936 年版，第 91 页）

贺新凉·喜宣四兄扶病能至，挑灯伏枕，吟成四阕，用秋水轩唱秋韵

蒲松龄

枕畔堆书卷，强吟哦、曲肱搦笔，将愁生遣。半夜梦回窗外雨，恻恻抚膺悲泫。蚕将老，未能成茧。贫病空催明镜影，恨三生福业根茎浅。魂断矣，如何展？

黔娄命薄难通显，顾床头黄金垂尽，错囊成扁。短短疏篱围小舍，吠个伶仃瘦犬。无四壁盗忧幸免，烟冷晨炊巧妇怨，夏服成便换春衣典。阶没草，无

---

① “大江东”，赵蔚芝《聊斋词集笺注》作“念奴娇”。

人剪！首调自谓也。自记。

岁月波涛卷，正清秋、折襟僵卧，谁能自遣。桃李开时人抱病，不觉露华秋泫。抱冷被，缠萦如茧。拼作中山中无历日，太平人、那解愁深浅？心耿耿，为君展。

名园台榭红窗显，远心亭鸾惊鱼奋，墨文粉扁。幽似武陵溪畔路，止少村庄鸡犬，高士卧尘嚣可免。齿上飞花明月夜，姑妄言、不必凭何典。只顷刻，膏肓剪。

蕉叶西风卷，要与君、加餐相劝，惺惺互遣。七尺匡床支瘦骨，那禁妻孥泪泫？百年里，如蚕作茧。硬捻长绳系白日，看麻姑、三见蓬莱浅。仙何术，眉长展。

明明造物机关显，叹月来半欹半坐，村头压扁。搔首自怜贫病客，不及云中鸡犬，胡为者高人不免？憔悴文园宜自爱，酒垆头、自有文君典。小藤葛，急须剪。

驴背装书卷，将出门、男耕女织，尽情分遣。吾辈要除儿女态，宁屑楚囚对泫？老将至，足跟重茧，前世瞿昙枯淡骨，寸怀中、元自尘缘浅。谁复望，云宵展。

萧斋明月秋光显，笑年年客窗灯火，角巾照扁。归到门庭浑似客，惊吠狺狺家犬，口腹累贤豪不免。户外催租能败意，向卿卿、频乞金钗典。双黛蹙，弯如剪。

（见《聊斋全集》，广益书局 1936 年版，第 95 页）

贺新凉·读宣四兄见和之作复叠前韵

蒲松龄

满腹珠光卷，羡长才，衙官奴隶，任情差遣。灌手蔷薇香露罢，开读墨花犹泫。书细细，蚓萦藤茧。炫眼秋涛飞白鹭，悔匆匆畴昔论交浅。头风愈，襟怀展。

愁能速老真明显，脱尘情强颜善饭，胜求卢扁。渴病秋风犹卖赋，不数茂陵呵犬。无聊赖，著书能免。删定文章千古事，翡翠床何敢言分典。书充栋，凭君剪。

（见《聊斋全集》，广益书局 1936 年版，第 96 页）

贺新凉·喜雨并寄赠宣四①

蒲松龄

豆叶秋阳卷。正恹恹、临风憔悴，绿情难遣。可喜一犁时雨足，经宿露零花泫。槲条嫩、野蚕成茧。滴滴檐声吹不断，飘寒红、砌下流清浅，看一夜，蕉心展。

三竿时节棂初显。荒径中、人来印迹，苍苔踏扁。从此呜呜仍击缶，不听花村吠犬。幸八口、啼号知免。剜肉市头新谷粜，石壕村、肯把膏腴典？终岁苦，于今剪。

（见《聊斋全集》，广益书局 1936 年版，第 96 页）

一剪梅·戏简宣四②

蒲松龄

西风剪剪雨梭梭，朝也滂沱，暮也滂沱。一庭秋水细生涡，阶下成河，床下成河。

涉泥踏泞苦蹉跎，炊者咨嗟，饷者咨嗟。主人张盖仆披蓑，一惮奔波，一怨奔波。

（见《聊斋全集》，广益书局 1936 年版，第 97 页）

临江仙·送宣四东归③

蒲松龄

旦暮不曾长握手，君归似觉邻空，桃花潭水意无穷。马鸣秋树外，人望夕阳中。

卧榻呻吟三四月，尘缘不挂心胸，奇方愿与古人同。勿将多病骨，强附少年从。

（见《聊斋全集》，广益书局 1936 年版，第 100 页）

---

① 赵蔚芝《聊斋词集笺注》题作“喜雨一阙并寄之”。

② 赵蔚芝《聊斋词集笺注》题作“戏简袁宣四孝廉”。

③ “宣四”，赵蔚芝《聊斋词集笺注》作“宣四兄”。

绿意·咏芭蕉和宣四作

蒲松龄

秋心自束，卷翠云半亩，轻抽寒玉。听雨人来，却话巴山，西窗共剪银烛。十年绮思芳阴误，但梦影空迷仙鹿。傍画阑，谁种情根？酿出一天愁绿。

偏称横陈素体，透香汗，胜荐风漪瑶竹。珠箔斜搴，勾引凉飔，摇曳石华裙幅。个中妙果成甘蜜，奈苦绪暗萦心曲。写逸情，只有零陵，会得者般幽独。

（见《聊斋全集》，广益书局 1936 年版，第 101 页）

钗头凤·中秋前雨阻，宣四不得归，戏作此将寄之，闻已冒雨行矣①

蒲松龄

西风动，蕉声弄，门前隔住青丝鞚。团圆夜，千金价，无情淫雨，举头相谢，罢罢罢！

云翻覆，连朝宿，红窗辜负金钱卜。稽归驾，君休怕，再迟三夕，客觞同把，下下下！

（见《聊斋全集》，广益书局 1936 年版，第 103 页）

瑞鹧鸪·中秋怀宣四②

蒲松龄

明河一道界青天，露洗蟾光似镜悬。愁我有愁将作的，恨他有恨不长圆。

传言良夜曾无价，卖与离人不值钱。转忆此时旋里客，妻孥卧对亦堪怜。

（见《聊斋全集》，广益书局 1936 年版，第 103 页）

蝶恋花·涉石隐园怀宣四③

蒲松龄

庭树萧萧秋满院，菊盼重阳，蓓蕾如珠串。池水斜阳明似练，隔蕉窗户深深见。

---

① “宣四”，赵蔚芝《聊斋词集笺注》作“宣四兄”。

② “宣四”，赵蔚芝《聊斋词集笺注》作“宣四兄”。

③ “宣四”，赵蔚芝《聊斋词集笺注》作“宣四兄”。

蝴蝶落时花影颤，绕舍松阴，空掩门儿扇。黄叶无人飞片片，风欺不在翻书卷。

（见《聊斋全集》，广益书局 1936 年版，第 106 页）

沁园春·闻宣四病笃[①]

蒲松龄

镜映空花，尘栖弱草。何苦营营信？天操铁籍，无劳计算，人如蚕茧，自取缠萦。雁子酸心，鱼函堕泪。若听《阳关》第四声。才分手，遂膏肓至是，使我神惊。

始知叶比身轻，待结深山鹿豕盟。羡落花深处，白云结子，鸣禽咮里，紫石含英。门对樵蹊，窗临渔港，愿向此中，构草衡。只岁岁凭彩鸾卖韵，度过余生。

（见《聊斋全集》，广益书局 1936 年版，第 106 页）

念奴娇·挽宣四[②]

蒲松龄

三秋淫雨，日惓惓、相与投桃报李。返驾无期，人道是、萌水松篱逝矣！藤茧犹新，笔花似故，谁信人真死？窥园不见，疑疑暂复归耳。

遐想潇洒生平，吟髭撚断了，才思如绮，不道堂前燕子来，回首河山非是。古往今来，茫茫泉路，下曾无雁鲤。夜台寥阔，知君何处栖止？

（见《聊斋全集》，广益书局 1936 年版，第 107 页）

龙

蒲松龄

袁宣四言："在苏州值阴晦，霹雳大作。众见龙垂云际，鳞甲张动，爪中抟一人头，须眉毕见；移时，入云而没。亦未闻有失其头者。"

［见蒲松龄著，任笃行辑校《全校会注集评聊斋志异》（修订版）卷二，人民文学出版社 2016 年版，第 406 页］

---

① "宣四"，赵蔚芝《聊斋词集笺注》作"宣四兄"。

② "宣四"，赵蔚芝《聊斋词集笺注》作"袁宣四"。

商妇

蒲松龄

天津商人某，将贾远方，往从富人贷资数百。为偷儿所窥，及夕，预匿室中以俟其归。而商以是日良，负资竟发。偷儿伏久，但闻商人妇转侧床上，似不成眠。既而壁上一小门开，一室尽亮。门内有女子出，容齿少好，手引长带一条，近榻授妇。妇以手却之。女固授之。妇乃受带，起悬梁上，引颈自缢。女遂去，壁扉亦阖。偷儿大惊，拔关遁去。

既明，家人见妇死，质诸官。官拘邻人而锻炼之，诬服成狱，不日就决。偷儿愤其冤，自首于堂，告以是夜所见。鞫之情真，邻人遂免。问其里人，言宅之故主曾有少妇经死，年齿容貌，与盗言悉符，因知是其鬼也。俗传暴死者必求代替，其然欤？

阎罗宴

蒲松龄

静海邵生，家贫。值母初度，备牲酒祀于庭；拜已而起，则案上肴馔皆空。甚骇，以情告母。母疑其困乏不能为寿，故诡言之，邵默然无以自白。

无何，学使案临，苦无资斧，薄贷而往。途遇一人，伏候道左，邀请甚殷。从去，见殿阁楼台，弥亘街路。既入，一王者坐殿上，邵伏拜。王者霁颜命坐，即赐宴饮，因曰："前过华居，厮仆辈道路饥渴，有叨盛馔。"邵愕然不解。王者曰："我忤官王也。不记尊堂设帨之辰乎？"筵终，出白镪一裹，曰："豚蹄之扰，聊以相报。"受之而出，则宫殿人物，一时都渺；惟有大树数章，萧然道侧。视所赠，则真金，秤之得五两。考终，止耗其半，犹怀归以奉母焉。上二则，宣四云。

［见蒲松龄著，任笃行辑校《全校会注集评聊斋志异》（修订版）卷五，人民文学出版社 2016 年版，第 1435—1436 页］

古瓶

蒲松龄

邑北村中井涸，村人某甲、乙缒入淘之。掘尺余，得髑髅。误破之，口含黄金，喜纳腰橐。复掘，又得髑髅六七枚。冀得含金，悉破之，而一无所有，惟旁有磁瓶二、铜器一。器大可合抱，重数十斤，侧有双环，不知何用，班驳陆离。瓶亦古，非近款。既出井，甲、乙皆死。移时乙苏，曰：“我乃汉人。遭新莽之乱，全家投井中。适有少金，因内口中，实非含敛之物，人人都有也。奈何遍碎头颅？情殊可恨！”众香楮共祝之，许为殡葬，乙乃愈；甲则不能复生矣。颜镇孙生闻其异，购铜器而去。瓶一，入袁孝廉宣四家，可验阴晴：见有一点润处，初如粟米，渐阔渐满，未几雨至；润退，则云亦开。其一入张秀才家，可志朔望：朔则黑点起如豆，与日俱长；望则一瓶遍满；既望，又以次而退，至晦则复其初。以埋土中久，瓶口有小石粘口上，刷剔不可下。遂敲去之，石落而口微缺，亦一憾事。浸花其中，落花结实，与在树者无异云。

［见蒲松龄著，任笃行辑校《全校会注集评聊斋志异》（修订版）卷八，人民文学出版社 2016 年版，第 2229 页］

送吾宗宣四孝廉还淄川

袁佑

吾宗谁博雅？之子独清音。视草惊双鬓，连枝见寸心。青云留竹院，白日照松阴。鞍马萧萧去，何年遂上林。

（见清袁佑《霁轩诗钞》卷二，《四库未收书辑刊》第七辑第 27 册，第 29 页）

县志旧序

毕际有

稽诸《周礼》有小史以掌邦国之志，有外史以掌四方之志，而又有职方氏以掌天下之图，此后世郡邑志之所由起也。淄川之志，何昉乎？其可得而考者，则创刻于嘉靖丙午，《序》谓旧志冗略谬遗，迂僻不经；再修于嘉靖己未，《序》又谓取旧志而阅之，多不协于纪载；三修于万历癸卯，执笔者为邑王选君秋澄先生。先生负一时重名，邑人所仰为泰山乔岳者，而旧之所谓迂僻不经不协于纪载者，曾未肯一厘正之。或谓先生止作各卷小序，余则多仍旧贯也。他不具论，姑举一端，如误以今县为汉菑川国，又误为孟尝君食邑之薛地，名误而人随以误，致令俎豆宫墙者多与淄无涉，《山东通志》沿之而误。地理诸书如《广舆记》《舆图考》之类无不承之而并误。于是操觚之士言淄川者，必及平津焉，是兼误天下后世也。间尝掩卷太息，怅为吾邑缺事者，匪伊朝夕矣。

迨康熙癸丑之夏，邑奉上檄，索志甚急。先是曲沃卫公起田间，再入中书，陈四事，修各省通志其一也。通志非邑志无征，无虑遍天下且群然事邑志矣。

而吾邑自癸卯以来，志未修者阅七十载。时高司寇念东先生方谢疾家居。先生海内通儒，屈国史笔润色邑乘，直发蒙振落耳。乃习静避嚣，不自为之，与唐太史济武交折简于余相劝勉。邑使者玄纁再及门，余不能终辞，乃请以太史董其成，而余与袁孝廉松篱执其役。遂同集于念东先生之候仙园，商确讨论者十日，受成命而返。

已乃孝廉来就余家，相与键户石隐园中，同几共砚，字订句考，讹者正之，阙者补之，凡例条目，悉为更定。为纲者八，为目者五十有二。虽曰重修，无殊经始矣。其有文献缺征，疑难须质，则以询之太史，赫蹄往来无虚日。孝廉有句云："菊蕊从知今又破，藕花曾及见初开。"则历时可知矣。斯役也，搜文征事，则太史之功居多；掞藻摛词，则孝廉之劳独最；余不过考讹正误，析目分条，略效微长耳。书成送邑，邑录送省。顾山川未能遍历，典籍未及穷搜，见闻未周，催迫报命。复取检视，中怀欿然，乃辑《淄乘征》一卷，以备异日采择，并原本存诸家塾者。

久之，岁丙寅，仁和张侯来莅吾邑，襜帷甫驻，首用咨询。期月以来，一尘不染，百废俱兴，城郭完矣，廨舍新矣，坛坫整矣，囹圄空矣，廉隅砥而顽梗革矣。触刃皆虚，何棼不理，而邑志阙如，侯心未慊。亟索余原本，仍董以唐太史，而佐以张明经、孔绣，订故拓新，阐幽补遗。盖先者不过十之七，而新续者且十之三矣。又敦王文学敏人为之图，且时时取裁于侯。侯之才学识诚有大过人者，复于政暇手加笔削，倡括餐钱，捐为枣本，旋修旋刊，三月告竣。百里封疆，粲如指掌；千秋人物，较若列眉。俾后之宦于斯、生于斯者有所观感而兴起焉。是因革之范，劝惩之关，而下邑百世之利也。于以备采风者之征求，不足之叹，庶几免夫。倘获由兹而寓客移祀，于本乡孤忠获享夫俎豆，语具《志》中。不益名实，允称神人交孚也哉！

余因是而重有感焉。昔雷次公作《豫章记》，洪驹父求之不得，见范石湖稿《吴郡志》而格于哗者守惮不敢刊，仅以书藏学宫。后四十年始刻以传，则石湖墓木拱矣。当时叹书之兴废，为有时数。癸丑去今仅十四年，孝廉共同笔砚，已赴玉楼之召。余虽老，犹幸躬逢盛事，聿观厥成，良厚幸已。然非侯之毅然己任，付托得人，曷克有此？爰遵侯命，而述其颠末以为序。

（见乾隆《淄川县志》卷七，民国九年石印本）

袁宣四

王培荀

袁宣四先生名藩，号松篱，康熙癸卯孝廉。工古文、诗歌，尝南涉大江，过虎林，登采石，往返淞江、苕水之间，又溯三衢，过豫章，返棹鄱阳，所历皆有诗，名其集曰《远游草》，共一千五百余首。尝于东海获秦镜，作诗云："阿房宫中星万点，荧荧绮户秋波滟。当年对此知何人，香销腻玉愁云掩。照胆铸成粉黛悲，三千宫女敛蛾眉。骊山未毕重瞳入，咸阳三月青磷窥。自从埋照归东海，苔封水浸寒光在。洗出窗前皎月生，那知朝市浮云改。绛气连朝瞩太清，一泓秋水淡空明。红颜阅历知多少，霜鬓怜予亦有情。"一时和者累累，刻《古镜诗》行世。今惟念东、渔洋两先生题诗存本集中，余不可见。《古镜诗》刻本亡矣，镜亦不知落于谁手，故存其诗。

松篱书法亦工，尝见其跋华亭董思白正阳门关帝庙碑云："先生书法飘逸，此独沉着。余家遭水漂没，书籍尽失，此其仅存者，重加装池。"按，先生去余家仅二十余里，余别墅即在其处，下临大河，岸高水远，不知何以漂没其庐。当年秋夏水涨必有非寻常可及者。有于渭水得秦镜奁，红绿班驳。又有砚，红翠碎点，乃秦宫水沟弃脂粉处砖。

（见清王培荀《乡园忆旧录》卷一，清道光二十五年刻本）

圣庙古桧

圣庙古桧　《旧志》云："淄川县文庙大成殿前古桧十三株，大者围七八尺，苍郁奇古，千年外物也。邑人袁藩有诗。"

（见清成瓘、冷烜编纂，道光《济南府志》卷十一《古迹一》，清道光二十年刻本）

著录提要

《中国古籍总目》著录

集 30215965

敦好堂诗集三卷，清袁藩撰，清钞本，山东省图书馆藏。

（见中国古籍总目编纂委员会编《中国古籍总目·集部》，中华书局 2012 年版，第 1196 页）

《山东文献书目》著录

王绍曾

敦好堂诗集三卷，（清）袁藩撰，清钞本，山东省图书馆藏。

（见王绍曾主编，张长华等编辑《山东文献书目》，齐鲁书社 1993 年版，第 372 页）

《清史稿艺文志补编》著录

武作成

袁孝廉集六卷，袁藩撰。

（见章钰等编，武作成补编《清史稿艺文志及补编·清史稿艺文志补编·艺文四》，中华书局 1982 年版，第 619 页）

《山东通志艺文志订补》著录

徐泳

【袁孝廉集六卷】

袁藩撰。藩见史部地理类。《山左诗钞》“袁藩”一条引毕载积际有《编次袁孝廉集题词》云：“孝廉著述，其曰《锦研斋诗》者，自戊戌迄癸丑，而壬寅有《涵烟草》，丙午有《纪游诗），庚戌有《鸰音》，即《潞游草》也；其曰《敦好堂诗》者，盖起于甲寅，是年有《游东莱诗》，乙卯有《南游杂咏》，庚申有《远游草》。甲子、乙丑诸篇甫经脱稿，未有缮本。余乃一一编年，凡得诗一千五百，又诗余二十七、杂体古文词十六篇附焉，共六卷。”又载际有《袁孝廉传》云："凡山川所历，无不托之歌咏，抒其胸臆。读者调其诗清和淡雅，得摩诘、随州之神。"

［订补］有淄川毕氏钞本（毕际有编），见《续提要》《清集提要》。

补【敦好堂诗集】

袁藩撰。现存：①清三十六砚居钞本（四卷附《诗余》一卷），山东图藏；《山东文献集成》影印。②清钞本（三卷）、山东图藏，《山东目》《清集总目》《清集提要》著录。③清淄川孙锡嘏辑《般阳诗钞》稿本（一卷），山东博物馆藏；《山东文献集成》影印。

（见徐泳著《山东通志艺文志订补·集部》第2册，山东人民出版社2016年版，第1页）

【古镜诗】

袁藩辑刊。藩见史部地理类。《乡园忆旧》云："藩尝于东海获秦镜，作诗云云，一时和者累累，刻《古镜诗》行世。今惟念东、渔洋两先生题诗存本集中，余不可见。《古镜诗》刻本亡矣，镜亦不知落于谁手。"

（见徐泳著《山东通志艺文志订补·集部》第3册，山东人民出版社2016年版，第406页）

【敦好堂诗余一卷】

袁藩撰。藩见史部地理类。是编现存：①清三十六砚居钞本（《敦好堂诗集》附），山东图藏；《山东文献集成》影印。

（见徐泳著《山东通志艺文志订补·集部》第3册，山东人民出版社2016年版，第640页）

《袁孝廉集六卷》提要

袁孝廉集六卷，淄川毕氏钞本。

清袁藩撰。藩，字宣四，号松篱，淄川人。康熙癸卯举人。是集为其同邑毕际有所编次，总计古今体诗一千五百余首，按年编排，分两集，曰《锦研斋诗》及《敦好堂诗》。《锦研斋诗》为戊戌至癸丑十五年所撰。期间壬寅年撰者为《涵烟草》，丙午年撰者为《纪游诗》，庚戌年撰者为《鸽音》，亦曰《潞游草》。《敦好堂诗》则甲寅以后十年间所撰，其甲寅年撰者为《游东莱诗》，乙卯为《南游杂咏》，庚申为《远游草》。集末附诗余二十七首，杂体古文辞十六篇。藩母老家贫，于是远游以佐温清，南涉大江，过虎林，登采石，往返淞江、苕水之间。又溯三衢，过豫章，负笈袁州，反棹鄱阳，徘徊武林，浃岁始归。凡山川所历，无不托之歌咏，抒其胸臆。大抵藩诗清和澹雅，颇得摩诘、随州之神。至其集内有以《远游》名其草者，则亦志过之意。又藩以康熙癸卯魁《礼经》，至壬戌尚困公车，闱中赋诗云："二十年前古战场，坐听谯鼓夜茫茫。三条画烛连心热，一径寒风透骨凉。苦向缁尘埋鬓发，漫凭青眼托文章。从今别后长安月，偏照河桥柳万行。"武康陈之群吟之，至泣下。是科藩仍下第，不数年病蛊卒。是其才可怜，其遇亦可悲矣。

（见中国科学院图书馆整理《续修四库全书总目提要（稿本）》第 25 册，齐鲁书社 1996 年版，第 722 页）